Targeted Public Housing Policy
Based on Urban Differentiation

基于城市差异的
住房精准保障

吴翔华 / 著

内 容 简 介

本书从不同类型城市的商品房价格和保障房价格差异入手，研究不同类型城市的住房精准保障准入标准的测定方法，对不同类型城市住房保障群体的租房意愿进行了对比，给出了判断不同类型城市住房精准保障方式的主要方法，综合确定和形成了基于城市差异的住房精准保障面积标准体系，设计了动态监管评价指标体系，构建了基于城市差异视角的住房精准保障监管机制。本书提出的住房精准保障政策建议，对缓解住房市场供需矛盾，解决"夹心层"住房问题，实现住房保障监管的"分城施策"，重塑保障房制度，实现住房市场健康、和谐发展具有重要的参考意义。

本书适合房地产经济、房地产开发与管理、城市经济、城市管理等领域的学术研究，也适合相关专业的师生参考阅读。

图书在版编目(CIP)数据

基于城市差异的住房精准保障/吴翔华著. —北京：北京大学出版社，2019.11
ISBN 978-7-301-30957-5

Ⅰ.①基… Ⅱ.①吴… Ⅲ.①保障性住房-住房制度-研究-中国 Ⅳ.①F299.233.1

中国版本图书馆 CIP 数据核字（2019）第 270721 号

书　　　名	基于城市差异的住房精准保障 JIYU CHENGSHI CHAYI DE ZHUFANG JINGZHUN BAOZHANG
著作责任者	吴翔华　著
策 划 编 辑	吴　迪
责 任 编 辑	翟　源
标 准 书 号	ISBN 978-7-301-30957-5
出 版 发 行	北京大学出版社
地　　　址	北京市海淀区成府路 205 号　100871
网　　　址	http://www.pup.cn　新浪微博：@北京大学出版社
电 子 信 箱	pup_6@163.com
电　　　话	邮购部 010-62752015　发行部 010-62750672　编辑部 010-62750667
印 刷 者	北京虎彩文化传播有限公司
经 销 者	新华书店
	787 毫米×1092 毫米　16 开本　13 印张　312 千字 2019 年 11 月第 1 版　2019 年 11 月第 1 次印刷
定　　　价	78.00 元

未经许可，不得以任何方式复制或抄袭本书之部分或全部内容。
版权所有，侵权必究
举报电话：010-62752024　电子信箱：fd@pup.pku.edu.cn
图书如有印装质量问题，请与出版部联系，电话：010-62756370

前　言

我国房地产市场经历了几十年的发展，基本住房制度仍然需要完善，住房制度改革的任务依旧没有全部完成，因此习近平总书记在十九大报告中指出，应加快建立多主体供给、多渠道保障、租购并举的住房制度。在2018年的全国住房和城乡建设工作会议上，住房和城乡建设部也提出，应坚持因城施策、分类指导，夯实城市主体责任，加强市场监测和评价考核，切实把稳地价、稳房价、稳预期的责任落到实处。

然而，如何实现"多渠道保障"？如何实现"因城施策、分类指导"？这需要在住房政策的顶层设计中关注到不同城市住房市场的巨大差异，在住房保障的准入机制、保障机制、退出机制等方面都需要实现精准。

为实现2020年全面建成小康社会的目标，习近平总书记早在2013年就提出了"精准扶贫"这一重大战略，因为"大水漫灌"式扶贫存在诸如扶贫瞄准对象偏离、政策效果持续性差等问题。近年来，我国住房保障领域出现一些政策失配现象，保障政策偏离导致一些城市保障水平不足，"夹心阶层"的住房矛盾突出，而另一些城市却出现保障房闲置；一些城市的公租房大量空置，而共有产权住房却供不应求，很难做到住房精准保障。现行住房保障政策依然存在"一刀切"的现象，忽视地区间住房市场的差异，阻碍了住房保障政策在房地产市场调控中发挥有效作用，造成住房保障在各地区发展不平衡、不充分，精准度差，因此研究城市差异对住房保障政策的影响已迫在眉睫。通过城市差异的视角来研究住房保障问题，一方面可以提高保障的精准度，增加保障对象的获得感，防止保障政策供需失配、避免保障资源的巨大浪费，另一方面也能为住房市场调控的精准化提供依据，进而推动住房供应体系的高质量发展。

本书在调研不同城市商品房价格和保障房价格的基础上，运用两者之间的价格差距确认"夹心阶层"的存在，并结合该城市的居民收入水平度量住房夹心阶层规模，并将城市分类为A、B、C三类。基于住房夹心阶层指数的差异，给出了不同类别城市的保障标准的测定方法，并根据分类指导、动态调整、以支付能力为核心的原则，提出差别化的住房保障政策建议，对缓解住房市场供需失衡，解决"夹心阶层"住房问题，重塑住房保障制度，实现住房市场健康、和谐发展具有重要的参考意义。

本书还基于住房租买选择效用的差异，总结了国内外居民住房租买选择行为相关研究的进展，重点从住宅服务品质差异、租买选择权利不对等和文化心理因素对居民住房租买选择的影响，构造出包含五大影响因素的变量体系，在问卷的设计、城市的选择以及数据的收集的基础上，对我国不同城市的住房租买选择进行了实证研究。一方面针对不同城市住房保障群体的租买意愿进行了研究，分析不同城市住房租买选择意愿的差异，另一方面对租买选择影响因素进行了描述性统计和研究性统计，对不同城市的住房租买选择影响因素进行了显著性分析并对其进行重要性排序。最后对引起租买选择差异的原因进行分析，并从居民租买意愿及影响因素差异两个角度揭示我国住房制度存在的问题，针对我国不同类型城市提出了住房保障方式的差异及相关对策。

基于住房过滤理论，本书研究了国外发达国家（如新加坡和日本）关于住房保障面积的标准的发展现状和住房保障面积发展趋势，通过经济社会、人口数量以及家庭规模的变化对于住房面积发展产生的影响因素进行对比分析，并在此基础上，以江苏省为例，构建了多元线性回归及灰色系统预测模型，预测了未来住房保障面积，并对住房保障面积标准提出了导向性的制定原则：以设计标准为基础，以家庭生命周期为依据，以保障收入线为导向，综合确定住房保障面积标准。基于不同维度确定了住房保障最小的保障面积、动态的保障面积以及最大保障面积。最后在三个不同维度的研究成果上，运用了运筹学的方法进行实证分析，最后形成了基于城市差异的住房保障面积标准体系。

此外，本书还基于多中心治理理论和"新治理"理论，依据保障准入、保障方式和保障面积标准等视角对住房保障运行进行动态监管评价指标体系设计，基于城市差异的视角构建住房精准保障监管机制，实现住房保障监管的"分城施策"。运用多中心治理模式，形成中央政府、省级政府和第三方评估机构的多方监管框架，确保关于住房精准保障的政策落实到位。依据住房保障运行实际情况，判断不同城市类型，设立包括保障满意度、夹心阶层规模、覆盖度三大类监管指标，达到"精准"监管。

感谢江苏省住房和城乡建设厅、南京市住房保障和房产局、南京市江北新区建设与交通局、淮安市住房和城乡建设局等政府相关部门在本研究开展调研时给予的大力支持。向所有关心和帮助过我的老师、专家和亲朋好友表示最崇高的敬意和最衷心的感谢。此外还要衷心感谢中国科学院南京地理与湖泊研究所、美国犹他大学魏也华、宇宙等各位老师的指导和支持，衷心感谢王慧、霍晓宏、王剑、左龙、王竹、魏端、王子慧、赵亿、丁明慧、陈昕雨、吴慧珠、吴立群等同学及好友所给予的真诚帮助。

吴翔华
2019 年 5 月于南京工业大学

目 录

| 第1章 绪论 | 1 |

1.1 研究背景 ... 3
1.2 研究意义 ... 4
1.3 研究的主要内容 ... 5
1.4 研究目标和拟解决的关键科学问题 ... 6
 1.4.1 研究目标 ... 6
 1.4.2 拟解决的关键科学问题 ... 7
1.5 研究方法与技术路线 ... 7
 1.5.1 研究方法 ... 7
 1.5.2 技术路线 ... 8
1.6 研究的特色与创新 ... 10

第2章 住房精准保障研究的理论基础和文献综述 ... 11

2.1 理论基础 ... 13
 2.1.1 适足住房权理论 ... 13
 2.1.2 住房过滤理论 ... 14
 2.1.3 社会治理精细化理论 ... 15
2.2 国内外文献研究综述 ... 16
 2.2.1 国外文献综述 ... 16
 2.2.2 国内文献综述 ... 19
 2.2.3 文献评述 ... 22

第3章 基于城市差异的住房保障准入精准化研究 ... 23

3.1 国内外文献研究综述 ... 25
 3.1.1 国外文献综述 ... 25
 3.1.2 国内文献综述 ... 26
 3.1.3 文献评述 ... 28
3.2 国内外住房保障现行准入标准 ... 28

3.2.1　国外住房保障现行准入标准 ………………………………… 28
　　3.2.2　我国住房保障现行准入标准 ………………………………… 29
3.3　住房夹心阶层规模度量原则 …………………………………………… 32
　　3.3.1　合理通勤范围的原则 …………………………………………… 32
　　3.3.2　反映夹心阶层规模的原则 ……………………………………… 32
　　3.3.3　住房负担与收入对应的原则 …………………………………… 33
3.4　住房夹心阶层指数度量流程 …………………………………………… 34
　　3.4.1　度量思路 ………………………………………………………… 34
　　3.4.2　度量流程 ………………………………………………………… 34
3.5　住房夹心阶层指数度量 ………………………………………………… 35
　　3.5.1　住房夹心阶层指数度量参数的确定 …………………………… 35
　　3.5.2　住房夹心阶层指数度量的实证分析 …………………………… 41
3.6　基于城市差异的住房保障准入标准精准化 …………………………… 47
　　3.6.1　住房保障准入标准的精准界定及操作流程 …………………… 47
　　3.6.2　收入线的精准测算 ……………………………………………… 55
　　3.6.3　资产准入线的精准测算 ………………………………………… 57
3.7　基于城市差异的住房保障准入标准对策研究 ………………………… 62
　　3.7.1　A类城市的住房保障准入标准对策 …………………………… 62
　　3.7.2　B类城市的住房保障准入标准对策 …………………………… 63
　　3.7.3　C类城市的住房保障准入标准对策 …………………………… 63
　　3.7.4　各类城市对应的保障方式选择 ………………………………… 64

第4章　基于城市差异的住房保障方式精准化研究 ……………………… 65

4.1　文献综述 ………………………………………………………………… 67
　　4.1.1　相关概念的界定 ………………………………………………… 67
　　4.1.2　国外文献研究综述 ……………………………………………… 68
　　4.1.3　国内文献研究综述 ……………………………………………… 69
　　4.1.4　文献评述 ………………………………………………………… 71
4.2　国内外住房保障政策研究综述 ………………………………………… 72
　　4.2.1　发达国家住房保障制度历史沿革 ……………………………… 72
　　4.2.2　我国住房保障制度历史沿革 …………………………………… 74
4.3　住房保障方式精准化研究的必要性及研究路径 ……………………… 76
　　4.3.1　住房保障方式精准化研究的必要性 …………………………… 76
　　4.3.2　住房保障方式精准化研究的路径 ……………………………… 77
4.4　住房租买选择研究方案设计 …………………………………………… 77
　　4.4.1　住房租买选择影响变量选择 …………………………………… 77
　　4.4.2　方法选择与模型构建 …………………………………………… 83
　　4.4.3　问卷设计及数据收集 …………………………………………… 86

目　录

- 4.5 住房租买选择差异实证研究 ·· 87
  - 4.5.1 居民住房租买意愿分析 ·· 87
  - 4.5.2 租买选择影响因素研究 ·· 88
  - 4.5.3 住房租买选择差异调研相关分析 ···································· 99
- 4.6 差异成因分析及住房保障方式精准化对策研究 ························· 101
  - 4.6.1 住房租买选择差异成因分析 ·· 101
  - 4.6.2 基于租买意愿与差异成因的住房政策问题精准化探析 ······ 102
  - 4.6.3 基于租买意愿的住房保障对策精准化研究 ····················· 103
  - 4.6.4 基于差异成因的相关配套对策精准化研究 ····················· 106

第 5 章　基于城市差异的住房保障面积精准化研究 ························· 109
- 5.1 文献综述 ··· 111
  - 5.1.1 国外文献综述 ··· 111
  - 5.1.2 国内文献综述 ··· 112
  - 5.1.3 文献评述 ·· 113
- 5.2 国外住房保障面积发展现状 ··· 114
  - 5.2.1 国外住房保障面积的发展 ·· 114
  - 5.2.2 日本住房保障面积现状 ··· 115
  - 5.2.3 新加坡住房保障面积现状 ·· 118
- 5.3 住房保障面积精准化研究的必要性 ·· 120
  - 5.3.1 我国在住房保障面积研究中的问题 ································ 120
  - 5.3.2 住房保障面积精准化研究的意义 ···································· 120
- 5.4 住房保障面积发展趋势研究 ··· 121
  - 5.4.1 住房保障面积发展趋势研究思路 ···································· 121
  - 5.4.2 人均住房建筑面积影响因素分析 ···································· 121
  - 5.4.3 人均住房建筑面积预测模型的构建 ································ 127
  - 5.4.4 预测模型的运行——以江苏省为例（以 2014 年数据为例） ···· 141
- 5.5 基于不同维度的住房保障面积精准化研究 ·································· 143
  - 5.5.1 基于设计标准的最小保障面积研究 ································ 143
  - 5.5.2 基于家庭生命周期的动态保障面积研究 ························· 151
  - 5.5.3 基于保障收入线的最大保障面积研究 ···························· 157
  - 5.5.4 研究结果 ·· 160
- 5.6 住房保障面积标准的确定 ··· 161
  - 5.6.1 住房保障面积标准的确定原则 ······································· 161
  - 5.6.2 配租型住房保障面积标准的确定 ···································· 162
  - 5.6.3 配售型住房保障面积标准的确定 ···································· 163
  - 5.6.4 江苏省各城市住房保障面积标准的确定 ························· 164

第6章 基于城市差异的住房保障监管机制精准化研究 ········ 169

6.1 理论基础 ········ 171
6.1.1 多中心治理理论 ········ 171
6.1.2 "新治理"理论 ········ 171

6.2 文献综述 ········ 172
6.2.1 国外文献综述 ········ 172
6.2.2 国内文献综述 ········ 172
6.2.3 文献评述 ········ 173

6.3 住房精准保障多中心监管体系 ········ 173
6.3.1 监管框架 ········ 173
6.3.2 监管职责 ········ 174
6.3.3 监管目标及内容 ········ 175
6.3.4 多中心监管体系的优势 ········ 176

6.4 住房精准保障监管指标构建 ········ 177

6.5 住房精准保障监管指标评价 ········ 178
6.5.1 评估标准 ········ 178
6.5.2 动态评估 ········ 181

第7章 结论与展望 ········ 183

7.1 结论 ········ 185
7.1.1 基于城市差异精准化研究住房准入标准 ········ 185
7.1.2 基于城市差异精准化研究住房保障方式 ········ 185
7.1.3 基于城市差异精准化研究住房保障面积标准 ········ 186
7.1.4 基于城市差异精准化研究住房保障监管机制 ········ 187

7.2 展望 ········ 187

参考文献 ········ 189
附录 ········ 198

第 1 章 绪 论

1.1 研究背景

住房问题一直是民生问题的热点,"住有所居"是国家和政府一直追求的福利目标,也是老百姓一直以来的"中国梦"。党的十九大报告中,习近平总书记进一步强调"坚持房子是用来住的、不是用来炒的定位,加快建立多主体供给、多渠道保障、租购并举的住房制度,让全体人民住有所居","房住不炒、因城施策、精准调控、长效机制"成为2018年乃至今后几年的政策基调和市场主导。

我国自1998年开始,取消了福利分房制度并开始实行住房货币化改革政策,标志着房地产市场进入快速发展时期。住房市场的迅速发展在为我国的经济发展做出巨大贡献的同时,住房市场的不成熟和弊端也日益凸显,住房问题已经成为社会关注的焦点问题,出现了发展不平衡、不充分的现象,我国少数城市出现了住房市场供需失衡的现象。

一方面,住房市场化使得居民可以灵活进行住房选择,也使得居民的住房需求逐渐多样化;另一方面,近些年我国城镇化的大规模、高速发展,受人口迁徙、居民生活改善及流动就业等多方面影响,居民的住房需求持续增长,高昂的房价给居民带来了巨大压力,中低收入家庭、夹心阶层供求失衡的住房问题也随之凸显。我国政府先后颁布了一系列房地产市场调控政策,建立起政府保障和市场配置相结合的住房制度,但目前住房保障制度的制定实施过程存在一些问题。供求错配的问题影响了住房保障的有效性,因住房保障供给规划缺乏对居民住房需求的调研,住房供求严重的结构失衡不仅不能满足保障群体的住房需求,大量空置的保障房也造成了资源的浪费。因此,如何完善住房保障制度、满足居民的住房需求、规范住房市场成为亟须解决的问题。

经过"十一五"时期集中建设,"十二五"时期进一步完善,我国已经形成了包括廉租房、公租房、经济适用房、共有产权住房、棚户区改造房、住房补贴等多种形式的住房保障体系。当住房保障供需数量不再是矛盾的主要方面时,居民对住房保障质量需求日益提高与住房保障水平相对较低的矛盾便浮现出来。保障性住房建设速度不断加快,覆盖范围不断扩大,但由于受经济发展水平、政府财政能力、土地资源的约束,须坚持适度保障的原则,在满足基本需求的条件下严格控制保障标准,防止过高追求保障水平而带来的福利刚性问题。如何从更多的视角出发,关注中低收入家庭,扶助弱势群体,制定出合理的住房保障标准,为他们提供合适的住房保障,是政府必须重视和认真思索的问题。

面对不同城市住房市场的巨大差异,目前的住房保障政策体系依然有待完善。首先,一些地方的现行住房保障的准入标准、保障方式、保障面积标准等政策依然存在"一刀切"的现象,没有体现出地区间住房市场的巨大差异,阻碍了住房保障政策在房地产市场调控中发挥有效作用,造成住房保障在各地区发展精准度较差;其次,一些地方的现行住房保障政策缺乏动态评估，不能很好地应对房地产市场的多变情况，政策调控存在滞后性，事前防范措施不足，各城市无法及时排查出自身存在的住房问题，实施的住房保障政策不足以应对新矛盾的出现；最后，一些城市制定的住房保障政策缺乏市场依据，没有从住房市场角度来观察住房保障供需的失配程度。

综上所述，基于城市差异来研究住房保障政策，研究住房精准保障机制已迫在眉睫。一方面可以提高住房保障的精准度，增加保障对象的获得感，防止住房保障政策供需失配、避免住房保障资源的浪费；另一方面也为住房市场调控的精准化提供依据，进而推动住房供应体系的高质量发展。

1.2 研究意义

1. 理论意义

本书深入研究区域异质性对住房保障的影响机理，研究住房价格分布的区域异质性、住房租买选择意愿的区域异质性、住房面积的区域异质性，建立了住房精准保障的系统理论模型，提出住房精准保障的概念，形成系统性、动态性、响应式的住房精准保障机制，是对住房保障理论的丰富和创新。

住房租买选择是对住房需求主体行为研究的重要内容之一。目前国内外关于居民租买选择的相关研究主要集中在租买选择的影响因素方面，但是忽视了自有和租赁住宅效用差异以及居民的心理因素对住房租买选择差异的影响，国内对此问题的探讨还远远不够，因此加强这方面的研究是对住房租买行为研究的有益补充。本书将租买住房服务品质差异、享受的权利不对等以及影响居民租买选择的心理因素作为研究的重点，从理论和实证研究两方面对居民的住房租买选择差异问题进行了深入探讨，补充完善了住房租买选择的理论研究体系，具有一定的理论创新性。

科学严谨地探究住房保障对象家庭的住房保障需求变化规律，为完善住房保障体系建立理论基础，为住房保障政策的制定提供理论依据，对于有效实施住房保障政策，推进社会保障制度的不断完善，建立动态持续发展的住房保障体制及住房供给体系具有重要的理论意义。

2. 现实意义

本书对保障准入、保障方式、保障面积标准三个方面进行了深入研究，针对住房精准保障的机理和实现机制等方面开展系统研究，以不同区域住房市场异质性研究为出发点，研究精准保障的机理与治理问题。对解决城市夹心阶层的住房问题有着较强的理论指导意义，对住房市场供需失衡的城市制定住房政策和缓解夹心阶层住房压力均有一定影响，在推动全社会和谐发展、保障民生问题等方面均具有较强的现实意义。

住房保障对象是保障制度落实的最终受益者，是住房保障制度实施的基础，住房保障准入标准的界定是住房保障体系建设的重要内容之一，住房保障准入标准的划分直接影响到住房保障范围的确定，科学合理地制定住房保障准入标准，从保障家庭实际需求出发，实现精准定位、精准审核、精准建设、精准分配、精准定价、精准退出。通过对住房夹心阶层指数的度量，从而对不同城市进行分类，提出针对不同类型城市的保障政策，对调节市场的供应结构，促进房地产市场健康发展具有重大的现实意义。

通过对居民住房租买选择意愿和影响因素的相关分析，使政府能更准确地把握影响居民租买选择的变量，从居民的住房需求出发了解其租买选择意愿及影响因素，更有效地根据当地住房市场存在的问题制定相应政策。这些政策不仅可以缓解居民的住房压力，还可以满足不同收入水平居民的住房需求；同时调节住房市场的供求关系，促进房地产市场健康可持续发展。

住房问题作为基本的民生问题，若不能妥善解决往往会衍生出许多其他社会问题，影响社会的和谐稳定。政府应确定住房保障标准，从制度设计的层面防止保障不足和保障过度的现象，保证资源的有效配置。同时，住房保障标准的研究也对各地建设保障性住房的规模和数量具有指导意义；减少保障性住房的空置，提高保障效率，体现社会公平，对实现"住有所居"的目标具有重要的现实意义。

1.3 研究的主要内容

经过中央和地方政府的多年努力，我国的住房保障建设取得了重大成绩，各地符合保障条件的本地户籍居民已经基本实现了应保尽保。但对照全面建成小康社会，实现全体人民住有所居的目标，住房保障还需在扩大保障覆盖面、丰富保障方式和管理精细化等方面继续努力。本书以适足住房权理论、住房过滤理论、社会治理精细化理论等为基础，从城市差异的视角，对住房保障准入标准、住房保障方式、住房保障面积和住房保障监管机制实现精准化的研究。

1. 基于城市差异的住房保障准入精准化研究

本书研究市场价格分布的区域异质性特征与住房保障准入之间的关联特征，构建住房保障准入精准化模型，并进行实证分析与区域分类研究，其研究内容如下所述。①构建可获得标准住房价格分布函数。确定不同空间尺度下可获得标准住房价格的样本分布、修正系数体系，构建可获得标准住房价格分布函数。②构建多维度住房保障准入精准化测度模型。在居民收入分布函数与可获得标准住房价格分布函数的基础上，构造双变量联合分布函数，依据夹心阶层动态测度结果构建多维度住房保障准入精准化模型。③实证分析与区类划分。进行典型城市住宅保障精准准入线的实证研究，并进行区类划分与矫正措施研究。

2. 基于城市差异的住房保障方式精准化研究

本书以租买选择理论为基础，研究租买选择差异的区域异质性与住房保障之间的关联特征，构建住房保障方式精准化测度模型，并进行实证分析与分类研究，其研究内容如下所述。①租买选择决策影响指标体系研究。研究区域异质性视角下居民租买意愿及影响因素差异，针对不同类型进行数据采集和数据处理。②构建住房保障方式精准化测度模型。运用二元 Logistic 模型和综合指数法来对居民住房租买选择意愿的影响因素进行分析和排序，构建住房保障方式精准化测度模型。③实证分析与区类划分。进行典型城市住宅保障方式精准化的实证研究，并进行区类划分，提出对配租型（公租房、租赁补贴）与配售型（共有产权住房、购房补贴等）保障方式精准化的测度方法、程序与矫正措施。

3. 基于城市差异的住房保障面积精准化研究

本书以家庭生命周期理论，在预测的前提下提出不同区域间保障面积标准精准化测度模型，其研究内容如下所述。①人均住房建筑面积预测模型的构建。构建多元线性回归及灰色系统预测模型，预测典型城市人均住房建筑面积。②构建保障面积标准精准化测度模型。研究从人体工程、家庭生命周期和收入水平三个角度构建不同区域的住房保障面积精准化综合测度模型，提出配租型和配售型的住房保障面积标准的确定方法。③实证分析。在三个不同维度的研究成果上，运用了运筹学的方法，以江苏省进行实证分析，最后形成了江苏省住房保障面积标准体系。

4. 基于城市差异的住房保障监管机制精准化研究

从区域异质性视角构建住房精准保障监管机制，研究内容如下所述。①基于多中心治理模式的住房精准保障监管机制。从不同区域的异质性特征出发，研究基于多中心治理的住房市场和保障对象满意度的监管指标体系与监管机制。②提出对策与监管建议。依据住房精准保障机制的实现路径，对不同区域城市提出相应政策的建议，监管政策的建议，基于目标管理的住房市场绩效评价的建议，基于预警理论的住房保障风险防范的建议等。

1.4 研究目标和拟解决的关键科学问题

1.4.1 研究目标

本书在综合国内外住房市场发展和住房保障政策的研究成果的基础上，借鉴部分国家和地区在住房保障政策方面的成功经验，对如何精确减少住房夹心阶层规模及如何基于城市差异精细划分住房保障准入标准，基于城市差异对住房保障方式及保障面积进行精细化研究，从而完善当前的住房保障体系。

从住房市场角度来判定住房保障供需的失配程度，界定出夹心阶层的规模与保障准入标准，以解决住房保障供需失配问题。针对不同的住房市场，制定有针对性的住房精准保障政策，引导地方政府对住房市场进行合理干预，推动保障制度的完善，从而使住房市场供应结构趋于合理，推动我国房地产行业健康有序地发展，实现"住有所居"的保障目标。

运用租买选择理论，从住房租买效用的不同和居民心理等因素入手对住房租买选择的城市差异进行度量，进而对不同城市选择不同的保障方式（实物配租或是租金补贴、实物配售或是货币补贴）提供科学决策方法，防止保障方式的供需失配。

探究住房保障对象家庭的住房保障需求变化规律，为完善住房保障体系建立理论基础，为住房保障政策的制定提供理论依据。对有效实施住房保障政策，推进社会保障制度的不断完善，建立动态持续发展的住房保障体制及住房供给体系具有重要的理论意义。

以多中心监管体系为重点，建立市场协同的监管机制。在完善和细化房地产市场统计指标的基础上，建立科学的市场评价体系，依据住房保障运行实际情况，判断不同城市类型，监测住房精准保障监管水平，及时启动相对应的调整政策，建立政府协同监管机制，真正做到住房保障的"分城施策"。

1.4.2 拟解决的关键科学问题

本书的主要研究方向是住房市场形成机理及存在的问题，拟解决的重点问题在于研究住房市场的区域异质性的形成机理与住房精准保障的实现路径，拟解决的关键科学问题包括以下四方面。

（1）如何建立住房保障准入精准化机制来缩小夹心阶层的规模？

（2）如何建立住房保障方式精准化机制来体现保障对象的租买意愿？

（3）如何建立住房保障面积标准的精准化机制能让保障对象有更多的获得感？

（4）如何建立住房保障监管精准化机制来实现住房保障的最终使命？

1.5 研究方法与技术路线

1.5.1 研究方法

本书的主要研究方法有以下几种。

1. 文献归纳法

通过文献检索工具和引文追踪等方法对国内外相关研究进行查阅和了解。在对国内外相关研究文献的整理、归纳和分析的基础上,借鉴其中有价值的内容、理论、观点和研究方法,为本书的撰写提供了理论依据和写作思路。

2. 理论推演法

运用租买选择、全寿命周期等理论,对住房保障供需失配问题和治理机制进行分析与逻辑推演;由此形成研究住房保障失配问题的理论基础。运用有关住房保障和居民住房租买选择的相关理论,汇总、分析和筛选租买选择的影响因素,并进行分类,从而构建租买选择的模型。

3. 调查法

运用文献调查、问卷调查、网络调查、专家调查等手段,对典型城市住房市场价格数据、租金价格数据等进行分类采样;对住房困难人群租买意愿进行调研,各类问卷样本数量接近1 000份。通过专家访谈确定评价指标、监管指标和风险预警指标。

4. 数学建模

利用大数据的方法采集市场交易数据进行修正并构建测度模型,对住宅价格分布的区域异质性进行机理研究;构建二元 Logistic 模型对租买选择意愿进行测度,研究租买选择的区域异质性机理;运用多元线性回归、灰色系统预测等方法构建保障面积的区域异质性测度模型。

5. 理论分析与实际结合

通过参阅各种关于住房保障面积方面的理论研究、文献、统计数据等,以住房过滤理论、需求层次理论和福利经济学理论为基础,分析了住房保障面积的影响因素,同时结合江苏省目前与今后的社会与资源的发展趋势,预测了关于住房保障面积方面的发展趋势,从而对未来江苏省住房保障面积标准的研究奠定基础。

6. 定性分析与定量分析结合

本书通过定量数据建模与定性结果分析的方法,运用调研数据,进行居民住房租买选择意愿和居民租买选择影响因素的相关研究,最后对调研结果进行分析,并提出对策。从统计分析和灰色理论的角度,预测了未来江苏省城镇人均住房保障面积的发展趋势,提出了关于住房保障面积确定的思路和方法,并从三个不同维度研究了住房保障面积,最后在此基础上得到了江苏省住房保障面积标准。

1.5.2 技术路线

本书以城市差异视角下住房精准保障为研究对象,技术路线图如图1.1所示。

第1章 绪论

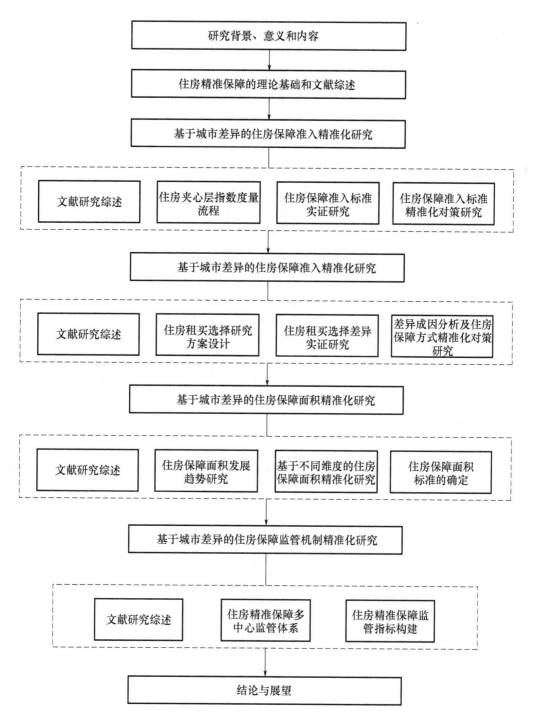

图1.1 研究的技术路线

1.6 研究的特色与创新

本书的研究特色与创新主要体现在以下几方面。

第一，从住房保障准入、住房保障方式和住房保障面积三个维度切入，并提出住房保障监管机制，实现基于城市差异的住房精准保障。在构建保障准入、保障方式、保障面积三个维度的精准保障测度模型基础上，从城市差异性视角进一步研究基于多中心治理的住房市场和保障对象满意度的监管指标体系与监管机制。

第二，引入分类的保障政策，体现在分城施策，即各个城市的住房保障应该因地制宜，不能笼统地一刀切，需要针对不同的城市住房市场制定不同的住房政策。住房问题不可能只依靠住房市场的供应来实现，住房分类供应制度是解决住房问题的有效途径，按照住房需求对象的不同支付能力以及对住房的不同需求进行分类供应，使市场和政府对住房的供应范围能覆盖绝大部分居民。

第三，提出以支付能力为核心的保障原则，即住房保障对象的划分以及住房保障方式的制定都结合住房可支付能力来综合考虑，根据住房支付能力判断居民的收入水平对购房月供的偿还能力和对购房首付的支付能力。通过对不同收入标准和资产标准进行划分，来合理确定保障对象，提供相对应的保障方式，更具有科学依据，有助于准入标准的实施。

第四，我国有关居民住房租买选择的研究起步较晚，且大多是从单因素或单类变量的角度建立变量体系，而很少有将住房属性、家庭人口特征属性、经济特征、心理特征及外部制度环境因素等多因素变量进行同时研究的实证分析。本章根据文献研究、房地产市场现状、我国住房制度，梳理租买选择的影响因素，重点从住房租买效用的不同、居民心理因素和制度因素三个角度入手，构建了租买选择影响因素模型，对居民住房租买选择差异进行了研究，具有一定的理论意义。

第五，通过对经济发展水平、居民住房支付能力、城镇发展水平、人口结构与家庭规模等因素的分析，确定了人均住房保障面积的影响因素，并建立多元线性回归及灰色系统预测模型，以江苏省为例，预测了未来人均住房保障面积。基于设计标准、家庭生命周期和收入水平三个不同维度下的住房保障面积研究，形成了江苏省各市住房保障面积标准体系，为各地制定住房保障政策提供了理论依据，对保障性住房建设（户型和面积）具有指导意义。

第 2 章
住房精准保障研究的理论基础和文献综述

第2章 住房精准保障研究的理论基础和文献综述

探究住房保障问题，涉及若干深层次的理论和现实问题。为什么要研究住房保障问题，为什么要基于城市差异对住房进行精准保障，又该如何实现住房精准保障，为了解决这一系列的问题，我们需要对相关的理论基础进行梳理和研究。在此基础上，探索构建保障准入、保障方式和保障面积三个维度的住房精准保障制度的路径与方法。

2.1 理论基础

2.1.1 适足住房权理论

适足住房权，是一项住房权利，是指从法律的角度规定的每一位男人、女人、年轻人和儿童获得并持续享有安全家庭和可以和平地、有尊严地生活的权利。对于住房权的实现，个人、政府、市场都应该发挥作用。联合国经济、社会和文化权利委员会的《第4号一般性意见：适足住房权》第八条列出了七条关于适足住房权的问题。

第一，法律保障的使用。适足住房权包括多项内容，包括对土地和房产的占有，对居住地公共设施的使用，租房，自住房、紧急住房等权利。

第二，设备、基础设施和服务。适足的住房必须符合健康、安全、舒适的标准，且应该具备必要的设备。所有有权享受适当的住房的居民在本质上应该能享受到持久和共同的资源，如安全饮用水、能源、卫生设备、烹饪设备、取暖和照明设备、洗涤设备、食品储存设施、垃圾处理、排水设施等，以及某些紧急服务。

第三，可达到的水平。个人或家庭住房相关的费用应该保持在一定水平，而不能让其他基本需要的获得与满足受到威胁或损害。各缔约方应采取措施确保住房相关费用的比例与收入水平相称。若因满足住房需求，使其他必要的生活消费大打折扣，则不能定义为适足。

第四，快乐居所。适足的住房必须是适合居住的，即向居住者提供足够的空间并保护他们免受寒冷、潮湿、炎热、刮风下雨或其他对健康的威胁、建筑危险等。居住者的人身安全应该得到保障。

第五，住房机会。须向一切有资格享有适足住房的人提供适足的住房，特别是保障弱势群体的适足住房权利，比如老人、儿童、残障人士、精神病患者、遭受自然灾害者等。

第六，居住地点。适足的住房应处于便利就业选择、保健服务、就学、托儿中心和其他社会设施的地点。在大城市和农村地区都是如此，因为上下班的时间和费用对贫困家庭是巨大的负担。同时，住房不应建在威胁居民健康权利的污染地区，也不应建在直接邻近污染源的地方。

第七，适当的文化环境。房屋的建造方式，使用的建筑材料和住房政策必须能够恰当体现住房的文化特征和多样性。建筑形态的发展应该与当地的文化及民风相一致，先进现代技术也应得到适当的应用。

根据联合国的标准我们可以看出，适足的住房内容主要有两点。①适足住房权是一项人权，它应该体现平等、自由、有尊严的原则。适足住房权是第二代人权，是一项关乎生存的权利，即经济、社会和文化权利。这就要求政府保障每一位理应得到该权利的居民拥有最基本的适足住房权利。②住房的标准只有满足"适"和"足"两个条件，才能达到真正的适足。依照联合国《第4号一般性意见：适足住房权》规定，"适足"的标准并非是一个量化的固定标准，因时代的不同，文化风俗的不同，居住要求的变化，"适足"的标准也会变化。

各个国家应该制定一个符合自己的国情的最低标准，要注意标准的合理性，各地区也可根据国家标准建立自己地区的适足住房权的标准。"适足"主要表现在两个方面。首先，应当保障每个人的基本居住权利且不损害人的尊严。在享受该项权利的同时，不应损害或剥夺其他基本权利。其次，适足住房权要求权利人要处于社会贫困线之上，即国家有义务帮助贫困群体摆脱贫困，享受权利。为保障公民的适足住房权，政府一方面应当调控住房市场，调节商品房的供应结构，使市场提供更多的有效住房；另一方面，政府应做好住房保障工作，保障住房困难家庭的适足住房权。

2.1.2 住房过滤理论

住宅市场体系具有层次性和连贯性，各个级别的住宅市场彼此并非隔离，而是与住宅本身的生命周期紧密相连，是一个新旧代替的过程。住房过滤理论就是对均衡住宅市场内在规律的描述，而住房保障作为政府应对住房市场缺陷的宏观管制措施，其政策设计也离不开住房过滤理论的支持。

国外学者对住房过滤的概念定义中，Ratcliff 给出的定义得到了大多数学者的认同。他认为"较高收入家庭拥有的住房随着时间的推移，住房的质量逐渐老化，功能产生折旧，慢慢不能满足他们的住房需要，这些家庭会为了追求更好的居住品质而购买新的住房，将目前的住房出租或出售给较低收入的家庭。这种对住房占有所发生的变化，称为住房过滤"。劳瑞和格里格斯比指出过滤的主体是住宅，而非各收入阶层，过滤产生的原因在于住宅老化及新建。简单地说，过滤就是住宅本身市场价值的变化。1974 年斯维尼对住房过滤理论进行系统性阐述并联系一般均衡理论。从那时起，不同的学者纷纷发表了对住房过滤理论模型的理解，如欧赫尔斯模型、布莱德模型等相关模型。

住房过滤理论说明的是住宅的耐久性和所提供的服务数量随时间推移的延递性。其在住房市场的表现为：最初由高收入者修建的住宅，随着时间流逝，房屋老化，而市场又开始提供功能更全、质量更高的新建房屋，高收入者为追求更好居住条件，放弃原有老旧住房，而较低收入者则可以以较低价格继续使用该住房。住房过滤的相关模型表明了住房市场的特征，描述了不同住房市场的相互作用与影响，以及住房的用途随时间转变的过程。

从住房过滤的模型中可以看出，若住宅市场单纯依靠市场机制，应该是一种自上而下的运行模式，为富人购置新房提供补贴，同样能使中低收入阶层享受到福利。当然，市场中提供的新建房也分不同层次，中低收入家庭也可以选择购买普通的新建房而不是二手房。但是，从可持续发展和资源最优化利用角度看，住房过滤模式更能节省社会资源，使各层次住宅物尽其用。住房过滤理论及住房过滤模型对我们研究城镇住房保障建设有以下启示：针对我国的住房市场现状，政府应积极地激活二手房市场，增强市场机制对住房配置的作用，减轻国家的财政负担。

住房过滤理论对住房消费行为的作用主要体现在两个方面：首先，不同收入阶层居民的住房购买力不同，因此在同一发展阶段，居民会因收入的不同造成住房消费的差异，即住房存在梯度消费。其次，住房相对较长的使用寿命和使用价值持续慢速的减少是保证住房过滤过程的基础和前提。房屋的使用价值不会随着时间推移而严重削减，这为住房过滤提供了时间维度上的可能性。

住房过滤理论表明住房存在梯度消费，是一种理性、科学的住房消费方式。是指城市居民根据自身经济条件、生命周期、家庭状况等客观情况，合理地选择与之相适应的住房进行消费。按不同的收入阶层来考虑不同等级的住房需求，不同消费对象间存在着住房消费的梯度。而且因为住房过滤的方向可以由高等级向低等级过滤，也可以由低等级向高等级过滤，住房消费梯度间是相互影响的。

根据存在低、中、高不同的收入水平及其对应的家庭，将住房市场分为低端消费市场、中端消费市场和高端消费市场。政府对低收入家庭的住房保障分流了一部分低端住房需求，该住房市场需求减少，房价或租金下降，中端市场的住房过滤不下来，致使中端消费市场的供给增加。中等收入家庭由于找不到下家来购买或租住自己的旧房，无法回笼资金，自己的购租住房能力减弱。在供给和需求双重作用下，中端住房消费市场房价或房租价格下降。同样，中端消费市场需求下降，价格下降也会引起高端消费市场的连带效应，住房过滤过程减缓。这为分层次进行住房保障研究，保证不同等级住房市场的稳定，提供了重要的理论依据。

2.1.3 社会治理精细化理论

党的十八届五中全会提出，加强和创新社会治理，建设平安中国，完善社会治理体制，推进社会治理精细化，构建全民共建共享的社会治理格局。随着城市化的快速发展，大规模建设和粗放治理的时代已经过去，现在社会管理进入质量提升为主的新阶段。目前我国的社会主要矛盾已经转变为人民日益增长的对美好生活的需求和不平衡、不充分的发展之间的矛盾，在此背景下，我国的社会治理工作面临着许多新的问题，要进一步提升我国社会治理精细化水平，构建全民共建共享的社会治理格局。

"精细化"源于20世纪50年代日本企业的管理理念,后来该理念逐渐扩展到公共管理各个领域,扩展到社会治理领域。社会治理精细化,是指在社会治理的实践中引入"精细化"的理念,按照精、细、全、严的原则,实现社会治理的科学化、标准化、规范化和人性化的治理效果。与传统的粗放型、笼统化、经验式、模糊式的管理模式不同,强调科学化、规范化和精准化治理,以问题为导向,实行"精准"和"靶向"治理。

社会治理精细化基本特征包括以下几方面。①治理主体:具有多元化和协作化特征,多元化体现在坚持完善政府主导、社会协同、公众参与、法治保障的体制机制,协作化是推进政府、社会组织、社会公众等治理多元主体推进社会治理精细化的基本途径和运作模式。②治理方式:具有法治化、人本化和透明化特征。依照法律和法规来治理国家和社会,制约和规范公共权力运行,切实保障和维护公民权利。社会治理精细化要坚持以人为本,尊重广大人民群众意见,以切实满足广大人民群众的需要作为社会治理的出发点。社会治理精细化也要信息资源公开、透明和共享,从而让治理多元主体有效参与和协作监督。③治理过程:刚柔并济。按规章制度办事,标准化、程序化治理为标准,在绩效考核、信息技术、运作程序、岗位设置和专业素质等方面,严格按照既定标准设计和运行。但同时,在制定、执行法律法规和社会规范的时候,要谨记出发点,遵循便民、利民和惠民的原则。④治理效果:高效、合理。与传统治理模式相比,精细化治理更加高效,治理过程更加快捷、便利和规范,人们的满意度和获得感也将得到提升。

2.2 国内外文献研究综述

2.2.1 国外文献综述

1. 关于住房保障政策的研究

关于政府在住房保障问题上的作用,国外学者指出政府在保障房建设中具有不可推卸的责任,他们从地方政府在住房保障中扮演的角色和功能入手,认为政府可以调节住房市场的分配关系,促进住房更合理地消费。

日本经济学家早川和男认为世界住房政策可分为五种模式:①私人开发商在市场上提供商品房,如美国、日本;②政府或社会公共团体提供大量公共住房,如英国;③在尊重市场规律的基础上,政府在一定程度上介入,提供多层次住房供应体系,如德国;④提供福利住房,如北欧福利国家;⑤住宅经营,如改革开放前中国。美国学者 Quigle 从消费者权益、平等机会、收入等方面分析政府对住房的干预。Hugo Priemus 认为欧盟国家应该强化政府的住房保障职责,根据自己国情,制定不同的住房政策。John Doling

对荷兰房屋发展规划进行详细解剖，提出规划的可取之处，同时指出规划未提及中低收入的住房需求，关于居住的安全性和多样化也不够关注。LaFrance 认为，任何一个社会系统正常运作的前提是社会子系统可以正常运行，国家、市场、社会三者都应该发挥其正常的作用，住房保障才能健康运行和发展。Mansfield 分析了各种相关因素在保障房建设中所祈祷的作用。Dodson Jago 通过分析澳大利亚、新西兰等国家的典型住宅案例，讲到了政府在住房保障、住房建设中拥有非常重要的不可取代的位置。

Engle, Miniard 等对发展中国家的住房保障制度进行研究，特别是保障性住房自有化问题，在探讨房价政策和房屋租赁政策作用的基础上，认为应该加快转变当前住房体制，高效率地出售保障性住房。Paul 等认为政府应该在对市场饱和状况充分了解的基础上，使市场机制的调节作用、补贴政策的经济原则以及构建公平竞争的住房保障部门有机结合起来，重视不同阶层的人群的支付能力和市场准入的可能性。Yoshitsugu Kanemoto 认为日本对自有房屋和租赁房屋的税收优惠和住房补贴，使自有住房的成本低于租赁住房。同时他还认为，日本二手房市场交易量小是因为政府对二手房的交易征收较高的税收，阻碍了二手房市场的发展。

国外住房保障政策的研究强调关注多元化需求，提供多种保障路径，注重中低收入家庭住房困难问题。Bramley 等在研究住房供需的问题时建立了一系列关键市场要素的关系——住房价格、新建筑、迁移和空置等，对比分析了不同市场需求下的需求方和供给房的反应差异。

2. 关于适足住房权的研究

（1）适足住房权的提出和解释。

工业革命以后，住房问题在西方国家曾一度成为工人罢工和战争的导火索。为解决这一困境，西方国家对住房问题进行了大量的研究。这些研究主要反映在国际文件中。在之后的多个国际条约中都反复提到了住房权，如之后陆续公布了《世界人权宣言》《住房权国际公约（草案）》《第 4 号一般性意见：适足住房权》《迈向住房权利的战略计划》《第 7 号一般性意见：关于强迫驱逐》等。这些已有的丰硕成果对我国住房权的研究具有重要意义，也为我国住房权的保障与国际接轨创造了有利的条件。

适足住房权是一项基本人权，是维护和体现人的基本尊严和价值的表现。从现有的文献资料来看，1948 年通过的《美洲国家组织宪章》是最早提出住房权概念的国际法律文本，其第 31 条中写明："adequate housing for all sectors of the population"，首次提出了"Adequate Housing"的概念。《世界人权宣言》在第二十五条中规定："人人有权享受为维持他本人和家属的健康和福利所需的生活水准，包括食物、衣着、住房、医疗和必要的社会服务。"《经济、社会及文化权利国际公约》第十一条也规定："本公约缔约各国承认人人有权为他自己和家庭获得相当的生活水准，包括足够的食物、衣着和住房，并能不断改进生活条件。"

从国外关于适足住房权的研究,可以总结出适足住宅权包含以下五点内容。第一,权利的法律保护。第二,可支付性。家庭的住房消费支出应以不损害其他生活基本需要为前提。第三,舒适的居住环境。适足的住房应有舒适的居住条件和足够的活动空间,保护居民免受建筑物及周围环境带来的危险。第四,可以提供适当的社会和文化环境,包括社区设施和福利的可及性,便利的居住地点等。第五,平等的机会。主要体现在为弱势群体提供应有的住房保障。由此可知,基于适足住房权的住房含义应体现出多样性,除房屋本身属性值外,还包含小区环境和住区周边的自然和社会环境。即符合适足住房权的"住房"应包括房屋本身及住区环境的安全,舒适,有完善的公共设施,还应有利于人的自我发展和实现。

国际社会已普遍认可适足住房权是一项基本人权,在实现住房权的过程中,个人、政府和社会都承担着重要的职责。因此,适足住房权的责任主体应将以上五点要求作为国家保障住房权的保障标准。

(2) 适足住房权与住房需求的关系。

适足住房权的要求中包括:①居住需求的适当性指住房的基础设施必须满足人们基本的居住需求,要有水电暖等基础设施;②住房费用与收入的适当性指住房的费用要和住房者的收入能力以及支付能力相适应,这也是"住房适当性"的关键;③住房与安全健康的适当性指住房是可靠安全的,并且在空间安排上,要使居住者免受严寒、潮湿、炎热等的侵害;④符合基本的卫生需求。卫生需求不仅包括生理上的健康还包括心理上的健康;减轻居住者心理和社会压力,使其居住的房屋不仅是为了"生存",而是有尊严地"生活"。

3. 住房保障的区域异质性机理研究

经济学中对异质性的研究塑造了异质信念对价格影响的理论分析框架(Miller),Dobelniece, Signe; Rasnaca, Liga 基于公众可获得的统计数据和对定量调查数据的安全感的评价重点分析了地区差异,分析认为平均住房规模、住房质量和可用设施、住房成本及其对家庭预算的影响方面存在地区差异。其中,主观安全感存在显著的地区差异。在此基础上,对拉脱维亚的住房保障情况进行了分析,并阐述了住房保障的重要性。Bitter, J. Christopher 比较了将空间变异参数纳入房价模型的两种方法:地理加权回归法和空间扩展法,研究结果论证了房屋属性价格确实随地理环境而变化。并且研究探讨了空间依存性和空间异质性如何影响特定地点外部性的特征价格估计。Julia Koschinsky 运用空间异质性研究补贴租房对附近房产价值的影响,利用华盛顿州西雅图的综合数据集(1987—1997),得出主要的影响是低价值区域的升级效果的结论,最终验证得出补贴地在低价值地区的位置,并且与邻近的无补贴单位相比,补贴单位的维护质量更高。

2.2.2 国内文献综述

1. 关于住房保障政策的研究

近年来我国住房保障问题的研究已细化到住房保障制度的各个层面，如保障方式、补贴标准、保障范围等。姚玲珍提出了适合我国国情并且具有中国特色的住房保障政策模式，也就是实行住房分类供应政策模式。张静指出完善我国的住房保障制度应包括完善住房保障的法律法规，由政府构建保障体系，保障结构要具有层次性，保障政策要与金融联系。郭玉坤从理论和实践两个方面为我国住房保障制度的建立和政策的完善提供了科学的决策依据。温战辉认为任何一种保障政策只能是阶段性的选择，在选择和制定住房保障政策时应该综合考虑我国具体的财力和国情。

基于需求角度出发，葛怀志根据城镇居民人口统计特征和现住房条件特征两个方面的属性，对住房选择和住房条件改善的意愿的影响程度，通过公共住房撮合分配方法和住房需求的住房保障对象细分进行住房保障措施的研究。鲁江善通过对比目前我国保障性住房的现状，结合住房自有化适度水平和居民的住房需求对保障性住房政策的问题和原因进行了分析。建议通过完善住房体系来满足社会各群体对住房的不同需求，最终让每人都享有适合自己的住房。孙飞对杭州市保障性住房的供求现状进行分析，选取了杭州家庭收入情况和住房市场环境的相关数据，利用 MATLAB 建模模拟了杭州目前住房市场的供求情况，构建了适合杭州市住房市场的住房过滤模型。并模拟了三种保障性住房政策（公租房、货币补贴、经济适用房），从而提出了一些完善杭州市保障性住房市场供给政策的建议。

保障方式的选择是住房保障的实施前提。在保障方式层面，一些文献运用经济学原理，认为需求方补贴对住房市场的干扰有限，既可充分利用市场机制配置住房资源，满足保障对象的住房消费偏好，又能根据保障对象的经济状况灵活调整补贴额度，维护住房补贴公平。还有些文献则从成本效益、社会福利视角分析，也得出需求方补贴优于供给方补贴的结论。与此不同的是，有些文献从政策环境视角分析，认为在住房短缺阶段，应采用供给方补贴增加住房供给，当住房存量充足后，政府应以需求方补贴取代供给方补贴。

对于供给形式的研究，王世联认为政府建设经济适用房，既可以解决中低收入家庭的基本住房问题，又可以在一定程度上减少对商品房的需求量，起到抑制房价的作用。因此，政府不但不应该停建经济适用房，反而应该增加其供给，以更好地满足中低收入家庭的住房需要。姜凤茹等则认为目前经济适用房性质定位不清、运作模式不当，并指出针对这些问题，应通过市场化运作，相关法律、法规的制定和完善，以及因时因地制宜，灵活采取多种住房保障方式等来加强经济适用房的住房保障功能。聂仲秋等认为基于廉租房建设的现状，应该从一个新的角度入手，即廉租公寓建设，廉租公寓以福利性为主、微利性为辅。以政府为主导，联动土地、规划、财政、建设等多部门办调配合，开发多种渠道进行住房保障资金的筹集，合理规划布局，加强后期的物业管理和服务工作。张艳认为我国应该建立和完善以廉租住房为主，以"选择性保障"为目标模式，经济适用住房和廉租房两类房源相结合的保障性住房供应分配体系。她对保障性住房问题的研究在目前我国相关研究当中是相对全面的。牛合香认为应该根据家庭收入判定不同的住房政策，对中低收入家庭，以提供具有保障性质的经济适用房和廉租房为主；对高收入家庭，以提供商品房为主，从而保证人人住有所居。董藩等认为当前国内的几种住房供给形式遇到了一系列问题，可以通过实施货币化梯度补贴方案解决大多数问题，还提出了货币化梯度补贴方案的基本内容。侯淅珉指出地方政府应根据自身的财力等状况，提出新的住房保障模式，如江苏淮安市的共有产权住房、香港"置安心计划"等，这些新的住房保障模式是对我国住房保障体系大胆的探索和补充。曾辉、虞晓芬建议各地方政府应该选择与当地住房需求状况相协调的保障模式，建立合理的住房保障层析结构和有效的流动机制及可持续发展机制。

对于补贴方式的研究，卢有杰认为我国住房保障制度中的保障方式有实物配租和租赁住房补贴两种方式，因为利弊各有不同，所以各级政府应该根据当地的实际情况选择适合的保障方式。方建国对住房补贴的各种方式的实施效应做了详细的比较之后，得出的结论是"人头补贴"比"砖头补贴"效果更优，从而提出适当调整住房保障政策的观点。雷雨虹等认为在法律规定的宏观调控框架内，政府对房地产市场进行调节所采用的经济手段，主要表现在金融层面，即通过调整税率、实施各种贴补政策及调整住房价格等方式进行调节。胡丕勇提出用"住房券"作为"人头补贴"的试验模式，根据"住房券"特征制定了实施流程，并提出最低收入群体采用廉租房的保障方式，中低收入群体用"住房券"购买或租赁商品房；高收入群体通过市场解决住房问题的城镇住房供应体系。刘琳通过比较国际标准以及分析城镇居民平均住房支付能力来确定适合我国国情的住房补贴标准；以支付能力为依据确定保障范围，以一个城市存量房和增量房的供应状况，来确定保障方式，并结合以上两方面提出了保障方面的政策和建议。

国内学者大多是从住房市场和住房保障的关系来研究住房保障的政策，很多研究人员通过研究影响住房市场中的土地因素以及诸多类型的住房供需环境和相关的价格机制，从而得出房地产市场和住房保障是不可分割的，一个健康的房地产市场有助于完善现有的基本住房保障体系，所以需要对现在有些失衡的房地产市场通过稳定有力的政策来调节。但是，站在居民住房需求视角的住房保障政策研究还很少，以微观数据为基础的研究则更少。

2. 住房保障制度运行中存在的问题及对策研究

孙炳耀认为住房政策应该与社会经济发展水平相适应，在不同的阶段应该实行不同的住房保障政策。尚教蔚研究我国经济适用房和廉租房制度，发现两者在实际操作过程中存在较多的问题，比如经济适用房存在经济和社会属性错位、地理位置偏僻、配套设施不完善等问题，而廉租房存在"保障的对象有限且难以准确确定"等问题。李翔认为"错位"和"缺位"是我国住房保障制度中存在的两大难题，并强调要解决我国住房保障制度存在的问题，就要对现行的住房保障制度进行大力的革新。刘书鹤、刘广新阐述了我国住房保障制度中存在的问题，包括过于注重人均住房面积而忽略了住房的功能质量；我国的住房私有率不断提高，但住房负担问题也日渐突出；廉租房和经济适用房建设也存在较多问题，指出要实行住房"双轨"改革，引导居民树立合理的住房消费观念等。尹珂认为目前我国的住房保障制度相对滞后，虽然各地建立起了以经济适用房、廉租房等为主要内容的保障体系，但实操性不足，因此住房保障政策的试试效果远未达到预期。董藩提出了完善住房保障的四条原则：规范政府职能，正确处理政府与市场之间的关系；保障房选址等注意不加剧城市阶层的划分；尽量扩大保障范围；改善住房市场的信息不对称，以促进社会和谐发展。程娟认为我国目前已经初步建立起相对完整的住房保障制度，但每种制度都存在着一定的缺陷和问题，需要逐步去解决。

3. 关于适足住房权的研究

国内关于适足住房权的研究起步较晚，对于适足住房权的研究多停留在法学领域。我国第一部住房研究的著作是由金俭编写的《中国住房保障：制度与法律框架》，该书从住房保障和公民财产保护相结合的角度定位我国的住房立法。朱小姣提出适足住宅权内容包含房屋使用权的立法保护、舒适的居住条件、可支付的价格、适足的基础设施等方面。闫飞飞提出适足住房权是公民生存权的基础，因而是一项基本人权。他认为适足住房权应包括：住房使用保障性、住房品质知情性、住房环境适宜性和获取住房的平等性，并就国际上对住房权方面的义务（尊重、保护、促进和实施住房权）的阐述进行研究，指出了我国在适足住房权履行方面存在的不足并提出改进的措施。

王笑严研究指出，住房权的保障不仅等同于住房保障，要实现我国公民的住房权，就要明确国家保障住房权的多层次义务，建立一个以宪法为基础以住房保障法为中心的，多层次、全方位的住房权保障法律体系。王雪研究认为廉租房保障标准单一，只重视住房面积的保障，而忽视了住房条件、基本设施等保障标准，导致现有的廉租房条件难以满足住房权利实现的需求。涂缦缦研究指出，稳定的住房权适足标准必须通过制定《住房保障法》予以确定。待条件成熟应通过立法方式确立住房权适足标准的一般原则和基本准则，并在法律实施过程中予以动态具体化。

4. 住房保障的区域异质性机理研究

龙莹从空间计量经济学理论出发，根据空间经济学的基本思想，利用空间计量经济学的基本方法，基于 2003—2007 年我国各省、直辖市、自治区数据，采用地理加权回归模型（Geographic Weighted Regression，GWR），纳入空间地理距离，分析我国房价波动的成因，并从区域差异的角度分析了各地区房价波动的空间异质性。刘广平、陈立文、潘辉以房价收入比作为住房支付能力的计算方法，运用泰尔指数对住房支付能力的区域异质性进行分析，并采用灰色关联模型对不同空间尺度上的住房支付能力区域差异与经济适用房价格区域差异以及供给区域差异之间的关系进行了研究。梁云芳、高铁梅基于误差修正模型形式的 Panel Data 模型，分析了房价区域波动的差异，并研究了造成各地区房价波动差异的原因。董昕、周卫华分析了住房市场的区域特征，对各地区的农民工家庭住房支付能力进行测度，发现东部、中部和西部地区的农民工家庭住房支付能力差异较大，通过分析各城市流动人口的动态监测数据，研究农民工住房选择的区域差异，探究区域差异产生的原因。在此基础上，根据不同区域，提出针对各区域的农民工住房政策建议。

2.2.3 文献评述

尽管国内外学者对住房保障进行多方面的研究，但总结发现，仍存在一些不足的方面。

（1）目前，国内外学者大多是从住房市场和住房保障的关系来研究住房保障的政策，站在居民住房需求视角的住房保障政策研究还很少，以微观数据为基础的研究更少。而对居民住房需求行为的分析，是分析住房现状和判断未来发展趋势及其重要的依据，是科学有效制定住房政策的前提。

（2）根据对我国住房保障制度运行中存在的问题及对策的研究，指出目前我国的保障房存在供应不足、集资困难、保障房质量等问题，提出应规范政府职能，协调政府和市场之间关系；应规范保障方式，增加保障的有效性，充分覆盖保障人群；但真正能落到实处存在很大的难度。另外，关于具体如何精准合理地制定保障措施的研究较少，实践意义不大。

（3）已经有很多学者将适足住房权与住房保障联系起来，对于住房需求的定义为住房保障标准的制定提供了依据。不仅要为保障对象提供满足生存需要的住房，更要为他们提供体面而有尊严的住房，除此以外，还需要根据住房可支付能力为保障对象提供他们负担得起的住房。甚至有学者提出现阶段的保障性住房是适足住房权的一道屏障，这是与保障性住房制度设计的初衷相违背的。但是对于如何解决屏障并没有提出切实可行的办法。

（4）住房保障的区域异质性机理研究亟待深入。大部分关于住房市场的区域异质性的研究集中在对货币政策与房地产价格波动、房地产泡沫传导的影响等方面，针对住房保障区域异质性机理方面的研究仍处于起步阶段，有待进一步深化。

（5）目前，国内外关于住房的精准保障方面的研究已有一定的基础，但仍存在一些不足。比如，忽视了不同区域住房市场的异质性，也忽视了租买选择理论。我国的住房保障机制建立时间较晚，保障机制相对不完善，国内对住房夹心阶层这一特殊群体的住房问题的研究也存在不足，专门论述该群体的住房问题的文献资料也并不多，其中多是提出一些建议和设想等，操作性很强的方案较少。

第 3 章
基于城市差异的住房保障准入精准化研究

第3章 基于城市差异的住房保障准入精准化研究

本章在调研江苏省 13 个城市的商品房价格和保障房价格的基础上,运用两者之间的价格差距确认"夹心阶层"的存在并结合该城市的居民收入水平度量夹心阶层规模,根据各城市夹心阶层指数的高低将城市的住房市场分类为 A 类城市、B 类城市、C 类城市三类城市。基于城市夹心阶层规模的差异,对不同城市住房保障准入标准进行精准化研究,给出了不同城市的保障标准的测定方法,并根据分类指导、动态调整、以支付能力为核心的原则,提出差别化的住房保障政策建议。

3.1 国内外文献研究综述

3.1.1 国外文献综述

1. 关于保障房与商品房关系的研究

相关文献指出,欧洲和日本对于商品房与保障房之间的关系研究较早,相关法律法规较全面,政策规定大部分公共住房可转化为商品房。凯梅尼研究了欧美国家的社会住房和租赁制度,提倡成本型租赁和盈利型住房相结合的住房供应体系,认为两者相结合有助于建立相对稳定的住房市场供应体系。他还讲述了欧美在这些方面比较完善的体系经验。

Sau Kim Lum 建立了结构方程模型研究市场大数据和宏观政策对个人购买住房的价格关系,指出政府相关部门可以通过公共政策来影响住房市场中个人的购买行为。Lowry 利用住房过滤模型对住房市场进行定性分析,说明了住房市场如何利用过滤机制达到一种均衡发展的状态,并在文中对住房过滤进行了定义和深度剖析。Braid 分析不同的宏观政策对住房供应的影响,设定住房的质量为变量,在以短时间内供给量不变为前提的情况下,研究宏观政策对住房质量的影响,为政府实施不同的住房政策提出建设性的意见。

Seow-Eng Ong,Tien-Foo Sing 通过对新加坡十年内组屋价格与市区重建局公布的住房价格指数的分析,发现后者的价格受到前者的影响,两者虽然在完全不一样的系统内,但是却有一定的关系。Tien-Foo Sing,I-Chun Tsai 和 Ming-Chi Chen 利用误差修正模型研究发现家庭搬迁是影响公共住房和二手房价格的一个非常重要的原因。

关于商品房和保障房的影响,Robert H. Edelstein 和 Sau Kim Lumb 运用 VAR 模型(向量自回归模型),研究发现,个人住宅价格变动对居民总体的消费不会产生大的变化,而组屋价格的变动会对消费等产生较为长远的影响,文中采用实证分析验证了结果。Malpezzi 和 Vandell 经过对美国(1987—2001)各州保障房的影响分析,证实政府的货币补贴和公共住房不会对社会商品房的供给产生太大影响,只能暂时替代,但是保障房会在一定程度上抑制商品房需求。Chul-In Lee 指出在住房市场的需求远远大于市场供给时,政府建设公租房会加剧商品房市场的投资。Todd Sinai 和 Joel Waldfogel 在大量数据分析的基础上，分析了不同的政府政策对个人住房的挤出效应的程度，并重新定义挤出效应。

国外学者对保障房与商品房的关系方面的研究多集中在两者的相互作用机制、相互影响、作用效果，这些研究大多基于数据分析、实证分析，具有较强的参考意义。

2. 关于保障对象的确定与划分

Bruce 认为英国政府设定的住房保障对象为低收入、首次置业、担任重要职责的住房困难人群，还针对每个类型有针对性的保障方式。Rod Solomon 和 Hawkins Delafield 在研究政府政策时指出，美国的住房保障重点对象为：低收入、孤寡老人、残疾人士和流浪人群。家庭收入在人均收入水平80%以下的，均可申请补助。Reisman 在对新加坡的住房保障体系分析后指出，新加坡的保障准入标准严格按照家庭的收入水平划分，不同的收入层次享受不同层次的住房保障。

在住房保障对象方面，大多数发达的国际城市已经对保障人群有了较为合理的具有自己国情特色的划分方法，并针对不同类别的保障对象有差别化和针对性的保障方式，住房保障政策的对象明确，保障标准相对明晰，保障的形式也相对合理。

3. 关于保障准入标准的研究

Barlow 和 Duncan 指出在不同经济发展状态下，政府在住房市场中扮演的角色不同，提出了福利国家市场——国家混合住房供应特征的四种基本差异。Olsen 阐述了住房保障政策应该注意的几方面，包括目标群体、住房条件、非住房消费额度等，并讲到保障的优先顺序。Bratt 选择有住房困难的人口、新增可支付住房的供应量和住房自有化率水平三个指标对美国 1993—2000 年的住房政策进行了评价，定义了严重住房困难群体。Grigsby 和 Bourassa 认为应将低收入群体纳入住房保障范围，并归纳出五点理由。

关于准入标准，国外学者的研究已经较为系统化和清晰，大多也是建立在以收入为基本指标，结合其他各方面综合参考。

3.1.2 国内文献综述

1. 保障房与商品房市场的关系

国内对于保障房和商品房市场的关系，主要从保障房建设对商品房市场的供给需求量和价格进行研究。

从保障房的供应对住房供给需求影响的角度：周文兴、林新朗综合分析 2002—2009 年保障性住房和商品房数据，并基于 VAR 模型（向量自回归模型）的保障性住房投资和商品房价格之间双向的格兰杰因果关系，利用脉冲响应函数图像分析得出结论：经济适用房的投资可以使商品房价格降低。张跃松、连宇使用多元回归的方法建立了房地产市场的供给模型，以北京的房地产市场为例，在考虑供应的保障性住房与供应的商品房的挤出效应的基础上，研究商品房市场价格变化。保障性住房对商品房挤出效应越小，对商品房市场价格的影响就越小。与此同时，政府制定住房市场准入机制应明确商品房市场的边界，政策制定时要充分考虑到保障性住房对商品房的挤出效应。

从保障房的供应对商品房市场价格影响的角度：王先柱、赵奉军构建供给和需求模型，利用我国省、直辖市和自治区的数据，分析了保障房供应对商品房市场的影响，结果表明，建设保障性住房的分配消化了一部分商品房需求，同时提供更便宜的住房，商品房市场价格将会降低。宋博通、陈剑强通过香港、深圳房地产市场的历史数据，分别建立香港房屋退出数量、深圳经济适用房退出数量和住房价格变化的格兰杰因果关系检验，结果表明，房价水平可以显著影响公共租赁住房和经济适用房的退出数量。张蕊通过修改后的四象限模型和供需理论模型，以北京市进行实证分析，推导出保障性住房供应和商品房供应量与价格的关系。

2. 关于保障对象的确定与划分

郭玉坤、杨坤认为现阶段我国住房保障对象应包括城镇最低收入家庭、低收入家庭和中等偏低收入家庭，保障性住房覆盖面应该是40%。汤腊梅通过月还款额与居民住房消费收入的比较，提出短期内20%的低收入家庭需要纳入政府住房保障的范围，长期来看有40%的家庭需要政府解决和帮助提高住房支付能力问题。李进涛阐述了不同收入水平家庭住房可支付能力的差异和原因，对确定房地产市场的趋势提供了基础，并为如何更合理地明确保障对象，提供了理论依据。陈航将南京作为实证研究区域，通过剩余收入和房价收入比的综合计算方法，认为南京城市住房保障范围应覆盖40%左右的家庭，包括最低收入、低收入和中等收入的住房困难家庭。

3. 关于保障准入标准的研究

许多学者都注意到了住房保障准入的界定依据与支付能力脱节、保障不足和错位并存等问题，李俊杰提出应从居民居住需求、社会收入分配公平、政府保障能力三个视角研究住房保障准入线的测定及调整机制，或利用二维联合分布函数来测定保障范围（郑思齐等）。卢媛、刘黎明通过提出一种基于收入分布函数拟合方法获得住房标准的测量方法，将计算结果和实际准入标准进行对比分析，得出结论：廉租房和经济适用房的准入标准太低，保障性住房体系三种方式比例不合理。刘颖春、王冰、岳伟在研究中指出，保障房的准入和退出的宽松度与保障政策的覆盖范围有关，覆盖范围广，则准入和退出门槛将放松。反之，要适当严苛。

孙娜指出，住房保障标准的确定，应以保障住房困难家庭的住房需求为目的，根据住房保障对象的不同，以保障对象的收入为依据，综合家庭结构、人口年龄等各方面因素来考虑住房保障准入标准。徐丹、冯苏苇假设基尼系数是常数和人均住房面积服从卡方分布，预测下一个六年上海在保障房准入标准方面的变化，即标准变化对财政的影响。研究表明，廉租房准入标准遵循城市发展规律，扩大廉租房政策的受益范围，将会增加政府的金融投资。韩伟就准入退出机制执行中面临的信息环境进行了分析，明确其在适格性审查、适格性监控及履约性监督三方面面临信息失灵问题后，从直接和间接层面提出了信息发布、诚信公示、法律推定、悬赏举报、名誉惩罚、入市阻却制度、中介信息供给制度、宽恕制度八项信息失灵克服辅助制度建议。

3.1.3 文献评述

（1）我国学者对增加配售和配租型保障房供应及如何进行货币补贴都提出了建设性建议，也有学者建议各地方政府应该选择与当地住房需求状况相协调的保障模式，建立合理的住房保障层析结构和有效的流动机制以及可持续发展机制。但关于如何通过定量分析更加合理地分配保障房，更好地覆盖保障人群以及如何制定与当地房地产市场相适应的住房保障制度方面的研究并不多见。

（2）多数学者一般是基于供给和需求模型，研究保障性住房的供给对住房市场的定性的影响。他们多是从政府的角度，提出定性的改善性建议，从而保障民生和促进住房市场的稳定发展。但关于针对房地产市场的影响传导机制和路径的经济学解释以及定量分析非常罕见。

（3）在住房保障对象方面，我国的相关研究多数是如何根据家庭收入划分保障收入线以及如何测算家庭的购房支付能力等，结合市场划分保障准入标准的研究甚少。

（4）基于城市差异视角的住房保障准入标准研究亟待完善。大部分学者在研究中只关注了住房市场供需失衡与保障准入线划分的重要联系，但在研究中大多采用居民或家庭平均收入和住房平均价格来进行测定，忽视了不同区域的市场住房价格分布的异质性及其对测定准入标准的重要影响，这种情况亟待完善。

3.2 国内外住房保障现行准入标准

3.2.1 国外住房保障现行准入标准

日本规定入住公租房必须满足三个条件：第一是与家庭成员一起生活，单身不在保障范围内；第二是收入标准的界定条件，家庭的收入水平必须低于规定的收入标准，若家庭收入水平超过了规定的收入标准则不纳入保障范围；第三是居民必须证明自身住房确实困难，可以租住房屋的家庭是没有资格申请保障房的。

新加坡对于组屋的申请，政府文本中规定申请者需要满足四个条件：第一，申请人必须包含两名新加坡公民，或者一名新加坡公民和一名新加坡永久居民组成；第二，申请人在申请时必须年满21岁；第三，两名申请人之间的关系必须为直系亲属；第四，收入水平未超出规定的范围。同时，需要满足名下无私人房产的条件。公民的权利和是否具有私有房产，对政府部门来说较为容易确定，收入和家庭结构的标准制定和评估的过程，存在一定的困难，尤其收入水平的定义，与不同地区的居民收入水平和当地的经济发展水平有关。目前根据规定，新加坡公民中已经有超过80%的人有资格购买租屋。

城市化和工业化的快速推进是住房保障问题产生的根本原因。早在20世纪20年代，一些欧美发达国家就开始关注城市中低收入家庭的住房问题，以提高人民福利，缓解社会矛盾，进而保障社会的稳定。作为住房保障制度的重要组成部分，建立健全的准入标准成为各国住房保障一项重要内容。以美国、澳大利亚、新加坡为例，这些国家在住房保障的准入标准方面都有详细的规定，见表3-1。

表3-1 国外住房保障准入标准

	供应对象及准入条件				
	申请人	年龄	地区	资产	其他
美国	中等偏下收入家庭	18岁以上	本国或者本州	存款、股票、不动产等折合美元为中低收入	申请者必须提供银行信用记录
澳大利亚	当地规定标准	18岁以上	澳大利亚公民并且是保障房所在地当地居民	没有其他居住性资产包括土地	计划自己居住
新加坡	家庭月总收入在8 000新元（平均11 143新元）（2015年）	21岁及以上	新加坡公民	不得有其他任何产业	必须组成一个核心家庭单位或者符合一项特别合格计划

综上，在保障性住房准入标准方面：美国、澳大利亚、新加坡有着非常详细和明确的规定。初步看来，当前的住房状况和家庭收入为主要因素，但家庭收入标准并非仅考虑中低收入群体，而是依据当地房地产市场价格和居民承受能力来测定的。此外，家庭资产、住房类型和收入范围、居住年限、家庭结构也会影响准入标准，在准入标准的顶层设计上定量和定性相结合。同时，准入标准的制定也不是静态的，而是根据当地住房市场的变化、收入水平的改变、政府财力的变化而进行系统地调整。

3.2.2 我国住房保障现行准入标准

1. 国内主要城市

随着保障房在住房供应体系中的比重增加，其准入标准不完善带来的问题也逐渐显现,特别是准入退出机制相对滞后的问题十分突出。目前,我国关于保障住房准入标准的研究包括:对申请人是否符合标准的界定,审核管理以及分配和退出流程,奖惩措施等。目前,我国大部分城市的保障住房准入标准包括对申请人家庭的户籍或居住年限、收入水平、家庭财产、现有居住条件等方面的要求,但不同城市的保障住房准入标准也各不相同。以北京、上海、深圳的保障住房准入标准条件为例进行分析,详见表3-2(公租房准入标准)和表3-3(共有产权房准入标准)。

表3-2 国内主要城市公租房准入标准

	公租房供应对象及准入条件			
	对　象	户　籍	人均居住面积	其　他
北京市	住房困难家庭	本市户籍或者合法有效的居住证	无住房人员、家庭人均住房建筑面积低于15平方米	3口及以下家庭年收入10万元(含)以下、4口及以上家庭年收入13万元(含)以下
上海市	中等收入偏下人群	本市常住户口或持有《上海市居住证》达2年以上	在本区无自有住房或人均住房建筑面积低于15平方米,因结婚分室居住有困难的人均面积可放宽到20平方米	未享受本市廉租住房、经济适用住房政策
深圳市	深圳市民、杰出人才、领军人才	年满18周岁,具有本市户籍或持本市居住证满一年		1. 配偶属现役军人的,可以不受户籍限制。 2. 申请人在深圳有累计3年以上社保,本科及本科以上学历累计1年社保可以申请。 3. 申请人及其配偶,未成年子女,或者共同申请人在深圳市没有自有住房,未领购房补贴,3年内没有分割房产行为;未在深圳市享受其他保障性住房。 4. 申请人及其配偶没有超生,或者超生接收处理后才可以申请

我国的住房保障准入标准通常涉及申请人的户籍、居住面积、家庭结构、收入、资产等。在居住面积方面,大多城市仅从人体工程学角度考虑并结合各地的生活习惯等,确定人均最低建筑面积,不考虑该城市的平均居住面积变化。在收入方面,大多数城市的收入标准一般按照中等偏下收入家庭来界定保障对象,与实际的住房支付能力无关,这样的标准缺乏科学合理的依据。也正是由于住房保障准入标准的不完善,导致了我国住房保障中的保障不足和保障过度现象。

表 3-3 国内主要城市共有产权房准入标准

	共有产权房供应对象及准入条件			
	对象	户籍	人均居住面积	其他
北京市	中等偏下收入家庭	具有本市城镇户籍或在京无房且已连续在京缴纳社保或个税的非京籍家庭	人均住房建筑面积低于 15 平方米	1. 申请家庭成员包括夫妻双方及未成年子女;单身家庭申请购买的,申请人应当年满 30 周岁。 2. 申请家庭应符合本市住房限购条件且家庭成员在本市均无住房
上海市	中等偏下收入家庭	具有本市城镇常住户口连续满 3 年,且在提出申请所在地的城镇常住户口连续满 2 年或符合条件的非本市户籍居民家庭	人均住房建筑面积不高于 15 平方米	人及以上家庭人均年可支配收入低于 7.2 万元(含 7.2 万元)、人均财产低于 18 万元(含 18 万元);2 人及以下家庭人均年可支配收入和人均财产标准按前述标准上浮 20%,即人均年可支配收入低于 8.64 万元(含 8.64 万元)、人均财产低于 21.6 万元(含 21.6 万元)
深圳市	中等偏下收入家庭	具有本市户籍	人均住房建筑面积低于 15 平方米	1. 参加本市医疗保险累计缴费 5 年以上,或者依照《深圳市人才认定办法》经认定为人才且参加本市医疗保险累计缴费 3 年以上。 2. 在本市未享受过购房优惠政策、未拥有任何形式自有住房、在申请受理日之前 5 年内未在本市转让过自有住房。 3. 符合国家计划生育政策

2. 香港地区

香港地区的住房保障准入标准与国内其他城市不同。香港公屋的入住程序分为申请、审核、轮候和住房分配等。公屋准入的申请,不仅有科学的应用程序,而且对申请者现有的居住条件和家庭财产状况等都有严格的界定标准。保障住房的审核环节,包括初审和资格审核,通过资格审核可证实或反驳初步审查的结果,并根据申请人的家庭情况的变化取消或加快住房分配。以 2015 年为例,香港地区公屋申请人的每户每月入息和总资产净值不超过规定的限额,4 人单位的最高入息限额为 23910 港币,最高资产总额为 455000 港币。而香港曾经推出的"夹心阶层住房计划"的准入标准为家庭月收入在 6 万港币以下的中等收入家庭。

3.3 住房夹心阶层规模度量原则

3.3.1 合理通勤范围的原则

定义合理的通勤范围是为开展住房夹心阶层规模度量界定一个地域范围，由于房价通常随离市中心距离的增加而出现降低的趋势，如果超出合理通勤范围谈房价分布，这样定义出的住房夹心阶层就会失去意义，因此，我们在度量住房夹心阶层规模时，需假设该夹心阶层是处于合理通勤范围内。

改革开放以来，区域、城市、家庭的生活结构体系早已发生了翻天覆地的变化。家庭的居住地点与其工作场所之间的关系也发生了较大的改变，越来越多的家庭逐渐脱离单位分配住房，开始依据自己的喜好选择购买商品房，迁入各类住房社区。但同时，在其考虑的购房因素中，居住地点的选择始终占据一个重要的位置。因为居住地点的远近会直接影响到家庭出行、工作的通勤距离，进而反映出通勤成本的高低。若通勤距离增加，通勤时间也随之延长，居民在时间上的机会成本需要付出更多，用货币来衡量通勤成本的同时，机会成本也应计入其中，因此，随着通勤距离的增加，居民的满意度会下降。

家庭的居住地点与家庭成员工作地点之间的距离对于家庭出行有很大的影响。目前，职住分离的情况比较普遍，每天通勤的时间和费用逐渐增多。所以，家庭对于购买住宅欲望强烈度往往与住宅到市中心的距离呈反相关性。结合相关理论可知，区域中心点的土地价值最大，而其周边的相关服务设施、基础配套措施比区域其他地点要完善得多。

通勤成本，一方面是出行的经济成本，居民居住地与其工作、医疗、教育等场所的距离是一个重要的标准，距离的远近直接关系到出行的费用。当居住地远离市中心，导致居民花在通勤上的费用增加，而住宅的功能没有得到充分的利用。另一方面是出行的时间成本，居住地附近交通工具的种类和数量也是一个衡量标准，合理的通勤时间应该控制在一定的范围。

通勤半径外的区域受主城辐射能力明显减弱，为避免偏远郊区的房价影响整个房价分布，确保所得的住房售价能更真实反映该城市的房价水平，由该城市中心，沿主干道或轨道交通向外辐射，其通勤时间范围内组成的区域，即为通勤半径范围内，为我们所研究的样本范围。

3.3.2 反映夹心阶层规模的原则

反映夹心阶层规模的原则，即该城市住房夹心阶层指数可反映该城市中夹心阶层规模的大小。当住房市场出现泡沫，供求严重失衡，投机现象严重，则会导致商品房价格不合理增长，若住房困难群体又得不到充足的保障，则会导致夹心阶层规模增大。反之，当商品房市场住房价格合理，保障制度完善，则夹心阶层规模缩小。由此可见，夹心阶层规模的大小可以反映出住房供需失衡程度的高低。

如图3.1,夹心阶层规模一方面反映城市的住房市场商品房的价格水平,另一方面也可反映该城市住房保障房价格水平,而两者中间价格住房的供给缺失,是导致夹心阶层出现的根本原因。如果用保障房价格与市场房价的最低值之间的差距来表示住房供给缺失,那么就可以用这满足这两个价格的支付能力的家庭数量之差作为住房夹心阶层规模。

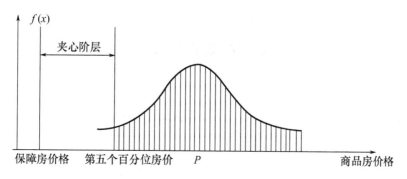

图 3.1 夹心阶层数量表示图

综上所述,以夹心阶层规模衡量住房夹心阶层指数大小,既反映了该城市的价格水平,也反映了价格分布的差异性,相比于以房价收入比、租金收入比、住房消费比例等单一的市场指标更为合理。

3.3.3 住房负担与收入对应的原则

判断住房价格是否具备合理性,主要取决于该城市的住房价格能否让当地的居民有合理的住房支付能力。若购买某一档次住房的合理负担(按贷款购房的最小月供水平计算)正好与某一收入群体用于住房消费的合理支出相符合,则可以假定该收入群体对此类住房具有可支付能力,该收入即这类住房价格对应的收入线,这就是收入与住房负担对应原则。

也就是说,必须首先假设处于什么收入阶层的家庭理论上应该享受什么价格层级的住房,否则夹心阶层的范围会无限扩大,无法反映出收入与住房负担相对应的原则。依据这一原则,我们选择住房价格分布第五个百分位的住房价格(P^*)作为夹心阶层能够承担的房价上限。第五个百分位的房价是指在一定的平均通勤半径范围内,住房的价格水平大于该住房价格的比例占总体的95%及以上。确定城市住房价格水平下限的依据主要有以下几点。

(1)调研获取的住房售价具有偶然性。调研获取的最低住房售价的交易情况不易核实,不能排除存在关联交易等特殊情况导致价格相对较低。对于购房夹心阶层而言,即使此类住房符合购房需求但可获得性较小。

(2)经文献查找国内还未有提出市场中偶然和不正常因素影响的住房交易比例。美国住房市场设有廉价急售住房比例指标(Distressed Sales,%),其稳定在4%~5%之间。

本文将偶然和不正常因素影响的住房交易比例设定为5%,住房售价水平下限体现为市场中只达到最低住房条件的售价水平，且是剔除偶然和不正常因素后的合理最低价格。为简易起见，本文提出利用第五百分位住房价格计算夹心阶层指数。

因保障性住房的价格由政府确定，同一城市内保障房价格大致接近，研究中取保障性住房的均价。当某一群体的收入小于 P^* 对应的收入线，又高于保障房价格对应的收入线，则该收入群体属于住房夹心阶层。

3.4 住房夹心阶层指数度量流程

3.4.1 度量思路

本章以城市夹心阶层规模占该城市总人口规模的比例来衡量住房夹心阶层指数。

1. 夹心阶层规模的收入范围测算

根据第五个百分位房价的合理支付水平可推算出对应收入线，同样可以依据保障房价格推算出所对应收入线，收入能力介于两者中间的人群，即属于夹心阶层。两者差值的大小，则反映了夹心阶层规模的大小。

2. 总人口规模的收入范围测算

按国家统计局收入七分法统计的该城市历年不同人群的收入，运用二次平滑移动法，可得到该城市当年的最低收入和最高收入。这两者之间差距的大小，能反映该城市居民收入范围，间接反映该城市的总人口规模。

3. 夹心阶层指数的测算

夹心阶层占该城市总人口的比例可以类似为第五个百分位住房价格对应的收入线和保障性住房对应的收入线的差值与最高收入和最低收入差值的比值。该比值即为夹心阶层指数，用以衡量夹心阶层规模的大小。具体度量思路见图3.2。

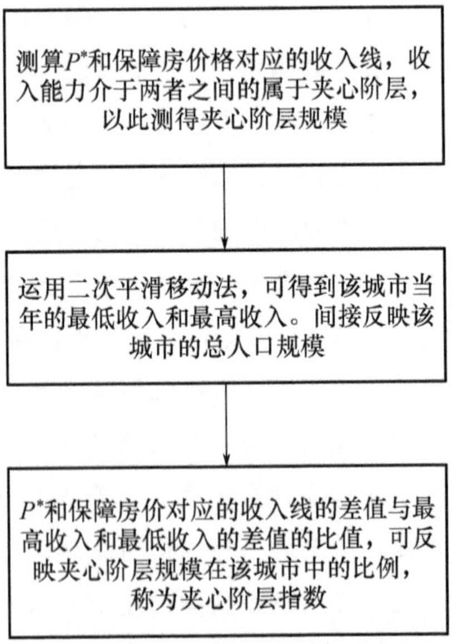

3.4.2 度量流程

1. 统计得到该城市房价分布的第五个百分位房价

根据标准住房市场售价的调查方法与数据修正，得到标准住房售价，根据标准住房售价的分布，得到城市房价分布的第五个百分位的房价。

2. 调查得到各城市保障房价格

通过各城市住房与城乡建设厅网站查阅，得到该城市保障房价格。

图 3.2 住房夹心阶层指数度量的思路

3. 测算第五个百分位房价和该城市保障房价格对应

将求取的第五个百分位房价和该城市保障房价格以及住房面积标准代入收入线的测算公式，求取试点城市第五个百分位房价和该城市保障房价格对应的收入线。

4. 预测当年该城市最低收入和最高收入

按国家统计局收入七分法统计该城市历年收入值，运用二次平滑移动法，预测当年该城市的各层次收入值，得到最低收入和最高收入。

5. 测算夹心阶层指数

将上述测得的第五个百分位房价和该城市保障房价格对应的收入线，和预测的当年该城市最低收入和最高收入推算，得到该城市的住房夹心阶层指数，从而可以判断该城市的夹心阶层规模。具体度量流程见图3.3。

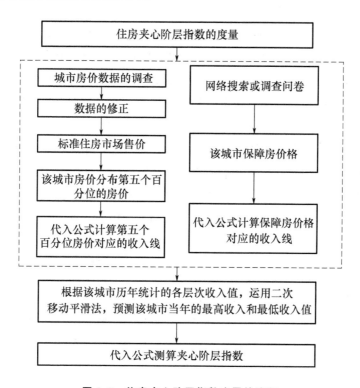

图3.3 住房夹心阶层指数度量的流程

3.5 住房夹心阶层指数度量

3.5.1 住房夹心阶层指数度量参数的确定

1. 研究范围的确定

中国现阶段城市发展越来越快，城市中心的辐射范围也越来越广，导致城市居民居住地和工作地之间的距离越来越远,家庭日常出行花费的通勤成本也越来越大。与西方某些具有代表性的城市做一个横向的对比,可以发现,我国许多区域的城市扩张太快,职住分离化现象也越来越明显。分析有关统计数据,现阶段家庭出行还是以去工作地点为主。由此可见,住房的通勤发达程度极大地影响人们对住房的选择。

作者在调研过程中为避免偏远郊区的房价影响整个房价分布,确保所得的住房售价能更真实反映该城市的房价水平,首先调查了各城市的平均通勤时间,并以所调研城市中心的通勤半径内为本次的调研范围。通勤半径外的区域受主城辐射能力明显减弱,不纳入调研范围。

通过对国内外相关城市案例的研究,可以选定家庭出行的适宜通勤时间为45min,再反向导出城市通勤半径范围,驾车占比大的城市通勤半径以25~30km最宜,地铁占比大的城市通勤半径能扩大到50km以上。

据《2014年中国劳动力市场发展报告》,平均通勤时间:北京为97.0min,广州为92.2min,上海为89.8min,天津为79.9min,南京为68.7min,乌鲁木齐为56.0min,重庆为66.3min,太原为65.6min,杭州为64.8min。综合百度"我的2014年上班路"互动活动的平均通勤时间:扬州等三线城市通勤时间为40min左右,金坛等四线城市通勤时间为30min左右。

从城市中心,沿主干道或轨道交通向外辐射,二分之一的通勤时间车程范围内组成的区域,即为通勤半径范围内,这是我们所要调研的范围。

本章选取的住房市场研究范围为江苏省十三个地级市的住宅销售情况,包括二手房和新建房销售情况。调研的手段主要通过网络搜索和电话咨询。

2. 标准住房售价的确定

(1)标准住房售价的概念。

标准住房是指将该城市房价通过房地产估价中的比较法修正到符合某一区位特征和物理特征的住房上,以南京为例,选取的标准住房界定为:近1年内正常交易状态下成交的新建商品房或二手住房,包括多层或小高层住房,两室一厅并至少一间卧室朝南,多层楼层为2~5楼(非顶层),小高层楼层为5~9层(非顶层),建筑年代为2002年以后,简单装修(简装),家电齐备,无权利瑕疵。

根据标准住房的市场售价比准值,取其平均值为各分区标准住房市场售价比准值;全市标准住房市场售价比准值取其平均值为本市标准住房市场售价比准值。

住房市场既包括新建商品房也包括存量房的销售,住房面积标准的不同导致住房价格也不同,因此不能仅仅依靠新建商品房的均价来评判城镇居民的住房支付能力,而是应该综合考虑商品房和存量房的市场价格,以及住房标准。标准住房市场售价就是基于这样的想法提出的。

（2）标准住房市场售价调查问卷的设计。

标准住房市场售价调查问卷的具体设计方案如下所述。

根据实际需要，采用纸质调查表的方式进行房价数据的收集，调查表主要分为三个内容：第一为住宅区位状况，包括住宅地点、所在小区名称等；第二为住宅个别状况，包括住宅所在楼层、户型等；第三为住宅配套设施状况，包括文体设施、教育设施等。具体内容见表3-4。

表3-4 标准住房市场售价调查表

住宅区域情况	所在地理位置	____区（县）____街道（镇）
	小区名称	____小区（社区）
	建筑年代	____年
	详细地址	____路____号____幢
住宅总体情况	所在楼层/总楼层	____层/____层（总楼层）
	卧室朝向	□一间卧室朝南 □两间卧室朝南 □没有朝南卧室 □其他
	装修情况	□毛坯 □简装 □精装
	户型	□一室一厅 □两室一厅 □两室两厅 □三室一厅 □三室两厅
	建筑面积（m²）	____m²
	总价（万元）	____万元
	交易时间	____年____月
住宅周边情况	小区环境	□差 □较差 □一般 □较好 □好
	文体设施	□健身设施 □篮球场 □网球场 □其他
	生活配套	□超市 □邮局 □银行 □菜场 □医院
	交通配套	□差 □较差 □一般 □较好 □好
	临近学校	□幼儿园 □小学 □初中 □高中 □大学

（3）相关数据分析。

① 数据的修正。

住房市场售价修正系数（以南京市为例）如下所述。（指标解释略）

建筑年代修正系数：

建筑年代	1996年前	1997—2001	2002—2006	2007—2011	2011年以后
修正系数	98	99	100	101	102

多层住宅修正系数：

层次总楼层	一	二	三	四	五	六	七
一	100						
二	100	100					
三	99.5	100	99				
四	99	99.5	100	99.5			
五	99	99.5	100	100	98.5		
六	98	99	100	100	99.5	98	
七	98	99	100	100	99.5	98.5	98

中高层、高层住宅修正系数：

层次	1	2	3	4	5	6	7～（顶层－1）	顶层
系数	97.5	98.0	98.5	99.0	99.5	100	$100+(n-6)\times 0.5$	$100+[(n-6)\times 0.5]-3\sim 6$

房室朝向修正系数：

房室朝向	没有房室朝南	一间朝南	两间朝南
修正系数	98	100	101

装修情况修正系数：

装修情况	毛坯	简装	精装
修正系数	92	100	108

户型修正系数（酒店式公寓除外）：

户型	一室一厅	两室一厅	两室两厅	三室一厅	三室两厅
修正系数	102	100	100.5	99	98

小区环境修正系数：

小区环境	差	较差	一般	较好	好
修正系数	98	99	100	101	102

文体设施修正系数：

文体设施种类	0	1	2	3	4
修正系数	99	99.5	100	100.5	101

生活配套修正系数：

生活配套种类情况	0	1	2	3	4	5
修正系数	98	99	99.5	100	100.5	101

临近学校修正系数：

临近学校种类情况	0	1	2	3	4	5
修正系数	97	100	102	103	103.5	104

根据实际调研情况，结合有关数据处理分析手段，对调研的房屋价格样本进行相应的交易情况修正处理。本书所调研案例中：一线城市系数约为103，二线城市系数约为102，三线城市系数约为101，具体城市根据实际成交案例等分别确定进行修正。

② 数据分析。

南京市房价数据分析如下所述。

A. 房价描述性统计。

根据南京市城镇住房价格的调查数据修正值进行统计分析，表3-5给出了本次调研得到的统计结果：共调查了373个数据，其平均值为17 931.83元/m²，最大值为46 362.84元/m²，最小值为4 891.50元/m²。

表3-5 南京市样本房价描述性统计　　　　　　　　　　单位：元/m²

N	最小值	最大值	平均值	第五个百分位房价
373	4 891.50	46 362.84	17 931.83	10 648

B. 房价空间分布性统计。

根据统一市场下现有样本房价的标准值，进行空间分区统计分析可知，如图3.4所示，房价处于（17 000，20 000）区间的样本数量最多，共计90个，占24.1%，房价小于10 000元/m²以及大于28 000元/m²样本数量最少。

扬州市房价数据分析如下所述。

A. 房价描述性统计。

根据扬州市城镇住房价格的调查数据修正值进行统计分析，表3-6为本次调研得到的统计结果：共调查了302个数据，其平均值为8 852.97元/m²，最大值为17 220.46元/m²，最小值为5 047.86元/m²。

表3-6 样本房价描述性统计　　　　　　　　　　单位：元/m²

N	最小值	最大值	平均值	第五个百分位房价
302	5 047.86	17 220.46	8 852.97	8 852

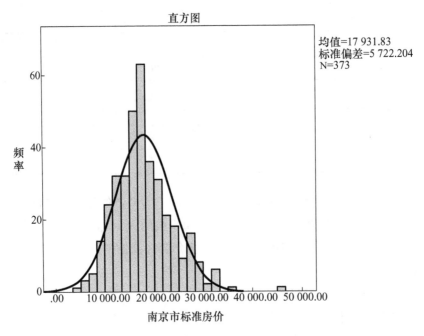

图 3.4　南京市标准房价分布图

B. 房价空间分布性统计。

根据统一市场下现有样本房价的标准值，进行空间分区统计分析，如图 3.5 所示，房价处于（7 000，8 000）区间的样本数量最多，共计 69 个，占 22.8%，房价小于 6 000 元/m² 样本数量最少，共计 13 个，占 4.3%。

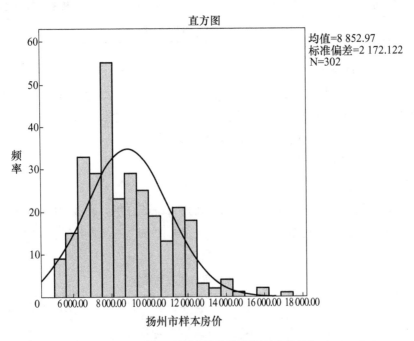

图 3.5　扬州市样本房价分布图（未修正）

根据扬州市 2006—2012 年的统计数据,选择数据处理分析手段,得到各分组家庭人均年收入的预测模型(表 3-7)。

由此可以计算出 2015 年扬州各个收入层次的收入情况,见表 3-8。

表 3-7 各分组家庭人均年收入的预测模型表

家庭分组	预测模型
最低收入户	$\hat{y}_{t+T} = 14\,606.14 + 1\,108.426 \times T$
低收入户	$\hat{y}_{t+T} = 17\,974.22 + 1\,036.562 \times T$
中等偏下户	$\hat{y}_{t+T} = 21\,463.45 + 1\,712.364 \times T$
中等收入户	$\hat{y}_{t+T} = 26\,059.5 + 2\,017.415 \times T$
中等偏上户	$\hat{y}_{t+T} = 32\,961.26 + 3\,400.939 \times T$
高收入户	$\hat{y}_{t+T} = 39\,071.56 + 3\,993.587 \times T$
最高收入户	$\hat{y}_{t+T} = 49\,594.2 + 4\,802.263 \times T$

表 3-8 2015 年扬州市各个收入层次的收入测算情况   单位:元

	最低	低	中下	中	中上	高	最高
年可支配收入	17 931	21 084	26 601	32 112	43 164	51 052	64 001
月可支配收入	1 494	1 757	2 217	2 676	3 597	4 254	5 333

保障房价格数据来自于所调研城市的住房保障和房产局网站。

3.5.2 住房夹心阶层指数度量的实证分析

1. 住房夹心阶层指数度量方法的确定

(1) 度量思路。

我们以该城市夹心阶层规模占总人口的比例来衡量城市住房夹心阶层指数。

该城市中收入能力可以支付本市住房市场中住房价格为 P^*,该城市住房第五个百分位价格的住房的收入线为 λ^*,该城市收入能力可以支付本市保障性住房的收入线为 λ_0,收入能力高于申购经济适用房的能力但又低于商品房市场购买能力的人群收入在 λ_0 和 λ^* 之间,为夹心阶层。

按国家统计局收入七分法统计的各城市历年收入值,该城市最低收入为 λ_1,最高收入为 λ_2,则夹心阶层占该城市总人口的比例可以类似为 λ_0 和 λ^* 的差值与 λ_1 和 λ_2 差值的比值。本章中,将该比值称之为住房夹心阶层指数,用以衡量住房夹心阶层规模的大小。

(2) 度量方法。

① 统计得到该城市房价分布第五个百分位的房价（P^*）。

根据标准住房市场售价的调查方法与数据修正，得到标准住房售价，根据标准住房售价的分布，得到城市房价分布第五个百分位的房价。

② 调查得到保障房价格 P_0。

通过在各城市住房保障和房产局网站查阅，得到保障房价格为 P_0。

③ 测算 P^* 对应的收入线 λ^*。

$$\lambda^* = \frac{P^* Smr(1+r)^n}{[(1+r)^n - 1]\alpha} \quad (3-1)$$

式中，S 表示人均住房面积，m 表示贷款额度，r 表示住房抵押贷款月利率，n 表示贷款期限（以月表示），α 表示住房消费比例，λ^* 表示该城市中收入能力可以支付该城市保障性住房的月收入线。

需要指出的是这里的 P^* 并不是指市场的平均房价，而是指商品房价格第五个百分位对应的商品房价格。

④ P_0 对应的收入线 λ_0。

$$\lambda_0 = \frac{P_0 Smr(1+r)^n}{[(1+r)^n - 1]\alpha} \quad (3-2)$$

式中，S 表示人均住房面积，m 表示贷款额度，r 表示住房抵押贷款月利率，n 表示贷款期限（以月表示），α 表示住房消费比例，P_0 为该城市保障房价格，λ_0 表示该城市中收入能力可以支付该城市住房市场中住房价格为 P^*（该城市住房第五个百分位价格）住房的收入线。

⑤ 预测 2015 年该城市最低收入 λ_1 和最高收入为 λ_2。

按国家统计局收入七分法统计的各城市历年收入值，运用二次移动平滑法，预测 2015 年该城市居民年最低收入和最高收入，其对应的最低月收入和最高月收入分别为 λ_1 和 λ_2。

⑥ 测定住房夹心阶层指数。

$$\eta = \frac{\lambda^* - \lambda_0}{\lambda_1 - \lambda_2} \times 100\% \quad (3-3)$$

式中，η 为住房夹心阶层指数，λ^* 表示 P^* 对应的收入线，λ_0 表示 P_0 对应的收入线，λ_1 表示该城市最低收入人群月收入，λ_2 表示该城市最高收入人群月收入。

此外，对于未进行统计收入七分法的城市，以该城市 P^* 对应的房价收入线 λ^* 与 P_0 对应的收入线 λ_0 的差值，与人均可支配收入的比值来衡量住房夹心阶层指数的大小。

$$\eta' = \frac{\lambda^* - \lambda_0}{\lambda'} \quad (3-4)$$

式中，η' 为住房夹心阶层指数，λ^* 表示 P^* 对应的收入线，λ_0 表示 P_0 对应的收入线，λ' 表示该城市人均可支配收入。

2. 住房夹心阶层指数度量的实证分析

(1) 典型试点城市住房夹心阶层指数的度量。

① 南京市夹心阶层指数的度量。

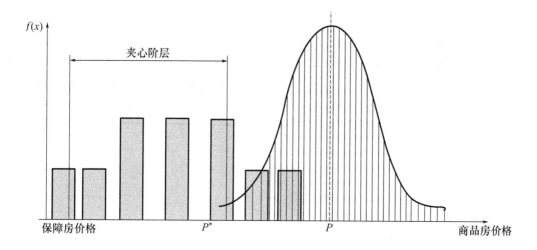

图 3.6　A 类城市分类示意图

以南京市为例,根据调查得到南京市 2015 年的住房价格分布,运用 SPSS 统计分析得出 2015 年南京市的住房平均价格为 17 931.83 元/m^2,其中第五个百分位的住房价格为 11 713 元/m^2,代入公式 (3-1),得到 P^* 对应的房价收入线为 4 477 元/月。

$$\lambda^* = \frac{12 P^* Smr (1+r)^n}{[(1+r)^n - 1]\alpha}$$

$$= \frac{12 \times 11\,713 \times 30 \times 0.7 \times 0.43\% \times (1+0.43\%)^{360}}{[(1+0.43\%)^{360} - 1] \times 30\%} = 4\,477 \text{ 元/月}$$

南京市的保障性住房价格为 4 700 元/m^2,代入公式 (3-2) 得,保障性住房所对应的收入线为 1 796 元/月。

$$\lambda_0 = \frac{12 P_0 Smr (1+r)^n}{[(1+r)^n - 1] \times \alpha}$$

$$= \frac{12 \times 4\,700 \times 30 \times 0.7 \times 43\% \times (1+0.43\%)^{360}}{[(1+0.43\%)^{360} - 1] \times 30\%} = 1\,796 \text{ 元/月}$$

通过指数平滑法测算南京市 2015 年各收入层次的收入,见表 3-9。

表 3-9　南京市 2015 年各收入层次的收入　　　　　　　　　　　　单位:元

	最低	低	中下	中	中上	高	最高
年可支配收入	17 280	25 452	32 433	40 693	53 578	67 685	98 215
月可支配收入	1 440	2 121	2 703	3 391	4 465	5 640	8 185

代入公式（3-3），可得：

$$\eta = \frac{\lambda^* - \lambda_0}{\lambda_1 - \lambda_2} \times 100\% = \frac{4\,477 - 1\,796}{8\,185 - 1\,440} = 39.7\%$$

依据计算结果。可以发现南京的夹心阶层规模已占总人口规模的 30% 以上，属于 A 类城市。

② 扬州市夹心阶层指数的度量。

以扬州市为例，根据调查得到扬州市的住房价格分布，运用 SPSS 软件统计分析得到其住房平均价格为 8 852.97 元/m²，第五个百分位的住房价格 P^* 为 6 604 元/m²，代入公式（3-1），得到 P^* 对应的房价收入线为 2 524 元/月。

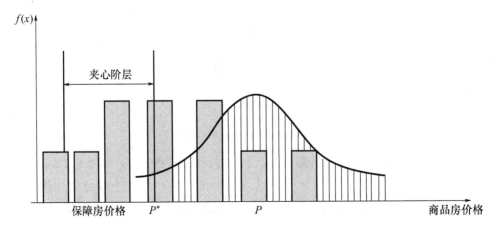

图 3.7　B 类城市分类示意图

$$\lambda^* = \frac{12 P^* S m r (1+r)^n}{[(1+r)^n - 1]\alpha}$$

$$= \frac{12 \times 6\,604 \times 30 \times 0.7 \times 0.43\% \times (1+0.43\%)^{360}}{[(1+0.43\%)^{360} - 1] \times 30\%} = 2\,524 \text{ 元/月}$$

扬州市的保障性住房价格为 4 000 元/m²，代入公式（3-2）得，保障性住房所对应的收入线为 1 529 元/月。

$$\lambda_0 = \frac{12 P_0 S m r (1+r)^n}{[(1+r)^n - 1]\alpha}$$

$$= \frac{12 \times 4\,000 \times 30 \times 0.7 \times 43\% \times (1+0.43\%)^{360}}{[(1+0.43\%)^{360} - 1] \times 30\%} = 1\,529 \text{ 元/月}$$

通过指数平滑法测算扬州市 2015 年各收入层次的收入，见表 3-8。

代入公式（3-3），可得：

$$\eta = \frac{\lambda^* - \lambda_0}{\lambda_1 - \lambda_2} \times 100\% = \frac{2\,524 - 1\,529}{5\,333 - 1\,494} = 25.92\%$$

依据计算结果可以发现扬州夹心阶层规模不到总人口的 30%，因此扬州市归为 B 类城市。

③ 连云港市夹心阶层指数的度量。

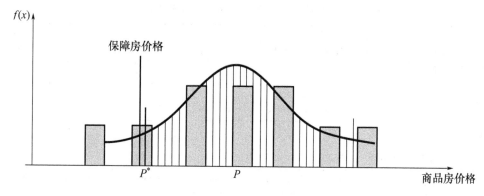

图 3.8　C 类城市分类示意图

以连云港为例，根据连云港房价分析，连云港市房价属于正态分布，运用 SPSS 软件统计分析得出目前连云港市的住房平均价格为 5 638.89 元/m²，其第五个百分位的住房价格 P^* 为 4 040 元/m²，代入公式（3-1），得到 P^* 对应的房价收入线为 1 544 元/月。

$$\lambda^* = \frac{12 P^* Smr(1+r)^n}{[(1+r)^n - 1]\alpha}$$

$$= \frac{12 \times 4\,040 \times 30 \times 0.7 \times 0.43\% \times (1+0.43\%)^{360}}{[(1+0.43\%)^{360} - 1] \times 30\%} = 1\,544 \text{ 元/月}$$

连云港市的保障性住房价格为 3 400 元/m²，代入公式（3-2）得，保障性住房所对应的收入线为 1 299 元/月。

$$\lambda_0 = \frac{12 P_0 Smr(1+r)^n}{[(1+r)^n - 1]\alpha}$$

$$= \frac{12 \times 3\,400 \times 30 \times 0.7 \times 43\% \times (1+0.43\%)^{360}}{[(1+0.43\%)^{360} - 1] \times 30\%} = 1\,299 \text{ 元/月}$$

通过指数平滑法测算连云港市 2015 年各收入层次的收入，见表 3-10。

表 3-10　连云港市 2015 年各收入层次的收入　　　　　　　　单位：元

	最低	低	中下	中	中上	高	最高
年可支配收入	10 391	15 533	20 421	27 074	34 674	48 614	78 222
月可支配收入	866	1 294	1 702	2 256	2 890	4 051	6 518

代入公式（3-3），可得：

$$\eta = \frac{\lambda^* - \lambda_0}{\lambda_1 - \lambda_2} \times 100\% = \frac{1\,544 - 1\,299}{6\,518 - 866} = 4.33\%$$

依据计算结果可以看出仅有极小部分的低等收入人群属于夹心阶层，几乎没有出现市场供需失衡情况，因此连云港归为 C 类城市。

(2) 江苏省 13 个城市夹心阶层指数的度量。

表 3-11 江苏省 13 个城市住房夹心阶层指数的度量

城市	标准住房市场售价	第五个百分位房价 P^*/(元/m²)	保障房价格 P_0/(元/m²)	最低收入 λ_1/元	最高收入 λ_2/元	P^* 对应的收入线 λ^*/元	P_0 对应的收入线 λ_0/元	夹心阶层指数: $(\lambda^* - \lambda_0)/(\lambda_2 - \lambda_1)$
南京	17 931.83	11 713	4 700	1 439	8 184	4 477	1 796.43	39.74%
苏州	11 911.23	9 289	3 500	1 599	7 624	3 550	1 337.76	36.72%
扬州	8 852.97	6 604	4 000	1 494	5 333	2 524	1 528.87	25.92%
泰州	6 373.99	4 442	2 700	1 457	4 371	1 698	1 031.99	22.85%
无锡	7 304.65	6 103	3 800	1 382	6 846	2 333	1 452.43	16.11%
镇江	6 577.21	4 878	3 000	1 322	6 618	1 864	1 146.66	13.55%
南通	9 098.14	5 917	4 000	1 460	7 484	2 262	1 528.87	12.16%
宿迁	4 995.61	4 035	3 000	720	4 614	1 542	1 146.66	10.16%
常州	6 111.34	5 335	4 000	1 112	7 521	2 039	1 528.87	7.96%
盐城	5 528.02	3 979	3 000	946	6 412	1 521	1 146.66	6.85%
连云港	5 638.89	4 040	3 400	865	6 518	1 544	1 299.54	4.32%
徐州	6 272.18	3 992	2 966	801	10 027	1 526	1 133.66	4.25%
淮安	5 005.88	3 930	3 500	1 179	4 718	1 502	1 337.76	4.64%

表 3-11 为江苏省 13 个城市住房夹心阶层指数的度量。根据表 3-11，当住房夹心阶层指数大于或等于 30%，即该城市有 30% 及其以上的人群属于夹心阶层，住房困难问题没有解决，50% 以上的人无力以市场价购买住房，如南京、苏州，该类城市属于 A 类城市；当住房夹心阶层指数在 5%～30% 之间，夹心阶层规模不大，但存在一定的住房市场供需失衡的情况，25%～50% 的人无力以市场价购买住房，如扬州、泰州、无锡、镇江、南通、宿迁、常州、盐城，该类城市属于 B 类城市；当住房夹心阶层指数小于 5%，则认为该住房市场基本不存在市场供需失衡，只有不到 25% 的人无力以市场价购买住房，但保障覆盖了该类人群，该类城市属于 C 类城市。

① A 类城市住房保障标准的设定。

A 类城市有 30% 以上的人属于夹心阶层，但居民的收入呈现多样性特征，针对居民的资产性收入的评估体系还不够完善，存在很大的漏洞，因此对于 A 类城市来说，鉴别保障对象更具困难。一方面该类城市并非所有夹心阶层家庭都属于无房家庭，另一方面地方政府的财力有限，不可能覆盖全部夹心阶层住房困难家庭，但可以将该范围的无房家庭作为保障范围从低到高逐渐提高保障准入的收入线标准。

因此 A 类城市可以设定配租型保障准入标准，但无法一次性设定配售型住房保障准入标准,针对首次置业的、没有被划入住房保障制度保障范围的夹心阶层而言,可以依据夹心阶层范围的测定结果分阶段实施,以改变市场的预期,待夹心阶层规模缩小以后,可参照 B 类城市予以划分配售型住房保障准入标准。

② B 类城市住房保障标准的设定。

如果城市中 5%~30% 的人属于夹心阶层,则该类城市的保障方式可配租、配售相结合,根据测算的配租型和配售型住房保障准入标准的划定方法确定各城市的住房保障对象。

③ C 类城市住房保障标准的设定。

如果某个城市的住房夹心阶层指数小于 5%,夹心阶层规模很小,甚至不存在,这类城市住房价格合理,一般市场上商品房供应较为充足,因此 C 类城市无需设定配售型住房保障准入标准,仅设定配租型住房保障准入标准即可。

3.6 基于城市差异的住房保障准入标准精准化

3.6.1 住房保障准入标准的精准界定及操作流程

我国差异化的住房保障制度体系构建不可能一蹴而就,其完善必须符合事物发展的客观规律。本章根据目前的住房保障制度推行情况,模拟判断其未来的完善角度,作为设计差异化住房保障制度体系准入标准的切入点。

1. 住房保障准入标准的精准界定

随着我国政府对住房保障制度的日益重视,我国学者对住房保障宏观调控的研究也逐渐深入。但是,无论是分析住房支付能力、家庭持有资产的数量还是家庭人均收入水平,在进行住房保障准入标准的确定时,首先要满足的条件是住房困难,即只有住房存在困难的家庭才能划入住房保障的范围。一些家庭即使没有住房或住房面积偏小,但其属于有能力支付,但没有购买住房的偏好,因而这种情况就不应界定为住房困难,这些家庭也就不应划为住房保障对象。因此,在精准确定住房保障的准入标准时,要综合考虑保障人群的基本情况、住房条件、收入情况、资产情况。

住房支付能力是指个人或家庭在不影响生活其他方面的基本消费的同时,用于住房方面支出的承受能力。住房支付能力包括住房的首付支付能力和住房贷款(住房总价减去首付的剩余部分)后续偿还能力。一般情况下,首付的支付能力由家庭的资产决定,而住房贷款的偿还能力,由家庭的收入情况决定。家庭资产和收入的现状以及这两者的未来预期将共同影响着家庭的实际住房支付能力。根据相关经济学定义,家庭资产是指家庭所拥有的能以货币计量的资产、债权和其他权利。家庭收入指家庭可支配收入,包括货币收入和实物收入。本章以住房保障收入标准来衡量购房的月供能力,住房保障资产准入标准来衡量住房首付的支付能力，即主要研究的住房保障标准包括保障收入标准和资产准入标准两部分。

2. 住房保障准入标准精准确定的原则

（1）分类的保障原则。

分类的保障原则，即分城施策，各城市的住房保障应该因地制宜，不能笼统的"一刀切"，需要针对不同城市的住房夹心阶层指数大小制定不同的住房政策。我国幅员辽阔，各个地区由于历史因素、地理位置、气候条件、矿产资源、交通状况以及受周边一线城市辐射作用等影响，导致经济发展步调不一致，进而影响到各地城镇化建设的进程。因此政府应该高屋建瓴，立足于各个区域经济发展状况和城镇化建设的进程，充分了解各城市之间的差异性，树立"先弱后强、先部分后整体"的政策思路，因地制宜的分城施策。"先弱后强"是指政府应该首先扩大住房保障的覆盖面，制定满足大部分保障家庭条件的最低保障线制度，然后再有计划地逐步提高相关保障制度的保障力度。而"先部分后整体"是指政府应该首先考虑条件成熟的部分城镇，经过实践经验的积累后再逐步扩大政策的实施范围。我国家庭住房问题必须充分结合市场和政府政策，不能完全依靠单独一方的力量。对于政府而言，应该在整体划分的基础上，尊重每个城市的差异情况，推行住房分类制度，结合各地经济状况等多种因素综合设计本地区住房保障的工具、标准和组织实施等操作细则。

（2）动态住房保障原则。

动态住房保障原则，即住房保障的措施及保障政策应该根据不同时期住房市场的变化不断调整，并不是恒定不变的。各地方政府应在充分考虑本地区住房市场发展阶段和住房供求关系等因素的基础上，积极采取多种调控手段，活跃住房市场。这是促进房地产市场良性发展，缓和政府推出的保障房数量与当地居民的需求量之间矛盾的重要手段。因此，在市场机制充分发挥的前提下，住房保障体系的广度和深度应紧密联系各地区的差异，并具有阶段性。为了保障本地区居民的基本居住权利，并减少对正常的住房需求的影响，政府在制定住房政策时，应考虑各地区的差异性，树立渐进式的政策思路，分地区、分阶段施策。总之，住房发展的动态性决定了一个地区需要保障住房的范围，一个地区的住房保障政策要根据住房发展的动态性适时做出调整。

（3）以支付能力为核心的保障原则。

以支付能力为核心的保障原则，即住房保障对象的划分及住房保障方式的制定都应该结合住房可支付能力来综合考虑，并通过对不同收入的居民进行划分，以确定不同类别的居民的保障需求。针对各类别的保障需求，政府可以根据动态调整的保障原则，采取多样的保障手段，明确住房保障制度对于范围的界定。我国的住房保障制度确立的保障范围从最开始的中低收入家庭缩小至低收入家庭，导致政策实施中住房保障覆盖面的期望值和实际值的巨大反差。应将住房支付能力作为界定依据，各城市的保障对象的确定及保障政策的制定要依据当地城镇居民的住房支付能力动态确定。

3. 准入标准精准确定的因素

（1）保障人群的界定。

① 申请人年龄界定。

保障性住房的申请对象应为具有完全民事行为能力、年满18周岁的成年人。在确定申请对象的资格时，要建立相应的资格监督机制和责任追究机制，防止申请人违反道德原则，进行恶意操作。

② 户籍及常住性质界定。

户籍制度是国家行政管理的一项重要制度，它是随着国家的产生而逐步形成的人口管理制度，保障房申请对象的资格审查应该与它紧密联系在一起。国外相关的保障性住房申请制度，对于申请对象的户籍都会有严格要求。例如，美国就把户籍制度作为保障性住房申请对象范围界定的基本准入要求。把保障性住房申请对象的范围界定为当地的稳定人口，有利于保障性住房制度的管理，同时也尽可能防止居民申请到住房后离开当前居住城市，从而造成保障性住房的空置。

当前，我国保障性住房制度规定的申请范围已经发生变化，由界定是否为当地的户籍人口逐渐转变为界定是否为当地的常住人口。是否为当地的户籍人口的审查非常简单，只要申请人提供户口本复印件即可。但是是否为当地的常住人口的审查，则存在一定的困难。保障性住房的准入标准首先是审查申请对象生活在本地区的可能性，只有申请对象继续在本地区生活，那么把他纳入保障性住房的范围才有意义。一些城市保障性住房制度对于常住人口的衡量沿用社会统计学中的定义，主要依据的是已经居住在当地的年限。对于这种审查标准，我们可以借鉴。通常来说，申请对象在当地生活的年限越长，那么社会关系就越稳定，就越不可能离开。但仅考虑申请对象的居住年限，保障性住房制度的审查又不严谨。因为申请对象很大一部分是工作刚稳定的毕业生和外来务工人员，对于他们而言，面临的主要困难是短暂性的住房问题。等到申请对象的年限达到社会学中常住人口的标准规定时，他们可能已经解决短暂性住房需求，或者因不能承担该城市的生存成本而离开，使得保障住房制度的阶段性支持的意义得不到实现。因此，在保障性住房的准入标准的界定中，应确定"常住人口"的含义，即居民会在当地长时间居住的可能性。这样才能使得保障性住房的准入标准的界定灵活多变，符合现实要求。

（2）住房条件界定。

相关机构认定申请对象是否应该纳入保障范围，是以申请对象是否存在住房困难为界定原则的，大多数都是以申请人当前房产情况为依据。如果申请人的家庭成员都没有属于自己的房子，那么就达到了住房困难的标准。如果申请人的家庭成员有属于自己的房子，那么就要转为考虑人均使用面积。假如人均使用面积符合低收入家庭的面积标准范围，那么就界定申请人住房条件困难，应当将其纳入保障范围。

（3）资产界定。

在保障性住房范围准入标准的界定中，资产界定是一个很重要的部分。如果个人完全拥有购买住房的能力,但是由于其他原因并不想购买,那么就不能将他列入住房困难的人群中。因此,在申请对象提交保障性住房申请请求时,相关机构要正确核实申请对象的资产情况,避免出现住房资源的不合理分配。以南京市为例,配租型和配售型住房保障准入标准的界定见表 3-12。

表 3-12 南京市住房保障准入标准的界定

	配 租 型	配 售 型
人群界定	年满 18 周岁	
	本地的户籍人口;在本市居住一年或一年以上的新就业大学生;外来务工人员在本市居住三年或三年以上的外来务工人员	本地的户籍人口,在本市居住五年或五年以上的外来务工人员
住房面积界定	没有房产,或人均住房面积低于 18m²	小于本地家庭人口对应的住房保障面积标准
收入的界定	月人均可支配收入低于配租型保障收入线	月人均可支配收入低于配售型保障收入线
资产的界定	资产折现总和小于配租型保障资产准入线	资产折现总和小于配售型保障资产准入线

4. 准入标准的测算流程

(1) 准入标准的测定思路。

① 收入标准的确定思路。

通过比较申请家庭用于住房的消费和用于租赁同等档次住房所需的费用,来精准界定该申请家庭是否拥有住房支付能力。如果前者大于后者,那么该家庭具备住房支付能力,反之则表明不具备租房的可支付能力,应纳入配租型住房保障范围。

同理,通过比较申请家庭用于住房的消费和用于购买同等档次住房所需的费用,来界定该申请家庭是否拥有住房支付能力。如果前者大于后者,那么该家庭具备住房支付能力,反之则表明不具备购买商品住房的能力,应纳入配售型住房保障范围。

A. 配租型收入线的确定方法。

租房可支付能力:某一特定收入水平的家庭占用特定档次住房,若该家庭用于住房消费的支出大于享用该档次住房所需的支出,则表明该家庭对此住房具有可支付能力,反之则表明不具备可支付能力,用公式表示为:$\alpha \times Y \geqslant C$。

假设某家庭租房居住,其每月租房支出就是该家庭的住房消费支出,即:$C = R \times S$

$$\alpha \times Y \geqslant C = R \times S \Rightarrow Y = \frac{R \times S}{\alpha}$$

则:家庭年收入临界点 $= 12Y$

$$Y^* = \frac{12 \times R \times S}{\alpha}$$

C 表示住房消费支出，R 表示公平市场租金；S 表示面积标准；Y 表示家庭月收入；α 表示住房消费比例；Y^* 表示家庭年收入临界点。住房消费比例是根据住房消费支出占家庭可支配收入总额的比重。

公平市场租金（Fair Market Rents）简称 FMRs，1974 年美国住房和城市发展部首先提出，一般来说就是在当地住房市场上，最近的租户租住在一个符合标准的出租房所付总租金的第四十个百分位。

在德国，住房消费比如果超过 25%（单身家庭超过 30%）则认为该家庭不具备住房支付能力。美国住房与城市发展部（HUD）以"最多占用家庭收入 30% 的额度用于买房或租房作为住房消费比的标准"。随着家庭收入的提高，住房消费收入比也会随之上涨，但当收入水平达到某一程度，住房消费收入比也会回落，一般认为住房消费比不超过 30%，则说明该家庭不存在住房支付能力问题，因此本书按 $\alpha=30\%$ 计算。

B. 配售型收入线的确定方法。

通过比较申请家庭可用于住房的消费和用于购买同等档次（保障面积标准，价格为 P^*）住房所需的费用的大小，来界定该申请家庭是否拥有住房支付能力。如果前者大于后者，那么该家庭具备住房支付能力，反之则表明不具备购买商品住房的可支付能力，用公式表示为：$\alpha \times Y \geqslant C$。

如果申请人通过去银行贷款的方法来购买房屋，能提供首付，并且其月供就是该申请人的住房支出，依据城镇居民租房的支付能力，即

$$C = \frac{P^* \times S \times m \times r \times (1+r)^n}{(1+r)^n - 1} \quad (3-5)$$

$$\alpha \times Y \geqslant C = \frac{P^* \times S \times m \times r \times (1+R)^n}{(1+r)^n - 1} \Rightarrow Y \geqslant \frac{P^* \times S \times m \times r \times (1+R)^n}{[(1+r)^n - 1] \times \alpha} \quad (3-6)$$

则，家庭年收入临界点 $Y^* = 12 \times Y$

$$Y^* = \frac{12 \times P^* \times S \times m \times r \times (1+r)^n}{[(1+r)^n - 1] \times \alpha} \quad (3-7)$$

S 表示住房面积，m 表示贷款额度，r 表示住房抵押贷款月利率，n 表示贷款期限（以月表示），α 表示住房消费比例，Y 表示家庭月收入，Y^* 表示家庭年收入临界点。

需要指出的是这里的 P^* 并不是指市场的平均房价，而是指满足 95% 置信水平的上界对应的商品房价格。

② 资产准入标准的确定思路。

申请配租型保障住房的家庭收入必须在配租线以下，假设某家庭有能力采用按揭贷款方式购买保障性住房，同时假定申请租赁型保障住房群体的人均可支配收入为该城市的最低收入家庭平均收入水平，资产准入标准则在估计该群体的贷款偿还能力的基础上衡量该家庭的资产总和是否可以在留有家庭应急资金和装修费用的基础上支付保障性住房的首付，若没有，则该家庭应纳入配租型住房保障的范围。

申请配售型保障住房的家庭收入必须在配售线以下，假设某家庭采用按揭贷款方式购买住房，保障收入线是衡量其月供还款能力是否满足保障住房所需的市场上第五个百分位对应的房价的住房支出，资产保障准入标准则在估量该家庭未来30年的贷款偿还能力的基础上衡量该家庭的资产总和是否可以在留有家庭应急资金和装修费用的基础上支付首付，若没有，则该家庭应纳入配售型住房保障的范围。

（2）精准化保障标准的测定流程。

① 精准化收入标准的测定流程。

首先，最重要的是建立不同的收入标准线以示差异化，即配租线和配售线。每个区域政府都应根据当地的实际情况来设定配租线和配售线。

配租型保障收入线的计算方法如下所述。

本书引入租房可支付能力的概念，依据城镇居民租房的支付能力，确定了配租型保障收入线的计算公式。

A. 公平市场租金的计算。

根据配租型保障收入线的计算公式可知，公平市场租金是求取配租型保障收入线的主要参数，因此要根据公平市场租金的调查方法与数据修正求取试点城市的公平市场租金。

B. 住房面积标准。

根据配租型保障收入线的计算公式可知，住房面积标准是求取配租型保障收入线的主要参数，因此需要对城市家庭的平均住房面积进行调查，再根据住房保障原则确定住房面积标准。

C. 配租型收入线的测算。

把求取的公平市场租金以及住房面积标准代入配租型保障收入线的测算公式，求取试点城市的配租型保障收入线，再根据测算的收入线确定配租型保障对象。

配售型住房保障收入线的计算方法如下所述。

A. 配售型保障收入线的计算方法的确定。

如果申请人通过银行贷款的方法来购买住房，能提供首付，并且其月供就是该申请人的住房支出，依据城镇居民购房的支付能力，倒推出配售型保障收入线的计算公式。

B. 满足95%置信水平对应房价。

根据配售型保障收入线的计算公式，满足95%置信水平的对应房价是求取配售型保障收入线的主要参数，因此根据标准住房市场售价的调查方法与数据修正求取城市满足95%置信水平对应的房价。

C. 配售型收入线的测算。

根据标准住房售价确定城市中满足95%置信区间水平对应的商品房价格，以及根据标准住房市场售价与保障房价格关系确定城市的住房夹心阶层指数，并进行城市分类，然后把各种参数代入配售型保障收入线的测算公式，求取城市的配售型保障收入线，再根据测算的收入线确定配售型保障对象。

② 精准化资产准入标准的测定流程。

依据住房保障收入线的标准，相应的资产准入标准也应该分为配租型和配售型。

配租型住房保障资产准入线如下所述。

A. 配租型保障资产准入线的精准计算方法。

采用倒推法进行测算，如果一个家庭的资产无法支付该群体所欲购买的保障性住房的首付，那么该家庭应纳入配租型住房保障的范围。首先假设某家庭采用按揭贷款方式购买保障性住房，用资产保障准入标准衡量该家庭的不动产及存款、证券、股票、权益等总和是否可以在留有家庭应急资金和装修费用的基础上具有支付该群体目标所需的保障性住房首付的能力，若没有，则应该纳入配租型住房保障的范围。

B. 该群体目标住房所需的保障性住房的总价。

该群体目标住房所需的住房总价为该城市保障性住房单价与保障面积的乘积。

C. 该家庭未来30年人均住房贷款的偿还能力。

在此假设申请配租型保障房的住房困难家庭的收入水平为该城市最低收入的平均值，假设贷款期限为30年，30年可用于支付住房贷款的资金折现，即该家庭未来30年人均住房贷款偿还能力。

D. 人均家庭应急资金。

根据理财常识，正常家庭应至少保留可投资产的10%作为应急准备金。

E. 人均房屋装修资金。

保障性住房交付时一般为简装。

F. 配租型资产保障资产准入线的确定。

该城市保障性住房所需的人均保障性住房价格的首付值，加上该家庭应具备的人均家庭应急资金和房屋装修资金，为购买该城市保障性住房的最低资产标准；若人均家庭的资产标准低于该资产值，则应纳入配租型住房保障的范围。

配售型住房保障资产准入线如下所述。

A. 配售型保障资产准入线的精准计算方法。

假设某家庭采用按揭贷款方式购买住房，保障收入线是衡量其月供还款能力是否满足该城市保障性住房所需的市场上第五个百分位对应房价的住房支出，资产保障准入标准则在估量该群体未来30年的贷款偿还能力的基础上衡量该家庭的不动产及银行存款、证券、股票、权益等总和是否可以在留有家庭应急资金和装修资金的基础上支付保障性住房的首付能力，若没有，则应该纳入配售型住房保障的范围。

B. 该城市保障性住房所需的第五个百分位对应的住房总价

该城市保障性住房所需的住房总价为该城市住房价格分布第五个百分位对应的房价与保障面积的乘积。

C. 该家庭未来 30 年人均住房贷款的偿还能力。

假设申请配售型保障房的住房困难家庭的收入水平为该城市最低收入的平均值,假设贷款期限为 30 年,30 年可用于支付住房贷款的资金折现,即该家庭未来 30 年人均住房贷款偿还能力。

D. 人均家庭应急资金。

根据理财常识,正常家庭应保留至少可投资产的 10% 作为应急准备金。

E. 人均房屋装修资金。

住房交付时一般需软装和硬装的装修费用。

F. 配售型资产保障资产准入线的确定。

该城市保障性住房所需的住房价格的首付值,加上该家庭应有的人均家庭应急资金和房屋的装修费用,为购买该城市商品房的最低资产标准,若人均家庭的资产标准低于该值,则应纳入配售型住房保障的范围。保障标准总流程如图 3.9 所示。

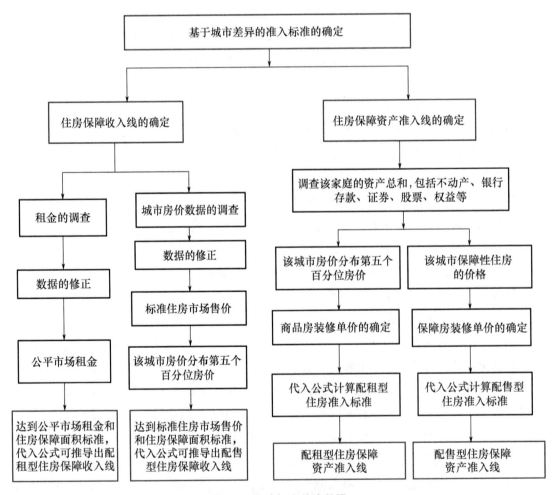

图 3.9 保障标准总流程图

3.6.2 收入线的精准测算

1. 典型城市收入线的精准测算

(1) 典型城市配租型收入线的精准测算。

① 扬州市 2015 年配租型保障收入线的精准测算。

由数据分析可知,扬州市 2015 年市场租金的第四十个百分位为 20.54 元/m²/月,即公平市场租金为 20.54 元/m²/月。根据《江苏省统计年鉴》(2015 年),扬州市人均住房建筑面积为 42.10m²。

把上述数据代入公式 (3-7),即可得到 2015 年扬州市配租型住房保障收入线为 $Y = 12 \times 20.54 \times 42.10 \times 0.8/30\% = 27\,605.76$ 元,即人均月收入低于 2 300.48 元的家庭应该纳入配租型住房保障对象。

② 南京市 2015 年配租型收入线的精准测算。

由数据分析可知,南京市 2015 年市场租金的第四十个百分点为 35.64 元/m²/月,即公平市场租金为 35.64 元/m²/月。根据《江苏省统计年鉴》(2015 年),南京人均住房建筑面积为 36.30m²。

把上述数据代入公式 (3-7),即可得到 2015 年南京市配租型住房保障收入线为 $Y = 12 \times 35.64 \times 36.30 \times 0.8/30\% = 41\,399.42$ 元,即人均月收入低于 3 449.95 元的家庭应该纳入配租型住房保障对象。

(2) 典型城市配售型收入线的精准测算。

① 扬州市 2015 年配售型收入线的精准测算。

扬州市标准住房市场售价为 8 852.97 元/m²,第五个百分位对应的房价为 6 604 元/m²,从而可以得到 $P^* = 6\,604$ 元/m²,计算时面积标准按人均建筑面积 30m² 计算,贷款额度为 70%,贷款期限 30 年,α 按 30% 计算,月利率 r 参照中国人民银行发布的个人住房贷款利率取值。

$$r = 5.15\%/12 = 0.43\%$$

$$Y^* = \frac{12 \times P^* \times S \times m \times r \times (1+r)^n}{[(1+r)^n - 1] \times \alpha} = \frac{12 \times 6\,604 \times 30 \times 0.7 \times 0.43\% \times (1+0.43\%)^{360}}{[(1+0.43\%)^{360} - 1] \times 30\%}$$

$$= 30\,289.35(元)$$

即人均月收入低于 2 524 元的住房困难家庭应该纳入配售型住房保障对象。

② 南京市 2015 年配售型收入线的精准测算。

南京市标准住房市场售价为 17 931.83 元/m²,城市房价分布的第五个百分位对应的房价为 11 713 元/m²,从而可以得到 $P^* = 11\,713$ 元/m²,计算时面积标准按人均建筑面积 30m² 计算,贷款额度为 70%,贷款期限 30 年,α 按 30% 计算,月利率 r 参照中国人民银行发布的个人住房贷款利率取值。

$$r = 5.15\% / 12 = 0.43\%$$

$$Y^* = \frac{12 \times P^* \times S \times m \times r \times (1+r)^n}{[(1+r)^n - 1] \times \alpha} = \frac{12 \times 11\,713 \times 30 \times 0.7 \times 0.43\% \times (1+0.43\%)^{360}}{[(1+0.43\%)^{360} - 1] \times 30\%}$$

$$= 53\,724 (元)$$

即人均月收入低于 4 477 元的住房困难家庭应该纳入配售型住房保障对象。

2. 住房保障收入线的应用

(1) 配售型收入线的应用。

根据分析结果,把测算的配售型保障家庭人均收入线与各市的现行收入线对比分析,结果见表 3-13。

表 3-13 配售型保障家庭人均月收入线与现行收入线对比分析表

城市	理论配售线/元	现行收入线/元	调整金额/元	调整比例/%
南京	4 477.00	2 421.00	2 056.00	84.92
苏州	3 550.00	1 643.00	1 707.00	103.90
南通	2 262.00	2 200.00	62.00	2.81
无锡	2 333.00	2 600.00	−267.00	−10.27
常州	2 039.00	3 290.00	−1 251.00	−38.02
镇江	1 864.00	1 700.00	164.00	9.65
扬州	2 524.00	1 600.00	924.00	57.75
泰州	1 698.00	2 500.00	−802.00	−32.08
徐州	1 526.00	1 204.00	322.00	26.74
连云港	1 544.00	1 642.00	−98.00	−5.97
淮安	1 502.00	2 150.00	−648.00	−30.14
盐城	1 521.00	1 670.00	−149.00	−8.92
宿迁	1 542.00	600.00	942.00	157.00

(2) 配租型收入线的应用。

用公平市场租金测算住房保障的配租性收入线,根据该方法测算,将测算的配租型保障收入线与各个试点城市的现行收入线对比分析,结果见表 3-14。

表 3-14 配租型家庭人均月收入线与现行收入线对比分析表

城市	配租线/元	廉租房收入线/元	调整金额/元	调整比例/%	公租房收入线/元	调整金额/元	调整比例/%
南京	3 449.95	1 513.00	1 936.95	128.02	1 513.00	1 936.95	128.02
苏州	2 982.62				2 324.00	658.62	28.34

续表

城市	配租线/元	廉租房收入线/元	调整金额/元	调整比例/%	公租房收入线/元	调整金额/元	调整比例/%
南通	2 628.61	2 209.00	419.61	19.00	2 209.00	419.61	19.00
无锡	2 435.93	1 620.00	815.93	50.37	2 600.00	−164.07	−6.30
常州	2 298.04	1 645.00	653.04	39.70	3 290.00	−991.96	−30.15
镇江	1 631.28	1 200.00	431.28	35.94	1 700.00	−68.72	−4.06
扬州	2 305.96	——	——	——	2 200.00	105.96	4.82
泰州	2 196.48	——	——	——	2 300.00	−103.52	−4.50
徐州	1 678.32	892.00	786.32	88.15	1 204.00	474.32	39.40
连云港	1 669.46	1 008.00	661.46	65.62	1 617.00	52.46	3.24
淮安	1 377.76	1 075.00	302.76	28.16	1 075.00	302.76	28.16
盐城	1 961.92	——	——	——	1 480.00	481.92	32.56
宿迁	1 413.60	828.00	585.60	70.72	1 011.00	402.60	39.82

3.6.3 资产准入线的精准测算

1. 资产准入线精准测算方法的确定

（1）配租型资产准入线的精准测算。

① 各城市保障房价格。

各城市保障房价格为主要计算参数，各城市的保障房价格取该城市住房保障相关网站上公布的保障房价格均值。

② 各城市的住房保障面积标准。

这里所说的住房面积标准是对城市的住房面积进行调查，再根据住房保障原则确定住房面积的标准。

③ 未来30年各家庭人均住房贷款的偿还能力的计算。

住房贷款的偿还能力的计算涉及该城市最低收入人群的月收入水平Y_0、住房消费比α、贷款利率r。Y_0取自该城市统计年鉴七分法收入的最低收入户的人均可支配收入值，本章按$\alpha=30\%$计算，贷款利率r取自当年中国人民银行五年以上的贷款利率。

④ 家庭应急资金。

一般家庭的应急准备金不能低于可投资资产的10%，住房困难家庭若有能力支付首付，本书中取最低收入群体未来30年用于住房消费资金的10%作为应急资金，其公式为

$$V_0 = \frac{Y_0 \times \alpha \left[(1+r)^{360}-1\right]}{r \times (1+r)^{360}} \times 10\% \tag{3-8}$$

⑤ 房屋的装修资金。

以南京市为例，配租型保障性住房一般为简装房屋，每平方米装修价格 P' 约 400 元，S 为保障面积标准，则房屋的装修资金为

$$V' = S \times P' \qquad (3-9)$$

配租型资产保障准入线的确定方法见下式。

$$V* = P_0 \times S - R + V_0 + V' \qquad (3-10)$$

$$V^* = P_0 \times S - \frac{Y_0 \times \alpha \times [(1+r)^{360} - 1]}{r \times (1+r)^{360}} + \frac{Y_0 \times \alpha \times [(1+r)^{360} - 1]}{r(1+r)^{360}} \times 10\% + S \times P' \qquad (3-11)$$

以上各式中，V^*：配租型保障资产性准入线，P_0：该城市保障房价格的均值，S：该城市的住房保障面积标准，Y_0：该城市最低收入户人均可支配收入，α：用于买房的住房消费比，r：当年中国人民银行五年以上的贷款利率，V_0：家庭应急资金，V'：房屋的装修资金（因保障房一般为简装房屋，本章内容的装修标准采用房屋的最低软装标准），P'：每平方米住房的装修价格。

（2）配售型资产准入线的确定方法。

① 该城市房价分布第五个百分位的对应房价。

该城市房价分布第五个百分位的对应房价为主要参数，并根据标准住房市场售价的调查方法与数据修正求取城市房价分布第五个百分位的对应房价。

② 该城市的住房保障面积标准。

这里所说的住房面积标准是对城市的住房面积进行调查，再根据住房保障原则确定住房面积的标准。

③ 该家庭未来 30 年人均住房贷款的偿还能力的计算。

住房贷款的偿还能力的计算涉及该城市最低收入人群的月收入水平 Y_0、住房消费比 α、贷款利率 r。Y_0 取自该城市统计年鉴七分法收入的最低收入户的人均可支配收入值，本章按 $\alpha=30\%$ 计算，贷款利率 r 取自当年中国人民银行五年以上的贷款利率。

④ 家庭应急资金。

一般家庭的应急准备金不能低于可投资资产的 10%，住房困难家庭若有能力支付首付，本书中取最低收入群体未来 30 年用于住房消费资金的 10% 作为应急资金，其公式为：

$$V_0 = \frac{Y_0 \times \alpha \times [(1+r)^{360} - 1]}{r \times (1+r)^{360}} \times 10\% \qquad (3-12)$$

⑤ 房屋的装修资金。

以南京为例，配售性保障房每平方米装修价格（P'）为 800 元，则房屋的装修资金为：

$$V' = S \times P' \qquad (3-13)$$

配售型资产保障准入线的确定方法见下式。

$$V^* = P^* \times S - R + V_0 + V' \tag{3-14}$$

$$V^* = P^* \times S - \frac{Y_0 \times \alpha \times [(1+r)^{360} - 1]}{r \times (1+r)^{360}} + \frac{Y_0 \times \alpha \times [(1+r)^{360} - 1]}{r \times (1+r)^{360}} \times 10\% + S \times P' \tag{3-15}$$

以上公式中,V^*:配售型资产性准入线,P^*:该城市房价分布第五个百分位的对应房价,S:该城市的住房保障面积标准,Y_0:该城市最低收入户人均可支配收入,α:用于买房的住房消费比,r:当年中国人民银行五年以上的贷款利率,V_0:家庭应急资金,V':房屋的装修资金(因保障房一般为简装房屋,本章所述装修标准采用房屋的最低软装标准),P':每平方米住房的装修价格。

2. 试点城市资产准入线的精准测算

(1) 配租型资产准入线。

① 扬州市 2015 年配租型资产准入线的测算。

扬州标准住房市场售价为 8 852.97 元/m²,扬州市保障房的价格为 4 100 元/m²,按 3 口人的住房中低收入家庭为例,对应的保障性住房面积标准为扬州市人均居住面积的 80%,扬州市人均居住面积为 42.10m²,则保障性住房面积标准为 33.68m²,最低收入家庭的人均可支配收入为 1 494 元/月,中国人民银行现行五年以上贷款月利率为 0.43%。

扬州市的配租型资产准入线见下式。

$$V^* = P_0 \times S - M + V_0 + V' \tag{3-16}$$

$$V^* = P_0 \times S - \frac{Y_0 \times \alpha \times [(1+r)^{360} - 1]}{r \times (1+r)^{360}} + \frac{Y_0 \times \alpha \times [(1+r)^{360} - 1]}{r \times (1+r)^{360}} \times 10\% + S \times P' \tag{3-17}$$

可得,

$$V^* = 4\ 100 \times 33.68 - \frac{1\ 494 \times 30\%[(1+0.43\%)^{360} - 1]}{0.43\%(1+0.43\%)^{360}} \times (1 - 10\%) + 400 \times 33.68$$

$$= 77\ 688(元)$$

即人均家庭资产低于 77 688 元的家庭,应该纳入配租型住房保障家庭。

② 南京市 2015 年配租型资产准入线的测算。

南京市标准住房市场售价为 17 891.7 元/m²,南京市保障房的价格为 4 700 元/平方米,按 3 口人的住房困难家庭为例,对应的保障性住房面积标准为南京市人均居住面积的 80%,南京市 2015 年人均居住面积为 36.3m²,则保障性住房面积标准为 29.04m²,最低收入家庭的人均可支配收入为 1 439 元/月,中国人民银行现行五年以上贷款月利率为 0.43%。

南京市的配租型资产准入线见下式。

$$V^* = P_0 \times S - R + V_0 + V' \tag{3-18}$$

$$V^* = P_0 \times S - \frac{Y_0 \times \alpha \times [(1+r)^{360} - 1]}{r \times (1+r)^{360}} + \frac{Y_0 \times \alpha \times [(1+r)^{360} - 1]}{r \times (1+r)^{360}} \times 10\% + S \times P' \tag{3-19}$$

可得,

基于城市差异的住房精准保障

$$V^* = 4\,700 \times 29.04 - \frac{1\,439 \times 30\% [(1+0.43\%)^{360}-1]}{0.43\% (1+0.43\%)^{360}} \times (1-10\%) + 400 \times 29.04$$

$$= 76\,951(元)$$

即人均家庭资产低于 76 951 元的家庭，应该纳入配租型住房保障家庭。

(2) 配售型资产准入线。

① 扬州市 2015 年配售型资产准入线的测算。

扬州标准住房市场售价为 8 852.97 元/m²，第五个百分位的房价为 6 604 元/m²，从而可以得到 $P^* = 6\,604$ 元/m²，最低收入户的人均可支配收入为 1 494 元/月，对应的保障面积标准为 $S = 33.68\,m^2$，中国人民银行现行五年以上贷款月利率为 0.43%。根据公式(3-17)、式(3-18)，可得

$$V^* = P^* \times S - R + V_0 + V' \tag{3-20}$$

$$V^* = P^* \times S - \frac{Y_0 \times \alpha \times [(1+r)^{360}-1]}{r \times (1+r)^{360}} + \frac{Y_0 \times \alpha \times [(1+r)^{360}-1]}{r \times (1+r)^{360}} \times 10\% + S \times P' \tag{3-21}$$

$$V^* = 6\,604 \times 33.68 - \frac{1\,494 \times 30\% [(1+0.43\%)^{360}-1]}{0.43\% (1+0.43\%)^{360}} \times (1-10\%) + 800 \times 33.68$$

$$= 175\,494(元)$$

即人均家庭资产低于 175 494 元的家庭，应该纳入配售型住房保障家庭。

② 南京市 2015 年配售型资产准入线的测算。

南京市标准住房市场售价为 17 891.7 元/m²，第五个百分位的房价为 11 713 元/m²，从而可以得到 $P^* = 11\,713$ 元/m²，最低收入户的人均可支配收入为 1 439 元/月，对应的保障面积标准为 $S = 29.04\,m^2$，中国人民银行现行五年以上贷款月利率为 0.43%。

$$V^* = P^* \times S - R + V_0 + V' \tag{3-22}$$

$$V^* = P^* \times S - \frac{Y_0 \times \alpha \times [(1+r)^{360}-1]}{r \times (1+r)^{360}} + \frac{Y_0 \times \alpha \times [(1+r)^{360}-1]}{r \times (1+r)^{360}} \times 10\% + S \times P' \tag{3-23}$$

$$V^* = 11\,713 \times 29.04 - \frac{1\,439 \times 30\% [(1+0.43\%)^{360}-1]}{0.43\% (1+0.43\%)^{360}} \times (1-10\%) + 800 \times 29.04$$

$$= 292\,225(元)$$

即人均家庭资产低于 292 225 元的家庭，应该纳入配售型住房保障家庭。

(3) 资产准入线的应用。

① 配租型资产准入线。

根据各城市的数据，测算得出的配售型资产准入线结果见表 3-15。

表 3-15 配租型资产准入线

城 市	保障房价格/(元/m²)	保障面积/m²	最低收入/元	资产标准/元
南京	4 700	29.04	1 439	76 951

续表

城　市	保障房价格/(元/m²)	保障面积/m²	最低收入/元	资产标准/元
苏州	3 700	35.20	1 599	65 256
南通	3 170	37.04	1 460	60 042
无锡	4 050	35.84	1 382	91 154
常州	4 100	34.96	1 112	102 336
镇江	4 000	35.36	1 322	90 217
扬州	4 100	33.68	1 494	77 688
泰州	3 000	38.40	1 457	58 517
徐州	3 000	32.40	801	70 554
连云港	3 183	36.24	865	87 077
淮安	3 428	34.88	1 179	75 224
盐城	3 280	34.16	946	78 933
宿迁	2 388	37.20	720	68 113

② 配售型资产准入线。

根据各城市的数据，测算得出的配售型资产准入线结果见表3-16。

表3-16　配售型资产准入线

城　市	保障房价格/(元/m²)	保障面积/m²	最低收入/元	资产标准/元
南京	11 713	29.04	1 439	292 225
苏州	9 289	35.20	1 599	276 069
南通	5 917	37.04	1 460	176 607
无锡	6 103	35.84	1 382	179 070
常州	5 335	34.96	1 112	159 496
镇江	4 878	35.36	1 322	135 407
扬州	6 604	33.68	1 494	175 494
泰州	4 442	38.40	1 457	129 250
徐州	3 992	32.40	801	115 655
连云港	4 040	36.24	865	132 631
淮安	3 930	34.88	1 179	106 686
盐城	3 979	34.16	946	116 475
宿迁	4 035	37.20	720	144 261

按城市的现行收入线与理论收入线进行调整,得出表 3-17 的结果。

表 3-17 按城市收入线调整比例表

城 市	配租线/元	廉租房收入线/元	调整比例/%	公租房收入线/元	调整比例/%	理论配售线/%	现行收入线/元	调整比例/%
南京	3 449.95	1 513.00	128.02	1 513.00	128.02	4 477.00	2 421.00	84.92
苏州	2 982.62			2 324.00	28.34	3 550.00	1 643.00	116.07
南通	2 628.61	2 209.00	19.00	2 209.00	19.00	2 262.00	2 200.00	2.80
无锡	2 435.93	1 620.00	50.37	2 600.00	−6.31	2 333.00	2 600.00	−10.28
常州	2 298.04	1 645.00	39.70	3 290.00	−30.15	2 039.00	3 290.00	−38.02
镇江	1 631.28	1 200.00	35.94	1 700.00	−4.04	1 864.00	1 700.00	9.67
扬州	2 305.96	——	——	2 200.00	4.82	2 524.00	1 600.00	57.76
泰州	2 196.48			2 300.00	−4.50	1 698.00	2 500.00	−32.09
徐州	1 678.32	892.00	88.15	1 204.00	39.40	1 526.00	1 204.00	26.73
连云港	1 669.46	1 008.00	65.62	1 617.00	3.24	1 544.00	1 642.00	−5.97
淮安	1 377.76	1 075.00	28.16	1 075.00	28.16	1 502.00	2 150.00	−30.13
盐城	1 961.92	——	——	1 480.00	32.56	1 521.00	1 670.00	−8.92
宿迁	1 413.60	828.00	70.72	1 011.00	39.82	1 542.00	600.00	157.02

3.7 基于城市差异的住房保障准入标准对策研究

住房保障制度的建设是一个长期的过程,其发展必须遵循循序渐进的原则。本章着眼于目前我国住房市场发展现状及居民的住房支付能力,制定符合我国住房保障发展趋势的动态的住房保障准入标准。

3.7.1 A 类城市的住房保障准入标准对策

1. 增加保障型住房供应

现行准入标准与理论准入标准之间差距较大的这类城市,一般属于夹心阶层规模较大的 A 类城市。针对该类城市,首先应该明确政府责任,一方面将减少夹心阶层规模纳入住房保障绩效考核范围,另一方面必须要把夹心阶层的保障性住房建设的支出纳入预算,地方政府需编制专项规划并将其纳入地方经济社会发展规划,相关部门需提供税收优惠和用地支持;最后要明确地方政府的土地出让收益用于解决夹心阶层保障房建设的具体份额,从根本上解决保障性住房建设资金严重不足的状况。

2. 分阶段扩大保障范围

该类城市出现住房困难的人群较多，夹心阶层规模至少在30%以上，考虑到政府财政能力，不可能一次性保障这么庞大的人群，因此这类城市需要分阶段实施住房保障政策，根据各地房地产市场具体状况，适时地上调住房保障标准，分阶段地扩大保障对象范围。

对于该类城市中数量庞大的住房困难群体，要特别重视保障特殊困难群体，针对首次置业的、没有享受过住房保障政策的夹心阶层的住房困难家庭，可以依据社会福利理论对他们进行优先住房保障，分阶段实施，以改变市场的预期，待住房夹心阶层指数减小以后，可根据测算的配售型保障标准进行调整。

3.7.2 B类城市的住房保障准入标准对策

1. 科学制定准入标准

现行准入标准略低于测算的准入标准的城市属于B类城市，该类城市出现市场供需失衡情况，但不是很严重，按照"应保尽保"原则和现阶段政府承受能力，渐进式合理解决保障问题，因此可根据配租型和配售型住房保障标准的划定方法确定该类城市的住房保障标准。配租型住房保障标准是指针对城镇租房支付能力不足的家庭，由政府提供的住房保障政策的准入标准。配售型住房保障收入线是指城镇家庭具有租房支付能力但缺乏购房支付能力，由政府提供的住房保障政策的准入标准。

2. 保障方式租售并举

根据住房困难群体的收入和拥有资产的不同，应该合理制定保障方式。家庭的购房支付能力低于配租型住房保障准入标准的家庭，政府可采用公租房、租赁补贴等方式进行保障；家庭的购房支付能力低于配售型住房保障准入标准的家庭，政府可采用共有产权住房、限价商品房及购房补贴等方式进行保障。

3.7.3 C类城市的住房保障准入标准对策

1. 配租型住房保障为主

现行准入标准等于或高于测算的准入标准时，说明该类城市几乎不存在保障不足的现象，该类城市住房价格合理，没有出现市场供需失衡情况，因此这类城市可以采用以配租型住房保障为主，以配售型住房保障为辅的方式进行住房保障。

2. 适时调整保障标准

确定好配租型住房保障线以后，家庭人均收入低于该保障线的家庭，政府可采用公租房、租赁补贴等方式进行保障，政府每年也应该根据市场租金水平及城镇居民的收入水平动态地调高或调低配租准入标准。

3.7.4 各类城市对应的保障方式选择

因各类城市经济发展及住房市场现状等的差异,其住房保障方式也应有所差别。如表 3-18 所示,A、B、C 类城市应根据各自的特征,选择适合自己经济发展水平和住房市场的住房保障方式。

表 3-18　各类城市对应的保障方式选择

城市类型	保障方式				
	公租房	租赁补贴	共有产权房	限价商品房	购房补贴
A 类城市	Y	N	Y	Y	N
B 类城市	Y	O	Y	Y	O
C 类城市	Y	Y	N	N	N
备注	Y:建议采用;O:选择采用;N:不建议采用				

第 4 章
基于城市差异的住房保障方式精准化研究

住房保障方式分为两大类：一类属于配租型，包括了实物配租（公租房）和租赁补贴，另一类属于配售型，包括实物配售（经济适用房、共有产权房等）及购房补贴等。这两种保障方式的差异其实是租买方式的差异。在住房保障实践中，对于保障中的租买方式选择是由保障政策决定的，缺乏保障对象选择保障方式的意愿研究，也缺乏对不同城市间住房保障方式的差异性研究，在实际工作中容易造成保障方式的供需失配，因此有必要从租买选择的角度，研究如何实现保障方式的精准化。

4.1　文献综述

4.1.1　相关概念的界定

1. 住房租买效用与住房效用差异

效用是指消费者通过消费或者享受闲暇等使得自己的欲望、需求等得到的满足的程度。它用来解释消费者如何分配有限的资源以达到从服务和商品上获得最大的满意程度。从消费的角度看，目前我国城市居民对住宅的消费方式有两种，即购房或租房，住房租买效用则为消费者通过租赁或购买住房的方式使自己的住房需求得到满足的程度。此时的需求为消费者进行此项消费及提供的服务时所渴望得到的各项需求，包括房屋本身的质量及居住环境的安全舒适，居住区良好的自然环境和完备的公共设施，以及享受与住房相关的社会权利（例如子女受教育的权利）等。

住房因特征的多样性决定了其不同质性，如建筑特征、区位、环境、提供的服务品质、享受的社会权利等都存在差异。根据相关研究，自有住房是从房屋本身品质、小区的品质、居住区周边公共服务配套设施、子女上学条件、生活的稳定性等多个方面都优于租赁住房，这便造成了住房租买效用之间的差异。

2. 住房租买选择与住房租买选择差异

1992年，DiPasquale和Wheaton从占用方式维度，将房地产市场分为房地产买卖市场和房地产租赁市场两类子市场，并首次对其相互关联性进行了研究。他们构建的DiPasquale-Wheaton模型揭示了房地产买卖市场和租赁市场的关联性：住房价格受房地产市场租金的制约，在这种作用下，房价会受租金的影响而相对稳定；同时，房价通过影响住房的开发量进而影响房地产存量和租金。有学者研究表明发达国家的租赁住房在"质"的方面可以满足人们对居住的舒适、安全、健康、稳定等核心方面的要求，和自有住房所具备的功能没有太大的区别，因而租赁住房与自有住房具有较强的相互替代性，居民可根据自身经济条件和住房需求等对住房租买方式进行灵活选择，从而使得住房买卖市场与住房租赁市场相互作用，房价受租金乃至人口的制约而相对稳定。

我国租赁住房和自有住房效用存在较大差异，很大程度上使得租赁住房与自有住房缺乏相互替代性，因而，居民在进行租买选择时容易对自有住房显示很强的偏向性。不同城市的房地产业发展水平、居民收入水平、住房制度等存在差异，不同城市甚至同一城市不同阶层之间的租买选择意愿是否也会呈现一定差异性，居民租买选择的影响因素及其影响程度之间是否会不一样，这都是居民住房租买选择差异的研究内容。

4.1.2 国外文献研究综述

1. 关于住房租买选择的研究

国外对于住房租买选择的理论研究总体上可归于以下几个视角：离散选择理论、心理学理论、成本费用理论、生命周期理论四大理论。①离散选择理论方面，Edwin，Mills，Dowell Myers 等利用 Logit 模型对居民租买选择行为进行研究，Carter 利用 Probit 模型对租买选择行为进行的研究。②基于心理学理论方面，Arrondel 和 Savignac 提出居民间不同的心理认知影响住房租买选择；Sirgy 等人认为住房代表居民一定的社会地位；Jie Chen 认为买房使生活更稳定。③基于成本费用理论方面，Kima 认为居住时间较短家庭、Seko 和 Sumita 认为未婚或家庭规模较小的家庭，租房的成本费用较低，此时人们更倾向于租赁住房。④基于生命周期理论方面，Richard 和 Gary 认为居民会在家庭规模变化、工作变动等重要事件时改变他们的住房选择。

2. 租买选择因素影响研究

国外学者对居民租买选择影响因素问题的研究，大体可分为经济因素与社会因素两类。

（1）经济因素方面，国外学者们多从成本的视角进行研究。Fortowsky 等通过单因素研究表明家庭收入、资产因素会影响家庭的住房租买选择。Woolee 等发现住房首付、贷款利率、贷款金额、房产税率、折现率等会影响买房的成本费用，当买房所消耗的成本较高时，人们会倾向于租赁住房。对于单因素方面的研究，主要结论有高收入的人群倾向于购买城市中心的住房，进而可以影响城市的空间分布差异；当家庭规模变小，居民为了减少居住成本会选择租赁住房。

（2）社会因素方面，学者主要综合了规划学、人口学、地理学等学科进行研究。Clark 和 Dieleman 认为住房选择不仅与家庭特征相关，也与住房市场密切相关。Morrow 和 Jones 认为，家庭的人口统计特征（如年龄、子女数量、结婚状况等）对租买选择具有重要影响。通常情况下，随着年龄的增大，在结婚生育后居民更倾向于选择买房。与经济学相比，社会学将居民的住房选择与家庭生命周期紧密结合，认为住房选择是家庭和住房属性不断配合的过程。

然而单纯用社会学进行研究还是有一定的限制性,之后很大部分学者都是同时用经济学与社会学进行研究,最典型的是行为学派的研究者。Krik认为不同消费者对住房的感知是不一样的,须正确区分影响住房消费行为和消费者感知的行为环境。Roske认为在行为环境中,如居民年龄、文化程度、社会地位、宗教、期望和过去的购房经历等多方面因素共同作用于消费者的租买决策。Moris和Winter认为居民的情感、偏好、需求、价值观、期望等主观因素,影响其对住房产品的看法。

3. 自有住房的外部效益研究

国外不少文献认为自有住房可产生很多正面的外部效益。Boehm等发现自有住房对孩子学习成绩的提高具有积极作用,Rossi等发现自有住房有利于提高家庭的稳定性,从而有利于孩子有较好的表现,Dipasquale等认为买房者对社区与邻里环境好的住房的投资概率更大,Green认为自有住房在房屋质量、安全方面都较优,Lane等发现自有住房家庭对居住生活的满意度更高。

4.1.3 国内文献研究综述

1. 租买不同权

对于租房和买房效用的不同,国内的学者主要是从住房提供的服务品质差异、享受的社会福利差异方面进行研究。

关于住房服务品质的研究,李娜对杭州市的自有住房和租赁住房从邻里特征、建筑特征、区位特征及心理因素四个角度研究了住房服务品质的差异,发现自有住房在以上四个方面都优于租赁住房。傅三莎从公共设施、住宅品质、小区品质及可及性和享有的权利四个方面研究了杭州租赁房和自有房的差距。结果表明,租赁住宅者在周边配套设施、住宅本身品质、所居住小区品质、享有的权利等方面都显著差于自有住宅者。

关于住房的外部性研究,李培通过建立代表性消费者购房与租房决策选择模型,以全国和北京市的两次抽样样本的回归结果显示,提高居住面积和获得房屋的产权都会加强住房者的生活满意度。廖海波提到在我国当下的社会环境中,住房租赁同拥有住房产权相比,存在一些因素使二者之间的使用价值存在差异。无论是从安全感、社交方面,还是从一些与住房相关的社会利益方面,自有住房都优于租赁住房,并指出制度因素主要是由于许多城市户籍与产权式住房有关,而与户籍相关的一系列的经济、政治利益使得自有住房更有吸引力,如公务员任职资格、社会保障、子女的教育等。赵奉军等从自有住房的社会和经济效应分析了自有住房有助于提升个人主观幸福水平和财富积累,还有助于提高子女的健康水平和教育成绩。

2. 关于住房租买选择的研究

我国学者在住房租买选择领域的研究,较国外稍显落后,主要因为我国住房制度尚未成熟。我国2004年深化住房体制改革后,国内学者对住房租买选择理论的相关领域研究才多起来。当下,我国国内学者主要以离散选择理论与心理学理论对住房租买选择方面进行研究。

束金伟、孙飞认为租买选择机制的缺失是产生房地产泡沫的主要原因之一;崔裴等基于发达国家住房市场的实证分析与比较,认为我国住房市场上租买选择机制缺失会带来住房价格提高、房地产泡沫和市场过热等后果。基于成本费用理论,薛丽敏等研究发现迁移到台中地区、基隆的概率不断提高的主要原因是迁移成本。基于心理学的住房消费行为方面,陈淑美等认为租房是家庭或者工作未稳定、购买力不足时的选择,当年龄和财富积累到一定程度,居民自然就会开始选择买房,既是为了住房条件的改善,更是为了自己心里的安全感。基于家庭生命周期理论,陈淑美、张金鹏研究发现,影响居民迁移的主要因素是因为家庭生命周期在不同时期的住房需求差异。

3. 租买选择因素影响研究

国内学者主要从经济学、心理学、社会学等多个学科,以及家庭因素、住房因素、心理因素、经济因素、制度因素等不同角度对居民住房租买选择进行了多因素研究。

张金娟从宏观经济因素角度出发,通过分析月可支配收入之比与月贷款偿还额、房屋售价租金比、长期利率水平等因素对居民租买选择的影响,初步构建出买房-租房的决策模型。刘慧贤通过研究发现工作地域和居民户口对租买选择影响越来越小,而居民年龄、性别、人口、家庭收入等才是影响选择的关键。王瑶通过对户主人口结构和综合家庭特征的调查,做了一个二元Logistic模型,来研究普通居民在选择住房租购时的一些影响因素,发现工作性质、家庭年收入、结婚与否、受教育程度等均对居民租买选择造成影响。

潘虹从需求方和供给方两个角度为基准,搭建了四个维度(人口特征、住宅特征、心理特征、经济特征)的住宅选择权属模型,分析了影响上海市居民住宅权属选择和首次置业行为的各种因素。通过对比两次的结果发现,房价预期和婚姻状况虽然对居民的住宅权属选择并没有很大影响,却对初次置业者有较为明显的影响,家庭净资产尽管对居民的住宅权属选择有非常大的影响,却对初次置业行为没有明显影响,通过深入研究发现不管是否是初次置业,居民住宅权属选择都会受到购房资助人的影响。赵奉军等从租买选择的角度研究了自有住房的变动。从一些城市的调研结果来看,影响总体住房自有率或自有住房的因素主要有:一是房贷制度和住房市场特征的变动,二是家庭特征与人口结构的变动,三是政府的一些相关政策。除这几种主要因素外,还有某地的文化因素对住房自有率的影响,其中人口的结构特征(如居民的结婚与否、年龄结构)会很大地影响住房自有率。另外,住房的市场特征包含房价收入比、预期房价、个体收入、房价租金比等一些方面的指标。任荣荣的相关研究表明居住稳定性、家庭收入水平及户主年龄等几个因素均是住房租买选择时的影响关键,同时,我国的户籍制度对住房的获取有显著影响。

朱丹从制度因素对我国居民的住房租买选择差异进行研究，发现随着我国住房制度的变迁（由福利分房制度向商品化、货币化住房分配制度转变的过程），我国居民住房租买选择会随之改变。邱剑锋分析了上海市非户籍人员住房的租买意愿和影响因素，结果发现，那些落户意愿越强、家庭年收入越高、住房面积越小、对周边设施重视程度越高、工作时间越长、认为子女教育限制越大的非户籍人员买房的可能性越大。

4.1.4　文献评述

1. 基于城市差异视角的住房保障方式研究

关于住房保障方式的研究目前主要关注的是配租、配售的效用及影响，而从城市差异性的视角研究住房保障对象租买选择机制的量化研究则主要集中在研究租赁市场和房地产泡沫方面。目前，关于租买选择机制研究的精准化问题仍有待在城市差异视角下进一步加强。

2. 租买选择因素影响研究

国外学者多采用实证研究的方法对租买选择的影响因素进行研究，研究基础主要有社会因素与宏观经济因素两大类。社会因素主要集中在家庭特征和住房特征两个层次，前者主要是与人口统计特征相关的性质，比如年龄、受教育程度、工作年限、种族、家庭人口数、收入等；后者多与住房本身属性相关，如房价、租购成本、居住区位等。但很少有将居民的心理因素、户型特征、收入特征、人口特征综合作为研究变量的模型。而国内学者除了以上常用变量外，大多数还增加了制度特征方面的因素。国内研究影响住房租买选择的因素分为以下几个方面：家庭人口特征、经济因素、住房属性、制度因素和心理因素。从时间上来看，研究已经逐渐从之前的客观因素，比如住宅市场和居民家庭特征等，过渡到户主更为主观的心理和制度因素，从宏观的大社会环境逐渐过渡到更为细小的微观机理，从而更精准化地研究居民的住房租买行为。

此外，国外的一些研究，分析住房租买选择决定因素的文献要远少于其对经济社会效应的相关文献，此外一些执着的研究者还在尝试研究出新的影响渠道。在20世纪的一些实证研究中没有考虑到尚未注意到的自有住房的影响因素相关效应问题。为了避免选择性偏误的问题，应该怎么样设计变量模型，明显缺少足够的控制变量，也没有客观地对居民租买选择行为进行研究，仍然需要进行深入的探索。国内研究重点和国外不同的是，国内的研究方向更多受限于自有住房的相关决定因素，而自有住房的经济和社会效应方面的研究仍然处于起步阶段。同时，在中国特有的限制条件下，学者对租房者和住房自有者的收入差距、家庭教育、个人健康、公民责任和社会融入等方面，租赁住宅市场与自有住宅市场在住宅服务品质上的差异，以及户籍制度所造成住房不公的差异对居民的租买选择的影响研究甚少。

3. 偏向于买房的原因研究

通过对国内外文献检索和查阅可以发现，自有住房具有很多正面的外部效益。研究学者从客观上分析了自有住房和租赁住房的住房质量和服务品质差异，发现拥有住房产权的家庭会比那些租房家庭有更高的主观幸福感。此外，研究学者还发现自有住房有助于个人财富积累和提升主观的幸福感、有助于提升家庭的健康水平、并有助于家庭子女教育水平的提升，从而影响到将来家庭的收入；研究发现此类人群能够更积极地融入社区环境，从而提升自身的社会资源。这些现象科学地解释了我国居民偏向于买房的原因。

目前的研究大多是从客观的角度分析了自有住房和租赁住房效用存在差异，但用此来解释我国居民偏向于拥有自有住房的研究，以及从居民的心理因素及制度因素（主要为户籍制度）分析我国特有的住房市场对居民住房租买选择的影响的研究很少，所以本章重点基于这两个方面来研究居民的租买选择行为。

4.2 国内外住房保障政策研究综述

4.2.1 发达国家住房保障制度历史沿革

20世纪许多发达国家根据社会和经济发展的不同，开始了住房保障制度的研究与实践，并在发展的过程中不断完善。以下介绍几个发达国家的住房保障制度。

英国是最早进行工业革命的国家，也是世界上最早进行住房保障的国家。第二次世界大战后初期，英国高度重视对低收入家庭的公共租赁住房保障，并加大了公共住房的拨款力度，数据显示1946—1979年间英国公共租赁住房占住房市场总量的45%，但住房问题并未有效地缓解。之后，英国逐步推行住房私有化，通过逐渐出售公共住房的政策，使公共租赁住房的占比减少到18%。在此过程中政府没有减少公共租赁房对低收入者的居住保障作用，直接向低收入者提供保障性租赁住房。此外，对中低收入群体通过购房或租房补贴的形式进行保障。中低收入者买房，可以享受优惠利率的抵押贷款，如果是回购公共租赁房，还可以享受一定的折扣价格。目前在租赁市场中，中低收入家庭租房都可享受租金补贴。

美国作为高度发达的市场经济国家，有三种住房保障方式。第一种是针对住房供应方的补助。资金主要用来修复和重建那些建于1980年代之前的公共住房和私人所有的租赁住房，而不同于我国主要用于新建房屋上。第二种是通过提供租房补贴的方式对低收入家庭进行保障，这也是主要的住房补贴形式。第三种是地方政府获得联邦政府资助后开展的援助项目。这三种政策是通过提供财政补贴、金融支持等方式，侧重通过市场化手段来解决中低收入家庭的住房问题，使住房困难家庭可以从市场上直接购买或租赁住房。综合而言,房券、住房补助和税收抵免被认为是实现美国住房政策目标的最有效的途径。

日本的住房保障虽起步较晚,但发展迅速。日本的农村人口在早期总量很大,随着经济的快速发展人口流动加速。第二次世界大战后日本侧重鼓励和引导家庭拥有自有房产,最终自有住房的家庭成为主流。此外,日本住宅政策的特征是将房地产视为经济的重要增长点,这与我国目前的住房高自有率及房地产业为支柱产业的状况是非常相似的。在保障方式上,日本通过立法设立金融公库、住宅公团、公共住房,根据居民不同的收入水平,建立了一个分层次、完整的住房政策体系。同时,企业向员工提供低租金的公司宿舍及住房、买房和租房补助,对住房援助也起到了很大的积极作用。

新加坡的公共住房计划即组屋计划,具有高计划性和高福利性。新加坡政府自1964年开展"居者有其屋"计划,在1960—1985年间,组屋的保障人数从9%上升到81%,之后的30年内一直保持在80%以上。组屋相关制度规定家庭申请购买组屋的面积由家庭收入水平和人数因素共同决定,且每个家庭只能拥有一套组屋。从产权结构看,组屋主要用于出售,数据显示居住在组屋的家庭中拥有房屋产权的占比高达94.8%。关于组屋的退出机制,新加坡政府规定购买组屋的家庭在5年内有部分出租的权利,5年后可整体出租,经批准后在住满10年后可以进行出售,但只能出售给具有准入标准的居民。组屋户型多为二居室和三居室,且一般是高层建筑,一套普通二居室的价格相对于新加坡的人均月收入来讲,房价收入比大约为3∶5,购房负担相对减轻。

综上,将发达国家的住房保障制度特点汇总如表4-1所示。

表4-1 发达国家住房保障制度特点

国　家	住房保障制度特点
英国	①保障方式的层次性。重视公共租赁房对低收入者的居住保障,对中低收入者购房和租房者提供住房补贴。②鼓励并加强与私营房地产企业合作建设社会公房。③注重保障性住房的品质,要求地方政府将保障性住房融入综合社区的开发中。④立法保障
美国	①保障方式的层次性。将家庭收入划分为高、中、低三个阶层,为低等收入家庭提供公房和租金补贴;为中等阶层家庭提供低息贷款、首付担保及首付补贴;针对所有购房者贷款利息抵个人所得税。②以经济手段保障为主,行政手段保障为辅,公共住房占比很少。③政府支持和立法保障
日本	①分层保障。制订公营住房计划和住房建设计划,建立金融公库等机构,为不同收入阶层的居民提供出售、租住房。②鼓励居民自建、自购住房。政府在贷款、税收等方面采取优惠措施支持住房信贷。③完善的法律体系保障
新加坡	①高覆盖率。新加坡全国超过80%人口可以获得住房援助。②以组屋供应为主,以货币补贴为辅。③分层保障。对中低收入者实行公积金制度,帮助其购买组屋,对低收入者提供租住组屋。④要素保障度高。政府为组屋计划投入了大量的资金和土地,公共住房的土地由政府低价供应的制度,形成了政府机构垄断一级市场、放开二级市场的住房策略

4.2.2 我国住房保障制度历史沿革

1. 内地

我国内地的住房保障制度发展历程,可分为三个不同的阶段。第一阶段:初步划分阶段(1978—1998);第二阶段:探索阶段(1998—2008);第三阶段:全面改革的阶段(2008年至今)。

计划经济时期的住房实行的是实物分配、产权公有及低租金使用的制度,因政府财政的约束和管理形式上的缺陷,开始启动福利住房制度的改革。1978年,中国城镇住房中公有住房占到74.8%,改革从全价出售新建房开始。在推进住房商品化改革的过程中,伴随公房出售试点(1979—1986)、提租补贴试点(1987—1991)出现,房地产市场逐步形成,且住房私有化发展成实现城镇居民满足住房需求的主要形式,我国的住房保障制度逐步形成。1994年,政府相关文件中提出要建立对中低收入家庭提供经济适用房、对高收入家庭提供商品房的供应体系。这一时期产权是制度改革的重点,通过引入市场机制建立"双轨制"的住房供应体系。1978—1998年,以取消福利住房为重点的住房制度改革展开,但完整的保障性住房体系仍未确立。

1998年7月,国务院发布《国务院关于进一步深化城镇住房制度改革加快住房建设的通知》,提出停止分配实物住房,建立和完善以经济适用房为主、由政府或单位向最低收入家庭提供廉租住房为辅的多层次住房供应体系。此文件标志着针对中低收入阶层构建的由经济适用房、廉租住房、住房公积金制度和住房补贴组成的住房保障体系初步形成。此后,在中央财政的支持下,各级地方政府加大了廉租房、经济适用房的建设规模以及住房补贴的保障范围。在此期间,因经济适用房无法满足当时的保障需求,很多地方政府建立起多元的政策性住房及公共租赁房供应体系,如吉林的"暖房子"工程、北京的"两限房"等。2007年以后,房价的急速攀升使政府加强了对房地产市场的宏观调控,为加快解决低收入家庭的住房困难,中国共产党第十七次全国代表大会提出了要发展健全廉租房制度。在扩大保障对象覆盖范围的基础上,初步建立起针对低收入群体的以廉租房为主、以经济适用房为辅的基本住房保障制度及保障中低收入群体的限价房制度,针对流动人口、新就业职工等"夹心阶层"的公租房保障和针对工矿区和城市的住房困难家庭的棚户区改造制度的多层次的保障性住房供应体系。至此,依靠政策力量,我国初步建立起与住房市场相互补充的"低端有保障、中端有支持"的住房保障制度,中低收入家庭的住房条件得到了有效改善。综合来看,1998—2008年,住房保障制度处于不断摸索的阶段,政策性商品房未能有效解决保障群体的住房需求。

2007年起住房保障制度开始全面改革。国家一方面扩大了廉租房的供应范围,放宽了社会资本进入保障性住房的门槛,同时加大了对旧房危房、棚户区改造的投资力度；另一方面公共租赁住房逐步替代了经济适用房作为政策性商品房的保障主体地位。2007—2008年，国务院连发两文，要求形成保障性住房和市场化住房并列的住房制度。2009年国家首次提出了以公共租赁住房来满足不符合保障范围的中低收入住房困难群体，住建部、财政部等七个部门于2010年联合发布了《关于加快发展公共租赁住房的指导意见》，进一步规范了公共租赁住房制度。2011年，国务院明确要求各地要推进建设以公租房为重点的保障性安居工程。2013年12月，住建部、财政部和国家发改委联合下发文件，规定各地从2014年起将廉租房和公租房并轨，统称为公共租赁住房。2015年12月，中央经济工作会议中指出化解房地产库存成为2016年五大重点任务之一，同时还提出，以满足新市民的住房需求建立"购租并举"的住房制度，中国的住房保障进入到一个新的时代。

纵观住房制度发展过程，可以发现，住房制度先后经历了由福利分房向商品化、货币化住房分配转变的过程。从各阶段出台的各项住房保障政策，可以看出住房保障的重点仍是"保基本"。

从保障房类型划分，目前保障性住房体系中住房类型为配售型和配租型。廉租房和公租房并轨后，配租型保障性住房以公共租赁住房为主；配售型保障性住房主要有经济适用房、限价房和各类改造性住房。除了以上国家层面确定的保障房类型外，各地政府还根据当地住房市场情况确立了其他类型的保障性住房。例如，北京近几年提出的自住型商品房和之前的两限房，淮安的共有产权住房，上海的动迁安置房等。其中，共有产权住房于2007年率先在淮安推行，并逐步探索出一条切实可行的操作模式，2014年住房和城乡建设部正式将北京、淮安、上海、成都、深圳、黄石六个城市列为全国共有产权住房试点城市，由局部逐步到大范围尝试。

从保障方式看，大致可以划分为三种形式，即货币补贴、实物保障及混合式补贴的形式。货币补贴是指政府向中低收入家庭提供租房或购房补贴、购房贷款贴息等，中低收入家庭到住房市场中进行租房或买房，政府规定了住房货币补贴的专项使用范围。实物保障是指政府通过新建商品房、回购空置商品房和市场存量旧房等方式直接向中低收入家庭提供公共住房，如政府通过划拨或低价出让的方式向开发商提供土地，进行公租房、经济适用房或限价房的开发建设，或者通过从市场中收集公共住房房源的方式进行实物保障。而混合式补贴形式，是指将货币补贴和实物保障相结合的方式。综合来看，货币补贴是通过市场消费的途径，利用政府补贴和相关优惠政策进行保障，这种方式一定程度上扩大了住房的有效需求，带来了市场供需的变化。而实物保障则对市场的干预度较强，且政府提供保障性住房的有效性直接决定了干预的效用。因而，货币补贴对住房市场的干预较少，比实物保障更加灵活，不仅有利于消化市场住房的存量、带动二级住房市场的发展，还可以高效利用有限的资金扩大保障范围，同时还便于保障住房的退出。

基于城市差异的住房精准保障

2. 香港地区

香港作为世界上典型的人多地少的地区之一,住房保障政策是在第二次世界大战后随着人口的快速增长而引起的巨大"人地矛盾"和房地产市场投机现象的背景下产生。根据香港住房保障政策的设定目标,可将其发展过程分为三个阶段:第一阶段为1954—1972年的消除"房荒"阶段。1953年香港发生了一场造成5万多人无家可归的大火,为了缓解人口迁移及火灾造成的住房紧张状况,香港开始实行住房保障制度;这一阶段通过只租不卖、低租金、低建设标准的廉租住房政策进行保障。随着1972年"十年建屋计划"的推出,香港的住房保障进入住房条件改善阶段(1972—1976年)。通过十年的努力,由政府出资、开发商承建,共建成了22万套居住环境优良、配备齐全的公共房屋,共向上百万的中低收入家庭进行优惠出售或出租,极大改善了他们的住房条件,这标志着香港政府开始从供给角度全面提升居民的住房条件。1976年以后,香港住房保障政策进入推行"居者有其屋"及"长远房屋发展策略"阶段,以市场价格的三分之一或者二分之一向无力支付商品住房的中低收入家庭出售公共住房,以满足随收入增长而激发的中低收入群体购房需求。1987年,香港推出"长者住屋计划",满足年满60岁的老人的特殊住房需求。1988年,香港推出"长远房屋发展策略"和"自置住房计划",一方面提高所有家庭的居住条件,另一方面向居民提供买房优惠贷款,该计划通过将以公共住房为主体的保障转化为公共住房与向私人买房提供补贴相结合的方式调整了住房政策的重点。1998年金融危机之后,之前在高房价的刺激下,房地产商大量建设的住宅造成市场供大于求,引起了房价大跌。在此之后,香港制订了包括停止"居者有其屋"等计划、暂停配售型保障房供应、终止社会资金参建"居屋"的一系列住房政策来稳定楼市。根据2010年发布的香港房屋统计数字显示,截至2010年,47.5%的香港居民享受过政府提供的公共住房的保障。纵观香港的住房保障发展历程,可以发现香港实施的一系列住房保障制度对于满足中低收入家庭的住房需求发挥了巨大作用。

4.3 住房保障方式精准化研究的必要性及研究路径

4.3.1 住房保障方式精准化研究的必要性

我国已建立起政府保障和市场配置相结合的住房制度,但是目前的住房保障方式制定、实施过程存在一定的缺陷。保障方式的确定过程缺乏对居民住房需求的研究,供求错配的问题影响了部分城市住房保障的有效性,有时不仅不能满足保障群体的住房需求,而且还容易造成了资源的浪费。因此,如何完善住房保障方式、满足居民的住房需求、提高住房保障的有效性成为急需解决的问题。

租赁与购买是我国目前最基本的两种住房权属选择方式，租买选择作为住房选择的核心问题，是我们分析住房市场现状及判断发展趋势的重要依据，也是住房政策制定的基础和前提。住房市场的租买结构是反映国家或地区的整体住房需求的一个重要方面。但目前国内相关文献有限，以微观数据为基础的研究更少。对居民住房需求行为的研究，尤其是不同城市间居民租买选择的差异研究，对于深化了解我国目前住房市场的特征具有重要意义，也是对未来市场发展趋势进行预测的依据基础，同时也将为相关政策制定提供科学的实证支持。

4.3.2 住房保障方式精准化研究的路径

首先，我们对居民住房租买选择的研究方案进行了说明，对国内外关于居民住房租买选择的影响因素进行了分类汇总，并进行了适合本研究的筛选和设定；对租买选择的研究方法进行了介绍，分别为研究显著性影响因素的住房租买选择 Logistic 模型及对影响因素重要性排序的综合指数法；对问卷的设计、调研城市的选择及数据的获取与收集进行了阐释。

其次，我们对我国十个城市的住房租买选择行为进行了实证研究，在住房租买选择影响因素体系的基础上，分析了居民住房租买选择意愿并对居民住房租买选择影响因素进行了研究。针对不同调研城市的居民和住房保障群体的租买意愿进行了统计，分析不同城市住房租买选择意愿的差异，然后对影响租买选择的因素进行了描述性和研究性统计。对于研究性统计，我们一方面运用二元 Logistic 模型分析了居民住房租买选择的显著性影响因素有哪些；另一方面应用综合指数法对影响因素进行重要性排序。最后，对住房租买意愿和影响因素间的差异结论进行了分析汇总。

最后，因城市不同影响居民住房租买选择的各方面因素也不同。一方面针对普遍倾向于买房的意愿，根据调研影响因素的设定可以分析引起差异原因及相应的住房政策问题；另一方面基于住房保障群体的住房租买意愿，可以探析目前我国住房保障政策存在的问题并据此提出住房保障对策及其他相关对策。因而，本章基于实证研究结果，对引起租买选择差异的原因进行分析，并基于居民租买意愿及影响因素差异两个角度揭示我国住房制度存在的问题，最后针对我国不同类型城市提出相对精准化的住房保障方式建议及相关对策。

4.4 住房租买选择研究方案设计

4.4.1 住房租买选择影响变量选择

住房租买选择行为的形成源于多种因素的影响，既有家庭和住房属性特征的影响，也有住房主观需求和社会制度的影响。通过研究显著影响居民住房租买意愿的因素以及这些因素的影响程度，可以深入了解居民住房需求和住房选择差异形成的重要基础，可以有针对性地制定住房保障政策并实现保障性住房合理供给分配。因此，选择合适的变量因素是本章建模之前最为关键的一项工作。选择变量的原则应能显著影响居民租买选择，同时要求这些因素构建的模型数据分析的拟合性要好。

1. 租买选择影响变量体系汇总分析

通过以上对国内外文献的整理和回顾，汇总了当前国内外在住房租买影响因素研究中已取得的成果，为构建本章影响居民住房租买选择的因素体系提供理论依据。我们通过研究可以发现国外研究中常用的影响因素主要为宏观经济因素、家庭特征和住房特征；而国内研究中除了以上变量外，还增加了心理因素和制度特征方面的因素。在这里我们考虑到可借鉴性，只对2005年以后的文献相关因素及每个因素研究次数做整理和汇总（见表4-2）。

表4-2　国内外有关住房租买选择影响因素汇总

分　类	变　量
个人与家庭特征类	年龄（24次）、性别（21次）、种族（8次）、移民情况（10次）、职业状况（16次）、户籍（6次）、婚姻状况（22次）、学历（19次）、工作年限（18次）、单位所有制（4次）、家庭人口数量（18次）、政治面貌（2次）、子女数量（19次）、家庭中成年人口数（11次）、居住时间（16次）、以往搬迁次数（13次）
住宅特征类	住宅价格（22次）、面积（16次）、户型（6次）、类型（13次）、剩余使用年限（7次）、房龄（9次）、住宅质量（13次）、居住区位（9次）、住宅配套设施（10次）、房屋修缮情况（5次）、房屋租赁的期限（8次）、住区环境（11次）
家庭经济因素类	恒常收入（25次）、家庭净资产（7次）
心理因素类	短期内是否有购房计划（9次）、期望居住的时间长短（11次）、房价走势（1 221次）、对改善住宅类型的需求（6次）、对改善居住环境条件的需求（7次）、社会地位（8次）、稳定感（10次）、归属感（9次）、快乐感（3次）
宏观经济因素类	税收（13次）、贷款（11次）、利率（8次）、补贴（4次）、首付限制（7次）
制度因素类	户籍（5次）、住房补贴（4次）、公积金（9次）

在参照国内外学者关于各类变量的研究的基础上，本书根据以下变量指标对居民住房租买选择进行分析。

（1）家庭人口特征。家庭人口特征变量是居民个人和家庭的基本信息状况，主要包括年龄、性别、婚姻状况、子女数量、职业、工作年限等。这些变量中除性别、职业外，年龄、子女数量、婚姻状况等因素均体现了家庭的生命周期。大量研究表明，家庭的经济行为在不同阶段存在显著差异，这些因素都会对家庭的住房租买选择行为起到促进或阻碍作用。

（2）经济因素。从经济学角度对居民住房租买选择行为的研究中，家庭收入、财产和房价被普遍认为是重要的影响因素，是学者在研究过程中不可忽视的因素。当消费者在进行住房租买选择时，往往通过对自身收入、资产、房屋价格、利率等因素预期的房价 P' 与实际房价 P 进行比较，当 $P' \geqslant P$ 时，居民则倾向于买房，反之则更倾向于租房。

（3）心理因素。学者运用社会心理学理论对住房消费行为的研究结果表明，家庭的需求、偏好和态度等心理因素对居民住房租买选择有很重要的影响。在我国，心理因素对住房租买选择的作用还受到我国固有的传统文化的影响。例如，习惯拥有固定的住所和邻里关系，更倾向于稳定的住房居住感，将住房作为社会身份和财富的象征等，这些都会对我国居民的住房选择行为产生极其重要的影响。

（4）住房属性因素。住房属性主要包括房屋本身及居住区环境。早期学者便将住房属性纳入了住房效用函数的研究，他们把住房属性看作效用的来源，认为家庭对住房的偏好，很大程度上来源于对该住房属性的需求，主要包括住房的自身属性、环境属性和区位属性等。

（5）社会权利因素。住房租买效用的差异不仅体现在住房属性上，还体现在与住房有关的社会权利上。最早提出社会权利概念的是英国社会学家马歇尔，他提出社会权利是包括社会经济的福利、保障的权利及可享受当时社会发展成果和文明生活的权利。我国把社会权利定义为公民从社会中获得基本生活条件的权利，主要包括经济权、受教育权和环境权三类。根据《中华人民共和国宪法》，经济权主要包括社会保障权、社会保险权、社会救济权、劳动权、休息权、医疗卫生权等。从社会权利的内涵来看，与公民的社会权利直接对应的是社会福利和社会保障。公民的社会权利应该建立在公民资格的基础上，但我国公民的社会权利是建立在职业、身份、收入等基础上，户籍制度改革和基本公共服务的均衡化是当前保障公民社会权利的主要途径。目前，我国和住房有关的社会权利主要有子女受教育的权利（"学区房"制度）和户籍制度相关的一系列社会保障（失业金、养老金、医疗保险、低保等）。

（6）户籍制度。俞德鹏讨论了当前的户籍制度与身份、机会、就业权利平等的关系，认为户籍制度改革需建立一套系统的理论。彭希哲、郭秀云认为户籍制度作为与住房高度相关的制度因素，从建立之初就被赋予了本不应该由它承担的许多政治、社会和经济权利，而这些权利又在发展过程中不断地被强化和放大，使户籍制度的利益附加已远超过了户籍制度本身。张玮、王琼等认为，与户籍相关的社会福利主要体现在就业、教育和社会保险等方面。

2. 租买选择影响变量筛选与设置

通过离散选择模型可得出居民住房租买形式的选择取决于他从中获得的效用大小。根据相关文献对我国自有住房与租赁住房的效用研究，并结合我国房地产市场及与住房相关的社会制度等，可总结出目前我国住房租买效用对比（表 4-3）。

表 4-3 买房与租房的效用对比

	买　房	租　房
效用	1. 拥有房屋的所有权； 2. 房屋品质方面，自有住宅优于租赁住宅：如建筑面积较大，噪声隔离和住房采光更好，装修情况好，工程质量好； 3. 小区品质方面，自有住宅优于租赁住宅：小区内设施、小区环境卫生、物业配套等； 4. 区位公共设施资源及可及性：休闲设施、商业配套设施、交通设施等； 5. 心理上的稳定感、归属感及安全感； 6. 可以享受房屋升值带来的效益； 7. 可以享受买房带来的相关社会权利，如孩子就近入学	1. 可以较灵活地选择自己的住房； 2. 不必一次性承担较大的购房压力； 3. 家庭储蓄有较好的流动性； 4. 不必承担房屋维修或和住房有关的税收等费用

通过文献的梳理分析，发现早期大量文献多研究家庭特征因素、住房属性因素、经济因素对居民租买选择的影响；近期的研究减少了宏观因素，增加了心理因素的影响。这说明相关研究已经从住房属性和家庭属性等客观因素逐渐过渡到居民主观心理因素，从宏观环境过渡到微观因素的作用机理研究上。另外，目前国内外对住房租买选择影响因素体系的构建，很少有将住房属性、家庭人口特征、经济因素、心理因素及外部制度环境因素等多因素变量同时进行考虑的实证分析。

通过 4.1 节的文献综述可发现，国内外学者在研究角度、研究区域、研究方法等方面存在差异，选择变量的侧重点也不同。根据我国的国情，国外一些研究中认为重要的变量并不适用于我国住房市场的发展现状。因此，本章构建的影响指标除了借鉴国内外多数研究中有价值的因素外，还着重考虑了我国社会发展的独特性，结合我国房地产市场发展现状、相关社会制度因素及居民传统文化观念等方面，对可能影响我国不同城市的居民住房租买选择的因素进行选择。

综上所述，目前大部分文献的研究集中在家庭人口特征因素、住房属性因素、经济因素、心理因素对居民租买选择的影响上，但是对租赁住宅市场与自有住宅市场在住房服务品质上的差异、自有和租赁住房享受到的社会权利的差异、我国特有的传统住房文化心理因素及我国的户籍制度对住房租买选择的影响的研究较少。

因此，本章基于住房租买效用差异，参考目前国内外学者对住房租买影响因素研究的成果，结合我国房地产市场现状及住房相关政策等，对影响因素体系进行扩充、完善。经过与其他学者的多次交流，确保选择的模型、变量更加符合我国的实际情况，为构建更合理的模型奠定基础，最终将家庭人口特征、经济因素、心理因素、住房属性和制度因素同时作为影响指标体系。

（1）家庭人口特征。

① 性别。这一变量在国外的相关研究中并不多见，考虑到我国的特殊国情，国内学者对这方面的研究较多。根据我国主要由男方购买婚房的传统观念，我们的研究中将该因素考虑在内。在这种观念的影响下，男性更容易选择买房，因而性别的差异也可能产生住房租买选择的不同影响。

② 年龄。在国内外住房租买选择的实证研究中，学者普遍将年龄作为重要的指标进行分析。消费者年龄阶段的不同主要体现在工作、家庭建立、家庭资产的累计等方面，会影响住宅的租买选择。年轻人的工作时间相对较短，工作、工资的不稳定性使得年轻人更偏向于租房；之后随着年龄增加，工作、工资逐步趋于稳定，随着家庭收入的增加、资产的不断增加，并随着组建家庭后家庭规模的扩大和稳定，因此更倾向于买房。

③ 婚姻状况。婚姻状况对住房租买选择的影响，一方面是我国固有的"结婚购买住房"传统思想，结婚对于大多数人来说是买房的重要因素；另一方面，已婚居民的家庭月收入稳定，除去生活开支后的住房支付能力相应增加，也加快了家庭资产的累积速度，这时他们更倾向于买房。

④ 子女数量。国内外已有的研究中，学者们普遍考虑了家庭人口统计变量。通常家庭人数越多，越倾向于买房；反之租房的可能性越高。在我国，从家庭成立初期进入家庭成熟期，随着子女数量的增多，家庭各方面也变得相对稳定，通常会选择买房。

（2）经济因素。

① 家庭年收入。收入是研究住房租买选择极其重要的因素。大量研究表明，居民的住房经济承受能力随着收入的增长而增强。收入越高的家庭，支付住房首付和抵押贷款的能力越高。此外，收入较高家庭资产积累能力越强，更容易产生投资意识，所以高收入家庭更容易进行住房投资。总体上来讲，收入越高，买房的可能性越大。

② 住房总价。住房总价是家庭选择住房时特别看重的因素。房屋总价越高，所需支付的首付款往往也越高，每月按揭贷款还款额也越高，购房者由此承担的经济负担也越重，则购买能力相对下降。因此，居民会选择购买适合自己、房价相对较低的房屋。

（3）心理因素。

居民认为买房更有稳定感和归属感。"居者有其屋""安家立业"、婚前"买婚房"等传统观念在我国居民的思想中已根深蒂固。人们普遍认同住房可以让自己具有稳定感和归属感,因此这一传统观念导致居民更倾向于购买。稳定的居住环境更利于其事业的发展,在资产收入条件允许下,若居民认同买房可以带来稳定感和归属感,则他们可能更倾向于购买一套面积较小、品质略差的自有住宅而非用同样的成本去承租相对较大面积、品质更好的住房。因此,理论上讲,越认同买房比租房更有稳定感和归属感的家庭越倾向于购买住宅。

(4) 住房属性。

根据效用理论,不同的房屋品质、小区品质、区位环境、商业配套、交通设施等,都会对居民住房租买选择产生不同的影响。相关研究表明,买房作为一项长期的消费决策,住房自身的属性越好越能吸引消费者,且买房者比租房者对住房自身属性的重视程度更高,因此住房自身属性越好,居民买房的概率越大。在消费者可承受价格范围内,房屋工程质量越好、面积越大、户型越好的住宅被购买的可能性越大。住房提供的服务品质除住房的自身属性外,还包括住区的基础设施建设情况、生活的便捷程度、公共活动空间条件、安全程度、周边自然环境等,这些因素都会影响居民的住房租买选择行为。总体来讲,可以将有关住房特征的指标用房屋品质和住区环境表示。其中,房屋品质包括房屋工程质量、住房面积、装修程度、户型等,住区环境包括小区内设施、物业管理水平、区位商业配套设施、交通设施等。

(5) 制度因素。

① 户籍制度。这一变量涉及中国的户籍政策。通常具有本地户籍的居民长期居住在该地的可能性较高,可促进其在该地买房。但在我国许多城市现行的住房制度中对非本地户籍居民的限制较多,不利于居民购房。此外,户籍制度也与一系列的社会权利挂钩。例如,子女教育问题、就业机会(先城市后农村、行业及工种限制、城市机关和事业单位的招聘限制)、社会保障(主要体现在养老保险、医疗保险和社会保险)等,有"买房落户"制度的城市则进一步增强了住房和享受相关社会权利的关系。因此,从现行的制度中,户籍能够影响居民对于住房租买的选择。

② "学区房"制度。在我国部分城市中,只有在对应学区中买房(而非租房)才能享有该学区内小学的入学权。又因为城市中的优质教育资源非常稀缺,这种将基础教育资源与住房租买形式挂钩的制度安排使得居民会过度偏好买房。

综上所述,适合我国居民住房租买选择的影响指标体系如表 4-4 所示。

表 4-4 自变量归类表

宏观变量	微观变量
家庭人口特征	性别、年龄、婚姻状况、子女数量
经济因素	家庭年收入、住房总价
心理因素	稳定感、归属感

续表

宏观变量	微观变量
住房属性（享受的服务品质）	房屋品质（房屋工程质量、住房面积、装修程度、户型等）、住区环境（小区内设施、物业管理水平、区位商业配套设施、交通设施等）
制度因素（享受的社会权利）	户籍制度（住房保障或买房限制、相关社会保障等）、"学区房"制度（教育资源）

4.4.2 方法选择与模型构建

本章一方面将调查问卷（见附录）中的单项选择题中的变量指标作为 Logistic 模型中的解释变量，分析居民住房租买选择的显著性影响因素及影响程度；另一方面，针对多选题的设置，应用综合指数法进一步对部分影响因素的重要性进行排序。

1. Logistic 模型构建

（1）模型选择。

住房的许多属性是离散的，很难用效用函数来描述或识别，离散选择理论用于住房领域是研究住房消费选择的一个新突破。离散选择模型通常是在效用最大化的假设下推导出来的。

离散选择理论和离散选择模型使住房消费选择实证研究成为可能。目前，有关住房消费的选择（如住房类别选择、租购选择和区位选择等）的实证研究都是通过构建离散选择模型实现的。目前，在我国住房所有权的选择主要有两种形式：租赁和购买。这是二元离散选择的问题，针对此类问题的研究，最常用的模型为 Probit 模型和 Logistic 模型。

Probit 模型对于离散选择的研究有较少的限制，但要求效用的干扰项 μ 要服从正态分布，但在实际研究中很难满足这一条件。1987 年 Borsch Supan 指出，针对效用最大化的二元的选择研究，应该使用逻辑分布的 Logistic 模型来估计更为合理。Probit 模型与 Logistic 模型的主要区别在干扰项的分布上，前者为正态分布，后者为逻辑分布。本章所研究的问题，干扰项不符合正态分布，因而选用 Logistic 模型进行研究。

（2）模型设定。

本章选用二元 Logistic 模型对住房租买选择的影响因素进行估计，建立计量经济学方程

$$Z_i = X_i \beta + \mu_i \tag{4-1}$$

式中：Z_i——被解释变量，$Z_i=0$ 时表示选择租房，$Z_i=1$ 时表示选择买房；

X_i——解释变量，表示第 i 个样本其选择的影响因素属性；

μ_i——干扰项，服从二项分布 $b(0, p(1-p))$，为逻辑分布。

因此,有公式(4-2)

$$P(Z_i=1)=P(Z_i*>0)=P(\mu_i*>-X_i\beta)=F(X_i\beta) \quad (4-2)$$

因为逻辑分布的概率分布函数是

$$F(t)=\frac{1}{1+e^{-t}} \quad (4-3)$$

$F(t)$ 的取值范围为 [0,1],合并上述三个公式可得到

$$P_i=\frac{1}{1+e^{-X_i\beta}} \quad (4-4)$$

由上式转换可得

$$\frac{P_i}{1-P_i}=e^{\beta X_i} \quad (4-5)$$

将上式取对数,得 Logistic 模型

$$\log\left(\frac{P_i}{1-P_i}\right)=X_i\beta \quad (4-6)$$

将所得到的数据对上式进行最小二乘估计,得到回归系数。

本章将住房租买选择 Logistic 模型的解释变量设定为 $X_1,\cdots,X_n$,将被解释变量设为 Z,则每个样本获得的数据可表述为 $(X_{1i},X_{2i},X_{ki};Z_i)$,$Z_i$ 的取值为 0 或 1。将住房租买选择 Logistic 模型设定如公式(4-7)。

$$\ln\left(\frac{P_1^i}{P_0^i}\right)=\alpha+\beta_1^i X_1^i+\beta_2^i X_2^i+\beta_3^i X_3^i+\cdots+\beta_{12}^i X_{12}^i \quad (4-7)$$

其中,X_1,X_2,$\cdots$,X_{12} 分别表示 12 个解释变量。

(3) 模型假设。

Logistic 模型研究中,被解释变量为住房租买意愿,分别为购买和租赁,我们将其 0-1 化分类,记买房为 1,租赁为 0;解释变量为表 4-4 中 12 个微观影响因素,相关变量含义及赋值内容如表 4-5 所示。

表 4-5 相关变量含义及赋值内容

变量含义	赋值内容
解释变量性别	男=1,女=0
年龄	20—30 岁=1,31—40 岁=2,41—50 岁=3,51—60 岁=4,61 岁以上=5
婚姻状况	已婚=1,未婚=0
子女数量	无子女=1,1 个=2,2 个=3,3 个及以上=4
家庭年收入	5 万元及以下=1,5 万元—10 万元=2,10 万元—15 万元=3,15 万元—20 万元=4,20 万元以上=5

续表

变量含义	赋值内容
户籍	外地农业户口＝1，外地非农业户口＝2，本地农业户口＝3，本地非农业户口＝4
可承受房价	根据不同城市房价进行调整
买房能享受到更好的房屋品质	根本不同意＝1，不同意＝2，一般＝3，同意＝4，非常同意＝5
买房能享受到更好的住区环境	根本不同意＝1，不同意＝2，一般＝3，同意＝4，非常同意＝5
买房可享受更好子女受教育资源	根本不同意＝1，不同意＝2，一般＝3，同意＝4，非常同意＝5
买房更稳定认可度	根本不同意＝1，不同意＝2，一般＝3，同意＝4，非常同意＝5
买房更有归属感认可度	根本不同意＝1，不同意＝2，一般＝3，同意＝4，非常同意＝5
被解释变量住房租买意愿	买房＝1，租房＝0

在我国住房情况背景下，根据对解释变量的分析，对选定的变量因素在住房租买选择 Logistic 模型中进行假设，具体如下。

研究假设 1：男性比女性更倾向选择买房。

研究假设 2：年龄越大，居民越倾向选择买房。

研究假设 3：已婚居民更倾向选择买房。

研究假设 4：子女数量越多的家庭越倾向选择买房。

研究假设 5：家庭收入越多的家庭越倾向选择买房。

研究假设 6：具有当地户口的家庭购买住房的可能性增加。

研究假设 7：可承受房价越高的家庭越倾向于选择买房。

研究假设 8：越认同买房能享受更好房屋品质的家庭越倾向于选择买房。

研究假设 9：越认同买房能享受更好住区环境的家庭越倾向于选择买房。

研究假设 10：越认同买房能享受更好教育资源的家庭越倾向于选择买房。

研究假设 11：越认同买房比租房更稳定性的家庭越倾向于选择买房。

研究假设 12：越认同买房能带来归属感的家庭越倾向于选择买房。

2. 综合指数法

综合指数法是指对各项指标因素个体指数加权平均，计算出每个因素的综合值，用以综合评价其因素重要性的一种方法。综合指数值越大，重要性越大。综合指数法计算公式如下。

$$\text{Importance Index} = \frac{4n_1 + 3n_2 + 2n_3 + n_4}{4(n_1 + n_2 + n_3 + n_4)} \qquad (4-8)$$

其中，n_1、n_2、n_3、n_4 分别为依重要性填写的第 1 项、……、第 4 项的影响因素选项的数量。根据调研城市租买选择影响因素的调研结果计算各分类因素的影响指数，并按从大到小排序。

本章将问卷中多选题目（您认为影响您买房/租房的因素按重要性排序，如果改变下面哪个选项您会改变租房或买房的选择）中涉及的各分类因素进行统计，应用综合指数法对选项因素的影响比重进行排序。

4.4.3 问卷设计及数据收集

1. 问卷设计

本研究采用问卷调查的方法开展研究，问卷具体内容见附录，为了保证问卷的科学可信性，笔者在问卷设计的过程中采用了以下方式。

（1）初步设计阶段。在阅读大量文献、理论的基础上，对这个研究领域所采用的变量研究成果进行了分类和整理，同时结合我国的实际情况对在研究的变量进行选定，并参考国内近些年相关研究问卷的设计提问方法，对问卷进行了初步设计。

（2）问卷修改阶段。在问卷设置完成后与房产界专业人士进行了多次咨询探讨，针对他们提出的修正性意见，对语句进行了精简，对存在异议的问题及选项进行了更正说明，在综合专家的意见基础上将问卷进行了修改。

（3）试调查。本次问卷是针对我国十个不同城市居民的住房租买选择的调查，考虑到问卷内容能被普通市民所接受，首先在小范围内（南京市浦口区）进行了问卷试调查，针对此次过程中居民提出的问题再次对问卷选项的设置及部分问题的提法进行了调整。

2. 调研城市的选择

本研究主要根据住房库存压力、住房价格（商品房和保障房价格）、居民平均收入、住房供需矛盾、住房市场需求性质等因素确定调研城市。调研城市分别为北京、上海、南京、苏州、常州、金华、台州、盐城、安阳、丹阳。这些城市的经济水平、住房库存压力、房价收入比、供需矛盾、相关住房制度等存在一定差异，以探析不同城市之间居民的住房租买选择意愿及影响因素的差异和共性。

3. 数据收集

本次问卷的调查时间为 2015 年 7 月至 2015 年 8 月，发放形式为实地发放与网络发放两种。实地发放采用"一对一"的问卷调查方式，发放地点均匀分布在各调研城市的居住小区。同时借助于问卷星问卷系统进行网络发放。实地共发放问卷 1 600 份，共回收有效问卷 1 414 份（南京 209 份，北京 122 份，上海 138 份，苏州 127 份，常州 135 份，金华 146 份，台州 136 份，盐城 121 份，丹阳 139 份，安阳 141 份），网络回收有效问卷 539 份

(南京 72 份，北京 91 份，上海 68 份，苏州 71 份，常州 53 份，金华 24，台州 49 份，盐城 36 份，丹阳 48 份，安阳 27 份），共收集有效问卷 1 953 份。

4.5 住房租买选择差异实证研究

4.5.1 居民住房租买意愿分析

1. 住房租买意愿调研对象的确立

（1）调研对象的比例划分。

本节从整个居民群体和保障人群两个方面对住房租买选择意愿进行研究，并主要针对目前住房保障范围内的家庭进行意愿研究，为住房保障政策研究提供依据。而对于整个房地产市场的研究则需要将整体居民纳入研究范围内。因此在实地调查前，确定了保障群体在整个调研样本中的比例，因本书重点对我国的住房保障政策给出相关对策建议，因而每个城市的调研对象中保障群体占全部调研人数的比例目标为70%～80%，对于丹阳、安阳这类本身住房保障群体占所有居民的比例相对较低的城市，考虑到调研的易操作性，适当降低了这类城市保障群体的比例。

（2）保障群体的划分标准。

本节在确定不同城市的调查对象中保障群体样本时，依据各城市现行的住房保障收入线进行界定，目前住房保障方式中公共租赁住房的保障范围为中低收入住房困难家庭，所以，对于有公租房保障收入线的城市，根据各城市公租房的准入标准中对居民收入的最低要求计算出对应的家庭人均年收入，作为筛选保障群体样本的家庭人均年收入的上限；对于没有明确给出公租房保障收入线的城市，根据我国收入划分七分法对城市的中低收入水平进行计算，并在调研过程中注意控制此类人群的比例范围。

2. 不同群体住房租买意愿分析

根据问卷调研数据统计，对十个城市的总体居民样本和保障群体样本的住房租买意愿分别进行计算，结果如表 4-6 所示。

表 4-6 不同城市居民租买选择意愿统计表　　　　　　　　单位：%

变量		租买意愿百分比									
		A 类城市			B 类城市				C 类城市		
调研人群	租买意愿	北京	上海	南京	苏州	常州	金华	台州	盐城	丹阳	安阳
整体居民	买房	84.13	80.45	80.38	68.97	70.71	70.67	73.20	83.33	79.43	87.11
	租房	15.87	19.55	19.62	31.03	29.29	29.33	26.80	16.67	20.57	12.89

续表

变量		租买意愿百分比									
		A类城市			B类城市				C类城市		
调研人群	租买意愿	北京	上海	南京	苏州	常州	金华	台州	盐城	丹阳	安阳
保障群体	买房	70.93	69.31	78.38	52.50	58.70	49.91	61.64	71.43	74.12	81.79
	租房	29.07	30.69	21.62	47.50	41.30	50.09	38.36	28.57	25.88	18.21
保障群体占比		81.44	78.31	79.59	75.92	74.6	74.74	76.38	73.27	71.6	68.96

通过表4-6的数据结果可以发现，无论是整体居民的样本还是保障群体的样本，倾向于买房的居民远多于倾向于租买的居民，这一结果主要是由被访者的收入、年龄等因素决定，同时也受到被访者能接受的租金和房价的影响。

整体来看，十个城市的居民样本中，选择买房的居民所占比例均大于68%，其中苏州最低，为68.97%，安阳比例最高，达87.11%。而保障群体的租买意愿并没有因为收入较低而明显倾向于租房。十个城市的保障群体样本中，选择买房的比例处于49%~82%，其中金华比例最低，为49.91%，安阳比例最高，达81.79%。此外，通过不同城市间对比发现，可以将这十个城市分为三类，其中A类和C类城市中居民的买房意愿均高于B类城市。

选择租房的居民中，68.3%~87.4%的居民选择租房其主要原因是经济条件不允许买房，其中丹阳的比例最低，北京的最高；9.3%~17%的居民选择租房是因为租房灵活性高；其余选择租房的原因为租房比买房划算。

4.5.2 租买选择影响因素研究

1. 描述性统计分析

对问卷回收整理并完成数据录入之后，笔者首先对所研究的变量进行进一步的描述性统计。先对每个自变量及因变量做交叉分析，其次运用均值、标准差和独立样本检验，检验变量之间是否存在显著性差异，并结合样本不同变量频数统计分析选择租房的样本和选择买房的样本在特征上的差异与共性。

（1）交叉分析。

以上海市的数据分析为例，通过交叉分析来考察每个自变量和因变量的联合频数分布，可对自变量和因变量之间的两两相关性进行分析，通过SPSS软件进行的交叉分析结果如表4-7所示。

根据表4-7，从性别上来看，在样本频数统计上可以看出，倾向于买房的样本中性别为女性的比例高于男性，选择租房的样本中性别为男性的比例高于女性。由此可见，在目前要求男性结婚时拥有住房的社会现状下，在上海这种生活和住房压力都很大的城市，男性承受的住房压力高于女性，在一定程度上影响其租买选择意愿。

表 4-7　居民租买选择变量频数统计表

变量		选择租房			选择买房		
变量名称	变量水平	频数	纵向百分比	横向百分比	频数	百分比	横向百分比
性别	男	17	65.4%	27.9%	44	40.7%	72.1%
	女	9	34.6%	12.3%	64	59.3%	87.7%
年龄/岁	20~30	12	46.2%	23.1%	40	37.0%	76.9%
	31~40	11	42.3%	19.0%	47	43.5%	81.0%
	41~50	3	11.5%	17.6%	14	13.0%	82.4%
	51~60	0	0.0%	0.0%	7	6.5%	100.0%
	61 及以上	0	0.0%	0.0%	0	0.0%	0.0%
婚姻状况	未婚	14	53.8%	24.1%	44	40.7%	75.9%
	已婚	12	46.2%	15.8%	64	59.3%	84.2%
子女数量/个	0	12	46.2%	22.2%	42	31.3%	77.8%
	1	11	42.3%	18.3%	49	36.6%	81.7%
	2	3	11.5%	16.7%	15	11.2%	83.3%
	3 及以上	0	0.0%	0.0%	2	1.5%	100.0%
家庭年收入/元	5 万及以下	5	3.7%	35.7%	9	6.7%	64.3%
	5 万~10 万	10	7.5%	50.0%	10	7.5%	50.0%
	10 万~15 万	4	3.0%	12.9%	27	20.1%	87.1%
	15 万~20 万	5	3.7%	18.5%	22	16.4%	81.5%
	20 万以上	2	1.5%	4.8%	40	29.9%	95.2%
户籍	外地农村户口	11	42.3%	22.0%	39	36.1%	78.0%
	外地城镇户口	5	19.2%	17.2%	24	22.2%	82.8%
	本地农村户口	6	23.1%	21.4%	22	20.4%	78.6%
	本地城镇户口	4	15.4%	14.8%	23	21.3%	85.2%
可承受房价	3 万元/m² 以上	0	0.0%	0.0%	33	30.6%	100.0%
	2 万元~3 万元/m²	6	23.1%	13.0%	40	37.0%	87.0%
	1 万元~2 万元/m²	8	30.8%	23.5%	26	24.1%	76.5%
	1 万元/m² 以下	12	46.2%	57.1%	9	8.3%	42.9%
房屋品质	根本不同意	11	42.3%	100.0%	0	0.0%	0.0%
	不同意	10	37.0%	52.6%	9	8.4%	47.4%
	一般	4	14.8%	8.2%	45	42.1%	91.8%
	同意	1	3.7%	2.6%	37	34.6%	97.4%
	非常同意	0	0.0%	0.0%	17	15.9%	100.0%

续表

变量		选择租房			选择买房		
变量名称	变量水平	频数	纵向百分比	横向百分比	频数	百分比	横向百分比
住区环境	根本不同意	9	38.6%	100.0%	0	0.0%	0.0%
	不同意	11	40.7%	54.6%	9	8.4%	45.4%
	一般	3	11.1%	9.2%	37	34.6%	90.8%
	同意	1	5.4%	2.6%	37	34.6%	94.6%
	非常同意	2	7.4%	7.3%	25	23.4%	92.7%
社会权利	根本不同意	6	23.1%	100.0%	0	0.0%	0.0%
	不同意	15	57.7%	62.5%	9	6.7%	37.5%
	一般	5	19.2%	19.2%	21	15.7%	80.8%
	同意	0	0.0%	0.0%	37	27.6%	100.0%
	非常同意	0	0.0%	0.0%	41	30.6%	100.0%
稳定感	根本不同意	5	3.7%	100.0%	0	0.0%	0.0%
	不同意	12	9.0%	85.7%	2	1.5%	14.3%
	一般	3	2.2%	42.9%	4	3.0%	57.1%
	同意	3	2.2%	9.4%	29	21.6%	90.6%
	非常同意	3	2.2%	3.9%	73	54.5%	96.1%
归属感	根本不同意	5	19.2%	71.4%	2	1.9%	28.6%
	不同意	11	42.3%	73.3%	4	3.7%	26.7%
	一般	6	23.1%	27.3%	16	14.8%	72.7%
	同意	2	7.7%	7.7%	24	22.2%	92.3%
	非常同意	2	7.7%	3.1%	62	57.4%	96.9%

从年龄上来看，从频数统计中通过纵向比较可以看出，选择买房的样本中年龄处于31~40岁的频数最多，其次是20~30岁；选择租房样本中，频率最多的是20~30岁，其次是31~40岁。横向比较，同年龄段中处于51岁及以上居民选择买房的可能性最大，其次是41~50岁。可以看出，年龄越大越倾向于选择买房。

从婚姻状况来看，从频数统计中通过纵向比较可以看出，选择买房的样本中已婚居民频数高于未婚居民，选择租房的样本中未婚居民频数高于已婚居民；通过横向比较，已婚居民选择买房的比例高于未婚居民。可以看出，已婚居民更倾向于选择买房。

从子女数量上来看，从频数统计中通过纵向比较可以看出，选择买房的样本中子女数量为1的样本最多，其次为无子女的；选择租房样本中无子女的频数最多，其次为有1个子女的。而通过横向比较可以看出子女数量越多，选择买房的概率越高。

从年收入上来看,从频数统计中通过纵向比较可以看出,选择买房的样本中,样本收入最高的集中在 20 万元以上,其次较多的为 10 万~15 万元和 15 万~20 万元;在租房样本中,占比最高的是收入为 5 万~10 万元,其次是 5 万元以下。因此可见,倾向于买房的居民收入较高。

从户籍上来看,从频数统计中通过纵向比较可以看出,选择买房和租房样本中数量最多的都是外地农村户口,选择买房的数量最少的是本地农村户口,选择租房中数量最少的是本地城镇户口;横向比较,外地农村户口选择买房的概率最低,而本地城镇户口选择买房的概率最高。

从可承受房屋价格来看,从频数统计上可以看出,选择买房的样本中,频率最多的是 2 万~3 万元/m^2,其次是 3 万元/m^2 以上;选择租房样本中,频率最多的是 1 万元/m^2 以下,其次是 1 万~2 万元/m^2。可以看出,可承受房价在 2 万元/m^2 以上的居民选择买房的可能性较大,而选择租房的居民可承受房价则较低。

从买房比租房享受更好房屋品质的认可度上看,从频数统计上可以看出,认为一般的频率最多,其次是同意的;选择租房样本中,频率最多的是根本不同意和不同意。可以看出,大体认同买房比租房能享受更好房屋品质的居民选择买房的可能性较大,而不太同意此观点的居民选择租房的可能性较大。

从买房比租房享受更好住区环境的认可度上看,从频数统计上可以看出,认为一般的频率最多,其次是同意的;选择租房样本中,频率最多的是根本不同意和不同意。可以看出,大体认同买房比租房能享受更好住区环境的居民选择买房的可能性较大,而不太同意此观点的居民选择租房的可能性较大。

从买房比租房享受更好社会权利的认可度上看,从频数统计上可以看出,选择非常同意的频率最多,其次是同意的;选择租房样本中,频率最多的是不同意,其次是根本不同意。可以看出,认同买房比租房能享受更好社会权利的居民选择买房的可能性较大,而不太同意此观点的居民选择租房的可能性较大。

从稳定性认可度上看,从频数统计上可以看出选择买房的样本中,对买房比租房更稳定认可度为非常同意的频率最多,其次是选择同意的;选择租房样本中,选择不同意的占比最高,其次是根本不同意。可以看出,认同买房比租房更稳定的居民选择买房的可能性较大,而不太同意此观点的居民选择租房的可能性较大。

从归属感上看,从频数统计上可以看出选择买房的样本中,对买房比租房更稳定认可度为非常同意的频率最多,其次是选择同意的;选择租房样本中,频率最多的是不同意,其次是一般。可以看出,认同买房比租房更有归属感的居民选择买房的可能性较大,而不太同意此观点的居民选择租房的可能性较大。

(2) T 检验。

独立样本 T 检验是检验两个样本均值之差的显著性。T 检验的计算会因方差是否相等而有所不同,所以需看两个总体样本的方差齐性检验结果。所以,SPSS 在进行均值的 T 检验同时还需要做方差的 Levene 检验。对于方差的 Levene 检验,若方差检验没有显著差异,则 T 检验的结果表中看第一排的数据。反之,T 检验的结果表中要看第二排的数据。

对于本调研,根据独立样本 T 检验,若研究变量的 Sig 值在选择租房样本与选择买房样本间小于 0.05,说明此变量在选择买房的居民和选择租房的居民之间存在明显性差异。

表 4-8 是样本的 T 检验统计量表,表 4-9 是样本方差齐性检验与 T 检验表。

表 4-8 T 检验统计量表

基本情况	租买意愿	N	均值	标准差	均值的标准误差
性别	租房	26	1.346 2	0.485 16	0.095 15
	买房	108	1.592 6	0.493 64	0.047 50
年龄	租房	26	1.692 3	0.735 89	0.144 32
	买房	108	1.861 1	0.847 85	0.081 58
婚姻状况	租房	26	1.538 5	0.508 39	0.099 70
	买房	108	1.620 4	0.542 02	0.052 16
子女数量	租房	26	1.692 3	0.735 89	0.144 32
	买房	108	1.787 0	0.749 47	0.072 12
年收入	租房	26	2.576 9	1.238 49	0.242 89
	买房	108	3.685 2	1.287 24	0.123 86
户籍	租房	26	2.115 4	1.142 87	0.224 14
	买房	108	2.268 5	1.164 96	0.112 10
可承受房价	租房	26	2.769 2	0.815 24	0.159 88
	买房	108	2.101 9	0.936 69	0.090 13
房屋品质	租房	26	1.730 8	0.724 30	0.142 05
	买房	108	3.574 1	0.856 03	0.082 37
住区环境	租房	26	1.730 8	0.724 30	0.142 05
	买房	108	3.574 1	0.856 03	0.082 37
社会权利	租房	26	1.961 5	0.662 16	0.129 86
	买房	108	3.648 1	0.889 34	0.085 58
稳定性	租房	26	2.884 6	0.325 81	0.063 90
	买房	108	4.305 6	1.114 55	0.107 25
归属感	租房	26	2.653 8	0.977 44	0.191 69
	买房	108	4.222 2	1.334 89	0.128 45

表 4-9 方差齐性检验与 T 检验表

		方差方程的 Levene 检验		均值方程的 T 检验					差分的 95% 置信区间	
		F	Sig.	T	df	Sig.（双侧）	均值差值	标准误差值	下限	上限
性别	假设方差相等	1.737	0.190	-2.293	132	0.023	-0.246 44	0.107 49	-0.459 06	-0.033 82
	假设方差不相等			-2.317	38.456	0.026	-0.246 44	0.106 35	-0.461 64	-0.031 24
年龄	假设方差相等	0.000	0.992	-0.933	132	0.352	-0.168 80	0.180 84	-0.526 51	0.188 91
	假设方差不相等			-1.018	42.517	0.314	-0.168 80	0.165 78	-0.503 25	0.165 64
婚姻状况	假设方差相等	0.051	0.822	-0.700	132	0.485	-0.081 91	0.117 05	-0.313 44	0.149 63
	假设方差不相等			-0.728	39.857	0.041	-0.081 91	0.112 52	-0.309 35	0.145 53
子女数量	假设方差相等	0.089	0.766	-0.581	132	0.563	-0.094 73	0.163 16	-0.417 48	0.228 03
	假设方差不相等			-0.587	38.483	0.561	-0.094 73	0.161 34	-0.421 20	0.231 74
年收入	假设方差相等	0.134	0.715	-3.969	132	0.000	-1.108 26	0.279 21	-1.660 57	-0.555 95
	假设方差不相等			-4.065	39.077	0.000	-1.108 26	0.272 65	-1.659 71	-0.556 82
户籍	假设方差相等	0.169	0.682	-0.604	132	0.547	-0.153 13	0.253 58	-0.654 74	0.348 47
	假设方差不相等			-0.611	38.508	0.545	-0.153 13	0.250 60	-0.660 24	0.353 97
可承受价格	假设方差相等	0.113	0.738	3.339	132	0.001	0.667 38	0.199 87	0.272 02	1.062 73
	假设方差不相等			3.636	42.415	0.001	0.667 38	0.183 54	0.297 09	1.037 67
房屋品质	假设方差相等	1.856	0.175	-10.134	132	0.000	-1.843 30	0.181 90	-2.203 12	-1.483 49
	假设方差不相等			-11.226	43.491	0.000	-1.843 30	0.164 20	-2.174 34	-1.512 27
住区环境	假设方差相等	1.742	0.141	-9.753	46.953	0.079	-2.975 9	0.164 26	-1.352 6	-1.536 2
	假设方差不相等			-15.976	142	0.000	-1.463 6	0.136 84	-2.076 9	-1.737 8
社会权利	假设方差相等	10.702	0.001	-9.073	132	0.000	-1.686 61	0.185 90	-2.054 34	-1.318 88
	假设方差不相等			-10.845	49.258	0.000	-1.686 61	0.155 52	-1.999 10	-1.374 12
稳定性	假设方差相等	20.081	0.000	2.616	132	0.010	0.579 06	0.221 39	0.141 14	1.016 98
	假设方差不相等			4.638	127.621	0.000	0.579 06	0.124 84	0.332 04	0.826 08
归属感	假设方差相等	6.527	0.012	1.550	132	0.124	0.431 62	0.278 50	-0.119 29	0.982 53
	假设方差不相等			1.871	50.130	0.010	0.431 62	0.230 75	-0.031 82	0.895 07

根据表 4-8 和表 4-9 研究结果所示，首先从性别上来说，选择租房样本的性别均值为 1.346 2，买房样本的均值为 1.592 6。由 T 检验可知，在方差的 Levene 检验中 F 值为 1.737，Sig. 为 0.190，表示两方差不齐，故 T 检验的结果表中看第二排的 Sig 值为 0.026，说明选择两样本之间在性别上存在显著性差异。从均值可知，选择买房的样本中女性多于男性。

同理,在年龄上,选择租房样本的均值为1.6923,选择买房样本的均值为1.8611,独立样本T检验结果显示两样本的统计无显著性差异。

在婚姻状况上,选择租房样本的均值为1.5385,选择买房样本的均值为1.6204,由T检验值可知两样本在婚姻状况上存在显著性差异,选择买房的样本已婚的多于未婚的。

在子女数量上,选择租房样本的均值为1.6923,选择买房样本的均值为1.7870,由T检验值可知两样本在子女数量上不存在显著性差异。

在家庭年收入方面,选择租房样本的均值为2.5769,选择买房样本的均值为3.6852,由T检验值可知两样本在家庭年收入因素上存在显著性差异,从均值可知,选择买房的样本中年收入高的多于年收入低的。

在户籍方面,选择租房的样本均值为2.1154,选择买房的样本均值为2.2684,由T检验值可知两样本间在户籍因素上不存在显著性差异。

在可承受房价上,选择租房的样本均值为2.7692,选择买房的样本均值为2.1019,由T检验值可知两样本在可承受房价上有显著性差异,从均值可知,选择买房样本可承受的房价显著大于选择租房的样本。

在房屋品质认可度方面,选择租房样本的均值为1.7308,选择买房样本的均值为3.5741,由T检验值可知两样本在房屋品质认可度上存在显著性差异,从均值可知,选择买房样本对买房可享受更好房屋品质的认可度显著大于选择租房样本。

在住区环境的认可度方面,选择租房样本的均值为1.7308,选择买房样本的均值为3.5741,由T检验值可知两样本在住区环境认可度上存在显著性差异,从均值可知,选择买房样本对买房可享受更好住区环境的认可度显著大于选择租房样本。

在社会权利认可度方面,选择租房样本的均值为1.9615,选择买房样本的均值为3.6481,由T检验值可知两样本在社会权利认可度上存在显著性差异,从均值可知,选择买房样本对买房可享受更好社会权利的认可度显著大于选择租房样本。

在稳定性认可度上,选择租房样本的均值为2.8846,选择买房样本的均值为4.3056,由T检验值可知两样本在稳定性认可度上有显著性差异,从均值可知,选择买房样本对买房更稳定的认可度显著大于选择租房样本。

在归属感认可度上,选择租房样本的均值为2.6538,选择买房样本的均值为4.2222,由T检验值可知两样本之间在归属感认可度上存在显著性差异,从均值可知,选择买房样本对买房更有归属感的认可度显著大于选择租房样本。

所有调研城市数据两样本间差异的显著性分析见表4-10。

表4-10 样本差异显著性因素统计分析汇总表

调研城市	存在显著性差异的因素
北京	性别、年龄、婚姻状况、年收入、户籍、可承受房价、房屋品质、社会权利、归属感

续表

调研城市	存在显著性差异的因素
上海	婚姻状况、年收入、户籍、可承受房价、房屋品质、社会权利、归属感
南京	婚姻状况、年收入、户籍、可承受房价、住区环境、社会权利、稳定性、归属感
苏州	性别、年龄、子女数量、年收入、户籍、可承受房价、房屋品质、社会权利、稳定性
常州	性别、年龄、婚姻状况、子女数量、年收入、可承受房价、房屋品质、稳定性、归属感
台州	性别、年龄、婚姻状况、子女数量、年收入、可承受房价、住区环境、稳定性、归属感
金华	性别、婚姻状况、子女数量、年收入、可承受房价、房屋品质、稳定性、归属感
盐城	性别、年龄、婚姻状况、子女数量、年收入、可承受房价、住区环境、稳定性、归属感
丹阳	性别、年龄、婚姻状况、子女数量、年收入、可承受房价、房屋品质、住区环境、稳定性
安阳	性别、年龄、婚姻状况、年收入、可承受房价、房屋品质、稳定性

2. 研究性统计分析

（1）影响因素回归分析。

本章利用 SPSS 对居民租买选择模型进行二元 Logistic 回归分析，解释变量回归值的正负对被解释变量具有重要的意义。当解释变量的回归结果不显著，则认为该变量对对数发生比不产生影响；当解释变量统计结果存在显著性且回归系数符号为正时，表明若其他变量不变，此变量数值增加则对数比增加；当解释变量统计结果存在显著性且回归系数符号为负时，表明其他变量不变的情况下，次变量的数值增加会引起对数发生比的减小。

根据模型拟合指标 -2 对数自然值、Nagelkerke R_2 检验，Nagelkerke R_2 均大于 0.3，且大多大于 0.5；同时模型方程的似然比检验的 Sig. 值约等于 0，卡方值均大于自由度为 50 的检验值 67.505，这说明模型拟合度很好。调研城市 Logistic 模型估计汇总结果见表 4-11，不同城市显著性影响因素分析汇总结果见表 4-12。

表 4-11 调研城市 Logistic 模型估计汇总表

影响因素	北京		上海		南京		苏州		常州	
	B	Wals	B	Wals	B	Wals	B	Wals	B	Wals
性别	4.204	0.839	−0.409	1.247	0.957	2.624	1.864	2.797	1.725*	4.735
年龄	2.063	1.964	3.336	3.643	−2.053	0.079	1.832	3.042	1.847	3.526
婚姻状况	2.713*	4.739	3.751	1.479	0.736*	4.337	3.007	3.625	2.121	3.052
子女情况	4.261	3.185	5.618	2.795	1.806	1.038	2.773	1.925	1.424*	5.928
家庭年收入	3.611*	5.045	0.008*	5.473	2.068	3.735	3.859*	5.185	3.153*	6.711
户籍	1.442**	8.854	1.263*	5.721	0.366**	10.053	0.847**	6.943	1.075*	6.335
可承受房价	0.486**	8.574	2.457**	9.841	2.725**	7.749	1.033**	7.737	2.417*	5.813

续表

影响因素	北京 B	北京 Wals	上海 B	上海 Wals	南京 B	南京 Wals	苏州 B	苏州 Wals	常州 B	常州 Wals
房屋品质	2.732**	8.174	1.581*	4.853	1.249*	5.842	4.142*	4.817	3.991**	9.061
住区环境	2.732*	5.041	1.581*	3.925	1.249	2.637	4.142	2.515	3.991*	4.749
子女受教育资源	4.062**	9.463	1.97**	7.248	2.872**	8.514	1.064**	8.023	2.041**	10.867
稳定性	−0.725	2.445	−1.936	0.078	5.732*	1.255	2.715*	4.629	1.683	3.537
归属感	1.529	0.964	0.959	1.219	0.014	1.951	−4.083	0.653	6.022	2.758
常量	7.648	2.853	12.748	0.013	−4.840	2.959	1.163	1.964	8.064	0.098
−2 对数自然值	271.852		238.737		254.863		294.013		304.863	
Nagelkerke R_2	0.650		0.509		0.852		0.647		0.424	
卡方值	159.032		170.642		168.744		148.573		164.743	
显著性概率	0.000		0.000		0.000		0.000		0.000	

影响因素	台州 B	台州 Wals	金华 B	金华 Wals	盐城 B	盐城 Wals	丹阳 B	丹阳 Wals	安阳 B	安阳 Wals
性别	1.075*	6.537	2.006	2.065	0.746	3.019	1.353**	7.583	1.637*	4.633
年龄	2.864	3.637	1.968**	7.078	2.548*	5.437	2.948**	6.156	0.486*	6.943
婚姻状况	3.910	3.036	2.043*	4.046	1.068*	5.139	1.397	2.359	1.375*	5.026
子女情况	2.427**	8.012	2.754	3.028	2.836	1.359	0.863	3.046	1.642	1.374
家庭年收入	3.067	4.006	3.967*	5.262	3.681	2.961	2.047	2.131	3.326*	4.807
户籍	0.574*	6.385	9.707**	6.072	6.033*	5.819	0.864	3.994	2.957	1.357
可承受房价	2.836*	5.978	3.864*	5.931	2.943	0.947	3.029*	5.906	1.976	2.847
房屋品质	3.975*	9.653	2.975*	3.846	3.327**	7.317	2.867**	7.043	2.071	3.935
住区环境	3.975*	5.709	2.975*	4.463	3.327**	8.964	2.867*	5.323	2.071**	7.015
子女受教育资源	6.831*	4.916	−2.043*	4.914	8.005*	4.963	4.075*	4.192	1.057	3.381
稳定性	2.541	2.203	2.876*	1.025	0.835*	4.036 1	0.839**	6.718	2.442**	8.319
归属感	1.065*	4.862	4.083	2.163	1.053**	2.378	5.213	2.902	4.015*	5.711
常量	2.467	0.229	−11.085	1.064	0.467	1.031	−3.062	3.522	3.559	0.085
−2 对数自然值	306.526		261.075		289.473		263.913		247.805	
Nagelkerke R_2	0.672		0.774		0.452		0.683		0.564	
卡方值	168.832		173.053		159.425		166.946		163.936	
显著性概率	0.000		0.000		0.000		0.000		0.000	

注：* 表示在 0.05 的统计水平显著；** 表示在 0.01 的统计水平显著。

表 4-12 不同城市显著性影响因素统计分析汇总表

调研城市	居民租买选择显著性影响因素
北京	可承受房价、房屋品质、社会权利、子女数量、年收入、工作年限、户籍
上海	可承受房价、房屋品质、社会权利、婚姻状况、子女数量、年收入、户籍
南京	可承受房价、房屋品质、社会权利、归属感、婚姻状况、年收入、户籍
苏州	可承受房价、房屋品质、社会权利、稳定性、年龄、子女数量、年收入、工作年限、户籍
常州	可承受房价、房屋品质、归属感、性别、婚姻状况、子女数量、年收入、职业
台州	可承受房价、房屋品质、稳定性、归属感、性别、年龄、婚姻状况、子女数量、年收入
金华	可承受房价、房屋品质、稳定性、归属感、婚姻状况、子女数量、年收入、工作年限
盐城	可承受房价、房屋品质、稳定性、归属感、性别、年龄、婚姻状况、子女数量、年收入
丹阳	可承受房价、房屋品质、稳定性、性别、年龄、婚姻状况、子女数量、年收入
安阳	可承受房价、房屋品质、稳定性、归属感、性别、年龄、婚姻状况、年收入、职业

(2) 影响因素重要性排序。

基于住房租买效用差异,问卷中将除去性别、年龄、婚姻状况、子女状况、家庭年收入的其他相关住房效用的变量设置为多选题目(您认为影响您买房/租房的因素按重要性排序)。一方面将这些因素的影响程度进行排序,另一方面影响因素的重要性可一定程度验证 Logistic 回归模型中影响因素呈现的显著性。

① 微观因素影响程度排序。

以南京市调研结果为例进行分析,见表 4-13。

表 4-13 南京市居民租买选择影响因素汇总表

影响因素	第一项	第二项	第三项	第四项
房屋品质	37	38	36	42
住区环境	28	33	41	29
房屋价格	43	41	37	31
归属感	2	4	3	4
稳定感	6	6	5	12
教育资源	41	49	38	45
户籍	52	39	43	36

利用影响指数公式可计算南京市居民租买选择影响因素及影响指数大小排序见表4-14。

表4-14 南京市居民租买选择影响因素及影响指数大小排序表

排　序	影响因素	影响指数
1	户籍制度	0.801 8
2	子女受教育资源	0.758 9
3	房屋价格	0.721 1
4	房屋品质	0.717 3
5	住区环境	0.706 1
6	归属感	0.488 1
7	稳定感	0.407 9

同理，可计算十个调研城市居民租买选择影响因素指数汇总见表4-15。

表4-15 调研城市居民租买选择影响因素（微观）指数汇总表

影响因素	北京	上海	南京	苏州	常州	金华	台州	盐城	安阳	丹阳
房屋品质	0.770 8	0.704 2	0.717 3	0.638 7	0.786 3	0.688 2	0.891 3	0.646 3	0.584 5	0.508 4
住区环境	0.641 9	0.681 3	0.706 1	0.596 4	0.502 2	0.529 6	0.734 2	0.826 3	0.706 9	0.714 3
子女受教育资源	0.695 9	0.879 4	0.758 9	0.683 6	0.677 9	0.775 6	0.493 6	0.737 2	0.528 3	0.535 7
房屋价格	0.693 8	0.814 0	0.721 1	0.727 4	0.641 8	0.695 0	0.625 0	0.566 7	0.530 3	0.475 5
归属感	0.447 9	0.350 0	0.488 1	0.533 3	0.533 3	0.594 1	0.500 0	0.666 7	0.615 9	0.539 0
稳定感	0.423 1	0.314 6	0.407 9	0.583 3	0.342 1	0.558 6	0.525 1	0.791 7	0.572 9	0.565 9
户籍制度	0.678 6	0.724 2	0.801 8	0.663 6	0.589 1	0.641 3	0.570 3	0.603 8	0.476 2	0.397 4

② 宏观因素影响程度排序。

本调研中涉及的影响因素从宏观分析（不考虑家庭人口特征因素）可分为房屋品质、社会权利、文化心理因素、经济因素、户籍制度。针对题目（若不考虑家庭经济条件，改变下面哪个选项会使您改变租房/买房的选择），对调研数据进行概率计算，得到表4-16数据。

表4-16 调研城市居民租买选择影响因素（宏观）指数汇总表

影响因素	北京	上海	南京	苏州	常州	金华	台州	盐城	安阳	丹阳
房屋品质	24.3%	23.4%	26.4%	25.7%	29.2%	28.3%	36.1%	39.2%	36.7%	27.7%
社会权利	35.2%	33.7%	38.2%	31.2%	27.3%	33.5%	28.6%	20.8%	22.2%	23.8%
文化心理因素	10.9%	11.7%	8%	16.2%	21.1%	20.5%	24.2%	23.7%	31.7%	38.2%
经济因素	—	—	—	—	—	—	—	—	—	—
户籍制度	28.8%	28.2%	27.4%	26.9%	22.4%	17.7%	11.1%	6.3%	9.4%	8.3%

4.5.3 住房租买选择差异调研相关分析

1. 居民租买意愿分析

（1）有意愿买房的居民远多于租房的居民，整体来看，十个城市全部居民样本中选择买房的所占比例均在68%以上。

（2）保障群体的租买意愿并没有因为收入较低而明显倾向于租房。十个城市保障群体样本中选择买房的比例为49%～82%。

（3）调研群体中居民选择租房的主要原因是经济条件不允许。

2. 租买选择影响因素分析

根据样本的描述性统计分析，可以发现不同城市中倾向于买房和租房的人的特征上大多存在显著性差异。综合分析，从家庭属性因素分析，年龄越大、已婚、收入较高、职业稳定的居民更倾向于买房；相反则选择租房的概率更大。从其他影响因素来看，可承受房价较高的、认为买房比租房能享受更好的房屋品质和社会权利、买房更有归属感、稳定感的居民更倾向于买房。下面根据研究性统计的数据结果对影响因素进行分析描述。

（1）影响因素重要程度排序。

① 对于北京、上海、南京这类城市，年收入、户籍、可承受的房价、租房和买房享受的房屋品质、住区环境、子女受教育资源为显著性影响因素，其中影响最显著的是可承受的房价、子女受教育资源、户籍。这些因素之所以为显著性影响因素，一是因为这类城市房价较高，供需矛盾较大，大量居民面临巨大的购房和生活压力。二是因为目前这些城市现行的住房制度中对非本地户籍居民限制较多，不利于该群体购房。例如，在许多城市中公租房的准入条件、经济适用房申请购买条件中都限定只有拥有城镇常住户口的居民才可以申请，购买商品房也规定了只有城镇常住户口人员或提供一定年限纳税证明的非城镇户籍人员才可以购买商品房。此外，在户籍与住房产权挂钩的城市，因户籍与一系列经济、政治利益相关，如子女的教育、部分工作任职资格等，使得户籍对此类城市居民的住房租买选择影响很大。三是这类城市家庭相比更重视子女教育，而优质教育资源相对较少。四是因城市流动人口数量较大，外来人口对居住稳定性的要求相对当地人口会比较低。

② 对于盐城、安阳、丹阳这类城市，性别、年龄、婚姻状况、租房和买房享受的房屋品质、住区环境、稳定性、归属感为显著性影响因素，其中，房屋品质、住区环境、稳定性因素的影响最为显著。因为这类城市户籍与政治、经济利益相关性较小，且教育资源相对较多，因此，子女受教育资源和户籍因素并不显著影响租买选择意愿。同时，外来人口较少，大多为本地居民，他们对稳定感和归属感的要求则比较高。此外，这些城市房价相对较低，因此大部分居民的购房压力比较小。

③ 对于苏州、常州、台州、金华这类城市，性别、年龄、子女数量、年收入、可承受的房价、租房和买房享受的房屋品质、住区环境、子女受教育资源为显著影响因素，其

中房屋品质、可承受房价、子女受教育资源、户籍的影响最显著。此类城市处于前面两类城市之间,房价虽然相对北京、上海低很多,但居民收入也相对较低,因此购房压力也比较大;居民对子女教育也较为重视,户籍制度带来的社会权利差异也较大,因此子女受教育资源和户籍对租买选择影响也比较显著。

(2) 影响因素重要性排序。

① 对于北京、上海、南京这类城市,教育资源、房屋价格、户籍制度为主要影响因素,房屋品质、住区环境为次要影响因素。相关因素重要性和 Logistic 回归分析结果大致保持一致,北京的房屋品质因素对于租买选择的影响大于户籍制度的影响,主要因为北京品质较好的房屋总量难以满足巨大的住房需求,还有很多居民尤其是"北漂"目前居住的环境较差。此外,北京和上海并没有"买房落户"的政策,一定程度上削弱了户籍制度对住房租买选择的影响。

② 对于苏州、常州、台州、金华这类城市,房屋品质、教育资源、房屋价格为主要影响因素,户籍制度、住区环境为次要影响因素。相关因素重要性和 Logistic 回归分析结果也大致保持一致,苏州、常州的户籍制度对居民租买选择的影响大于金华和台州,说明在苏州、常州居民的住房选择中,由于户籍带来的相关利益对居民租买选择发挥着更大的影响。

③ 对于盐城、安阳、丹阳这类城市,房屋品质、住区环境、归属感和稳定感为主要影响因素,教育资源为次要影响因素。相关因素重要性和 Logistic 回归分析结果也大致保持一致,房屋品质、住区环境很大程度上影响居民的租买选择,说明这些城市自有住房和租赁住房的品质差异较大,一定程度上反映了租赁市场不规范、不完善的问题。

④ 此外,从指数数值分析,南京和苏州具有一定的共性,综合分析,这与两个城市整个房地产现状、房价收入比和部分对居民住房租买选择影响较大的住房政策相似有关。

综合分析,调研城市居民租买选择影响因素汇总分析见表 4-17。

表 4-17 调研城市居民租买选择影响因素汇总表

调研城市	显著性影响因素	主要影响因素(微观)	主要影响因素(宏观)
北京、上海、南京	可承受的房价、租房和买房享受的房屋品质、租房和买房享受的社会权利、归属感、婚姻状况、年收入、户籍制度	房屋品质、小区品质、教育资源、与户籍相关社会保障、房屋价格	社会权利、户籍制度
苏州、常州、台州、金华	可承受的房价、租房和买房享受的房屋品质、性别、年龄、子女数量、年收入、工作年限	房屋品质、小区品质、与户籍相关社会保障/教育资源、房屋价格	房屋品质、户籍制度/社会权利
盐城、丹阳、安阳	可承受的房价、租房和买房享受的房屋品质、稳定性、归属感、性别、年龄、婚姻状况、年收入	房屋品质、小区品质、商业配套/区位自然环境、稳定性/归属感	房屋品质、文化心理因素

4.6 差异成因分析及住房保障方式精准化对策研究

4.6.1 住房租买选择差异成因分析

通过以上对居民住房租买选择意愿、显著性影响因素和重要性的研究，结合调研过程和房地产市场现状，可以发现目前我国住房制度存在一定问题，这从一定程度上解释了居民住房租买意愿及影响因素存在差异的原因。

1. 租买不同权引起的住房效用差异

根据对已有的关于租赁住房与自有住房服务品质差异型相关文献的整理，并结合我国房地产市场现状，可以发现自有住房无论是住宅品质、小区的物业管理水平、配套设施状况、区位公共设施资源及可及性还是邻里特征等都优于租赁住房。调研过程中部分居民反映从租赁市场中很难享受到自有住房的较高服务品质，这种住房服务品质的差异很大程度上影响着居民的租买意愿，造成了住房租买选择的差异。

2. 户籍制度引起的权利差异

户籍制度在设立之初便对城市居民和农村居民进行了区分，拥有不同户籍的居民享有的社会福利也不同，而且当时人口的城乡流动和迁移也被限制。1978年以后，随着经济的发展和改革开放的不断深入，人口的流动一定程度上突破了户籍制度对人口流动的限制。到1990年代，户籍制度的改革使依附于户籍的资源和社会权利分配得到了一定调整，户籍被赋予的社会权益逐渐被弱化。但当时的户籍制度改革并不彻底，许多影响居民根本性利益的约束并没有消除。虽然为人口流动创造了条件，但没有解决人口迁移所需的基本条件。到目前为止，户籍制度仍渗透在人们生活中，住房、教育、医疗、社会救济等公民权益迄今为止仍然受到户籍制度的制约。

户籍制度与住房的直接相关则体现在我国许多城市现行的住房制度中对非城镇户籍人员限制较多，不利于该群体购房。例如，在公租房准入条件、经济适用房申请购买条件中只有拥有城镇常住户口居民才有资格申请住房保障；在购买商品房的相关条例当中，也明确规定了只有城镇常住户口人员或提供一定年限纳税证明的非城镇户籍人员才能购买商品房等。

3. 传统住房观念的影响

由于传统的东方文化中居住观念的影响，人们普遍意愿拥有固定住所和邻里关系，认为住房可以带给自身的归属感和稳定感，此外还将住房作为社会身份和财富的象征等，这些富有东方文化特色且长久存在的因素对我国居民的住房租买选择行为产生着重要的影响，使得居民更倾向于购买住房。

4.6.2 基于租买意愿与差异成因的住房政策问题精准化探析

1. 基于租买意愿的住房保障政策问题

通过调研可以发现，虽然不同城市影响居民租买意愿的因素存在差异，但调研城市的居民都倾向于买房，连在住房保障范围内的居民也并没有因为经济原因放弃买房。对于中低收入的住房困难家庭，我国经过近二十年的实践，初步确立了多层次、较完备的保障性住房体系，为解决中低收入家庭的住房问题做出了重要贡献。从整体上来看，保障成效主要表现在保障性住房体系的初步建立、保障覆盖面的不断扩大，然而，从保障人群的住房租买意愿来看，住房保障制度在保障范围、保障方式、保障效率等方面仍存在一定的问题。

(1) 住房保障的供需矛盾日益突出。

近几年，很多城市大规模集中建造保障性住房，保障房的规划建设、分配和运行过程却出现了一定的问题。根据中华人民共和国审计署2012年公布的数据显示，全国的保障性住房约有20%的空置率，部分地区的空置率高达50%；而有些城市尤其是一线城市，保障性住房的供需缺口仍在持续扩大，保障房规模相对需求总量仍然偏小，住房困难群众的住房需求仍得不到有效缓解。一边是中低收入住房困难家庭"望房兴叹"，一边是大量保障房空置"遇冷"，这意味着保障性住房的供给出现了错配，使得大量保障房没有发挥真正的保障作用，这种供需矛盾不仅造成了资金、土地等资源的浪费现象，同时严重影响了住房保障的有效性。

(2) 住房保障的方式仍待优化。

目前我国住房保障的方式主要有货币补贴和实物保障。应根据不同方式的保障作用选择保障方式，针对不同城市房地产市场发展状况、政府财政水平，以保障群体的住房需求为立足点进行有效供应。目前我国的住房保障多呈现"一刀切"的现状，并没有根据城市间差异进行保障方式的选择。

从保障房的类型来看，可分为配租型保障房和配售型保障房。中低收入群体在接受住房保障时，同样面临"买房"和"租房"的选择。对于偏向于产权式保障房且收入相对较高的住房困难家庭，通过配售型保障房满足其需求，除此之外的住房困难群体，通过配租型保障房对其进行保障。目前有些城市受政府财力的限制，开始减少甚至停止配售型保障房的建设，保障房类型单一使得供应体系没有形成梯次过渡的保障，难以满足收入较高且倾向于产权式保障的大量保障群体。

因此，对于中国各地正在推行或拟议中的保障性住房类型——配租型和配售型保障房，以及住房保障方式——实物保障和货币补贴或者两者某种程度组合的方式，究竟哪种类型和方式更有效率？不同的城市、不同的房地产市场状况又该采取怎样的保障方式才能减少住房资金的浪费，提高居民整体的福利水平？这已成为住房保障政策制定中亟须解决的问题。

2. 基于差异成因的相关政策问题

（1）租赁市场发展落后。

住房效用的差异很大程度上是因为我国住房租赁市场的发育程度还很低。虽然近几年，我国的住房租赁市场发展迅速，但仍然存在一些问题，严重削弱了租赁住房的服务品质。

首先，有关住房租赁市场的相关立法仍不健全。目前，大多城市仍缺乏符合当地住房租赁市场的相应规章和实施细则，导致住房租赁市场的运作及管理工作的开展无章可循和无据可依。其次，对于租赁市场而言，目前的管理体制中租赁备案制度很难落实，大量租赁住房未办理备案手续，一定程度上加大了房屋租赁市场管理的难度。再者，对于租赁市场中的直接三大主体诚信问题较为严重，主要表现为：房东乱扣租户押金；房屋中介机构发布虚假广告；租户损坏屋内设施等。此外，由于我国房屋租赁中介市场准入门槛偏低，使得中介机构的数量虽多，但大多规模都较小、中介从业人员专业水平普遍偏低、行业恶性竞争严重，一定程度上造成了租赁市场的无序化运作。

（2）与住房相关的制度问题。

目前和住房有关的社会制度主要有"学区房"制度、城市"买房落户"制度和户籍制度。"学区房"制度使居民子女享受教育资源受到一定限制；户籍制度除对非当地户籍人员的购房和保障性住房申请的限制外，与其挂钩的一系列公共服务水平的差异也严重影响了租售并举的实现。因此，这些制度在一定程度上影响了住房租赁市场的进一步发展。

3. 有待改进的住房保障政策

我国住房保障政策在保障方式和保障房类型上还有待改进，反映了保障房的供给错配，一方面难以满足部分保障群体的住房需求，另一方面空置的保障房造成了社会资源的严重浪费。而且不同城市间的住房保障政策呈现不同的实施效果，面临着不同的具体问题，这在一定程度上加大了问题的解决难度，只有当地政府依据各地的实际情况制定相关政策才能真正做到科学有效的保障。

其他住房问题，如租赁市场发展落后、与住房相关的社会问题等，也严重阻碍了居民的住房需求，对居民的租买选择造成了很大的影响。一方面不能很好地满足中低收入群体的阶梯性住房消费，削弱了部分中低收入群体的社会福祉，不利于促进社会的公平；另一方面不利于我国住房市场的自我调节、实现健康可持续发展、构建完整的住房供应体系和相关配套政策的支持。

4.6.3 基于租买意愿的住房保障对策精准化研究

从调研结果可以看出，目前我国居民绝大多数的住房租买意愿为买房。对于房地产市场发达的城市居民住房租买选择,应为住房优势群体从市场中购买商品住房,收入较低的居民可以从市场上选择满足其住房需求的租赁住房,存在住房困难的群体则应通过保障性住房满足住房需求。基于需求层次理论,不同群体对住房的需求也是不一样的,对于住房困难家庭,住房是满足安全、生理需要的基本物质保障;对于住房优势群体,住房还是社会地位和个人价值的象征。因此,产生了两个层面的住房权保障。

对于大多数国家来说,如何通过经济、行政、法律手段完善市场竞争机制、调控居民收入分配、将房价收入比控制在合理范围之内,使社会上大多数居民的住房权可以通过市场手段实现,并使其不同层次的住房需求得以满足,这是第一层次的保障;对住房困难的特殊群体提供住房补贴、建设公共住房的社会保障手段,是第二层次保障。所以,广义上住房保障分为市场和社会两种保障类型。针对住房租买选择差异的原因分析,本章主要从满足居民住房意愿的角度出发,结合相关原因对住房保障制度和其他相关配套政策提出相关对策。

1. 住房保障基本原则

(1) 居民住房可支付能力的原则。

在市场化住房资源分配制度下,居民的住房可支付能力是反映其住房消费状况和压力的重要指标,在各地制定住房制度过程中,要充分结合当地居民的住房可支付能力,为其提供可承受范围内的住房保障,切实发挥其保障作用。

(2) 住房保障的层次性。

住房保障制度的建立和实施,应根据保障对象的不同需求采取相应的保障方式和水平,充分反映出层次性。对于相对收入较高居民的住房需求通过市场宏观调控和监管,对住房困难的家庭通过不同的保障方式提供不同类型的保障房,建立满足不同收入阶层住房支付能力的、分层次的住房保障体系。

(3) 住房保障应基于城市房地产发展状况。

在房地产市场发展的不同阶段,会呈现不同的市场景象。目前我国许多城市住房存量较高,造成了社会资源的严重浪费;有些城市房价高,给居民的住房带来了巨大压力,住房保障的需求范围也相对较大;不同城市保障群体的住房租买意愿也存在差异,因此住房保障应根据不同城市具体情况,在政府财力满足的情况下适当扩大保障范围,充分考虑保障人群的住房需求,灵活处理存量房以降低住房空置率,提高住房保障的效率。

2. 住房保障相关对策

从一些地区住房保障情况来看,主要采取"限销售对象、限房价、限套型、限转让、限销售方式、竞地价"的出让方式来保障自住购房需求;绝大部分住房保障以货币安置的形式保障到户,其中作为公共租赁住房适用群体的低收入家庭、中等偏下收入家庭及新就业人群约占货币安置中的四分之一,由此可见公共租赁住房货币安置工作正在稳步推进。

从近些年我国住房保障的实施效果来看,目前我国部分城市存在保障范围覆盖较小和保障房空置率高的现象,一定程度上反映了保障房的配置错位。究其原因,不同城市的经济因素、居民收入水平、居民住房权属偏好、住房保障政策等都存在一定差异性。因此,针对供需总量和供需结构不均衡等现状,首先,同一城市应针对住房困难群体经济情况以及住房租买意愿提供不同的保障房类型和保障方式,建立适应不同收入水平居民住房支付能力的、分层次的住房保障体系,完成住房保障的"供给侧改革",并充分利用现有住房存量,增加居民的入住率。其次,不同城市应分城精准施策,避免出现"一刀切"的现象。要想做到住房政策的科学合理并施之有效,并不在于制定实施形式上的分城施策或是一城一策,而应从保障群体的住房需求入手,真正制定出适应不同城市的住房保障政策。

现结合不同城市各自的情况和居民的住房租买意愿,从保障房类型和保障方式给出相关对策。对于保障房类型,根据调研结果绝大多数居民的租买意愿为买房,即倾向于拥有产权式住房,所以在住房需求量大的一线甚至部分二线城市都应增加配售型保障房的供应;保障方式上各城市应根据市场性质科学确定实物配租/配售和货币补贴的比重,建立多层次、多样性的保障性住房体系。

(1) 对于北京、上海、南京这类城市,住房的库存压力小且供需矛盾大,一些低收入住房困难家庭并没有被列入住房保障的人群,而很多中低收入甚至中高收入人群仍无力购买商品房,同时又很难从市场中租到满意的住房,因此应合理扩大保障范围并采取配租型保障房和配售型保障房共举、实物保障和货币补贴相结合的方式进行保障。

(2) 对于苏州、常州、金华这类库存压力较小、供需矛盾较大的城市,一些低收入住房困难家庭也没有被列入住房保障的人群,同时存在一部分中低收入甚至中高收入人群无力购买商品房,因此也应合理扩大保障范围并采取配租型保障房和配售型保障房共举、实物保障和货币补贴相结合的方式进行保障。

(3) 对于盐城、丹阳这类库存压力大、供需矛盾小的城市,市场中存量房较多,库存压力大,配租型保障房和商品房可满足绝大多数人的住房需求,因此应采取配租型保障房、实物保障和货币补贴相结合的方式进行保障。不同城市的保障方式具体对策见表 4-18。

表 4-18 不同城市住房保障对策表

调研城市	住房市场状况(客观、非调研)	保障对策
北京、上海、南京	买房意愿较大; 库存压力小; 供需矛盾大	1. 配租型保障房和配售型保障房共举 2. 采取实物保障和货币补贴相结合的方式: 配租型保障房以实物配租为主,货币补贴为辅; 配售型保障房以实物配售为主,货币补贴为辅

续表

调研城市	住房市场状况（客观、非调研）	保障对策
苏州、常州、台州、金华	租买意愿处于 A 类与 C 类之间； 库存压力较小； 供需矛盾较小	1. 配租型保障房和配售型保障房共举 2. 采取实物保障和货币补贴相结合的方式： 配租型保障房以实物配租为主，货币补贴为辅； 配售型保障房以货币补贴为主，实物配售为辅
盐城、丹阳、安阳	租房意愿较大； 库存压力大； 供需矛盾小	配租型保障房，采取实物配租和货币补贴相结合的方式

4.6.4 基于差异成因的相关配套对策精准化研究

为更好地满足居民的住房需求，除了对住房保障政策进行合理科学规划外，还需要通过完善住房市场的相关配套措施，为保障性住房政策提供支撑。

1. 市场租赁住房相关对策

住房租赁市场是房地产市场的重要组成部分，租赁住房可以满足部分购房支付能力较低的居民在一定阶段的住房需求，因而也是社会保障制度的重要组成部分。调研结果显示，那些年轻、未婚、收入水平低、工作不稳定的居民更倾向于租房，因而租赁住房是相当多的家庭在生命周期特定阶段更为合适的选择，对于此类群体的住房问题仍需要通过租赁市场解决。而目前租赁住房的服务品质普遍比自有住房差，这是制约居民选择租房的重要因素。因此，政府应当大力培育住宅租赁市场，通过对小区内部环境和设施的完善、周边公共基础配套设施的建设和改进以及对老旧小区房屋主体的修缮等方式，增加租赁者居住的满意度，同时应加大对一线及部分二线城市住房租赁市场的监管力度，促进租赁中介业务的规范化，以提高租赁住房的服务品质，培育一个发达、完善、规范的住房租赁市场，这对满足我国居民住房租买意愿、改善住房供应结构、实现住房梯度消费、促进住房保障制度的完善具有重要意义。

2. 户籍制度相关对策

目前我国许多城市的流动型高素质人才及新生代农民工等群体，因定居工作城市的预期而更倾向于买房，但受到了户籍制度的很大制约，异地购房限制颇多。应对现有政策加以适当调整。目前，城乡人口流动和迁移是我国快速城镇化、工业化改革的必然趋势，一定程度上是劳动资源和社会资本在市场作用下的优化配置，不应受到过分的限制和抑制。如果未来的人口政策能逐步弱化户籍制度的影响，将在很大程度上消除租买选择的差异。

3. 教育资源相关对策

随着城市中心区住房的逐渐老化,许多城市中心区的周边环境也在不断恶化,但地段的优势并未降低中心区的房价。对于城市的新建城区,虽然其较低的房价、相对优质的居住条件和自然环境吸引了越来越多的居民,但由于优质教育资源大都分布在中心区,导致"学区房"一房难求。因此,为了满足更多家庭的优质教育资源需求,应发挥政府的作用加大教育的资金投入,将优质教育资源均等化,以提高城市的整体教育资源水平,会在一定程度上减轻学区房带来的租买差异。

综上所述,不同城市的住房市场相关配套对策见表4-19。

表4-19 不同城市的住房市场相关配套对策表

调研城市	影响因素重要性	相关配套对策
北京、上海、南京	1. 主要影响因素:社会权利、户籍制度 2. 次要影响因素:房屋品质、经济条件 3. 其他影响因素:文化心理因素	1. 重视"弱化户籍制度",保障居民与住房相关的社会权利 2. 发展完善租赁市场 3. 提高城市的包容性,加强人性化建设
苏州、常州、台州、金华	1. 主要影响因素:社会权利、户籍制度、房屋品质、经济条件 2. 次要影响因素:经济条件、房屋品质 3. 其他影响因素:心理因素	1. 发展完善租赁市场,同时关注"弱化户籍制度",保障居民与住房相关的社会权利 2. 提供城市的包容性及人性化建设
盐城、丹阳、安阳	1. 主要影响因素:房屋品质、经济条件/心理因素 2. 次要影响因素:社会权利/心理因素 3. 其他影响因素:户籍制度	1. 重视发展完善租赁市场 2. 保障居民与住房相关的社会权利

第 5 章
基于城市差异的住房保障面积精准化研究

第5章 基于城市差异的住房保障面积精准化研究

本章将从住房保障面积精准化研究的必要性和发展趋势入手,在确定研究思路的前提下,分析人均住房建筑面积,构建人均住房建筑面积预测模型,并以江苏省为例进行预测模型的试运行。然后,基于设计标准的最小保障面积、家庭生命周期的动态保障面积以及保障收入线的最大保障面积三种不同维度,进行住房保障面积精准化研究。最后,以设计标准为基础,家庭生命周期为依据,保障收入线为导向的原则,确定江苏省各城市配租型和配售型住房保障面积标准,然后得出结论并给予相关建议。

5.1 文献综述

5.1.1 国外文献综述

1. 关于住房面积标准的研究

关于适宜住宅面积标准,其他国家在实践中已经积累了很多经验,例如,日本和韩国制定了针对不同地区和不同家庭人口的住宅面积标准。标准的制定方法基本上局限于从建筑学角度提出的生活活动所需的合理空间,并根据各种空间的内在联系对它们进行合理的归并,然后进行面积的汇总。

20世纪80年代,曾经有一些文献涉及住宅标准问题,例如Follain等通过对城市居民的问卷调查等方法分析了韩国居民对住宅面积的支付意愿价格和实际价格的关系;Ravallion定量估测了雅加达实施住宅标准后对贫困阶层产生的影响等。然而,关于完善的适宜居住面积标准方法体系尚未建立。

适当的住房和温暖是人类基本需要,缺乏这些可能严重损害人们的健康。德国为低收入家庭提供津贴,补贴住房及供暖费用,保障他们的基本住房和供暖。同时,为了节约公共开支,受助人住房费用不能过高,只能选择满足基本生活条件的住房。

2. 关于家庭生命周期的研究

(1) 家庭生命周期模型。

家庭生命周期最初的雏形是1903年Rowntree用来解释贫困是如何产生的。在他对贫困的研究中发现,贫困与家庭所处的阶段有密切的联系。

基于市场学和消费者行为学特征,国外很多学者都根据自己的研究需要提出了各自的模式,但广泛运用于各种研究的主要有三类:GE模型、MS模型和WG模型。GE模型是Gilly和Enis定义的较完备模型,代表绝大多数家庭模式并包括一部分非传统家庭,涵盖美国家庭的97.18%。MS模型是Murphy和Staples增加了婚姻类别、有无子女等标准扩展后的13阶段模型,涵盖了部分离婚家庭,对美国家庭的辨识达到80.6%~82.8%。

WG模型是Wells和Gubar以家庭主人年龄和最小孩子年龄为变量建立的9个阶段模型，用于研究家庭生命周期中收入和资产在住房等用品方面的消费变化。

(2) 家庭生命周期对于住房需求的影响。

家庭生命周期对住房基本需求的影响属于人口学范畴，1989年Mankiw和Weil率先开始了用人口学方法研究住房市场，建立了以人口为因变量的"人口－住房价格"方程和"人口－住房需求"方程，即MW模型。Rossi研究表明家庭生命周期对居住迁移有影响，生命周期变化导致家庭结构变化使居住空间与家庭需求不契合，产生迁移行为。Simmons则认为人一生平均搬8~9次家，其中5次是因家庭生命周期的变化促使家庭迁居到更大的住房中。

5.1.2 国内文献综述

1. 关于住房面积标准的研究

郑正研究指出，居住面积标准也与一个国家、一个城市的经济发展水平、居住生活习惯以及城市化程度有着不可分割的联系。他认为我国城市的经济发展和城市化水平处在从第一类向第二类过渡的时期，当时（1999年）的住房建设目标是第二类标准，即城市化程度为40%~70%，人均国民生产总值超过1 000美元，其人均居住面积为8~15m²。

郑正研究指出，户均住宅面积标准的提高不应是盲目、无限制的，它受到我国土地资源状况和经济发展水平的制约，与我国城市居住水平现状、家庭人口构成、居民购房能力、居住生活行为需求及住房市场的需求密切相关。他提出合理确定和适当控制我国住宅套型面积标准，使之既适应30~50年内我国社会家庭结构、经济发展水平和居住生活的发展需求，又切合我国土地资源的承受能力；提倡建造住宅面积60~90m²、一室一厅、两室一厅和小三室两厅的住宅；鼓励一室一厅和两室一厅两个户型的可分可合设计；通过立法和经济手段，限制居住面积100m²以上的住宅建设。

朱建达研究指出，我国住宅供应市场化机制下的住宅建筑面积标准应是有计划的市场化；土地资源紧张的基本国情决定了必须控制住宅建筑面积标准；住宅功能的关键是要提高住宅设计与建设的水准而不是一味加大户型面积；我国百姓家庭的状况决定了住宅并非越大越好。同时，他建议经济实用型住宅中，两室一厅（两厅）的建筑面积控制在70~80m²，三室一厅控制在90m²左右；建议商品型住宅中，采用三室两厅或四室两厅，面积控制在100~150m²。

高晓路研究指出，住宅面积标准可分为保障性标准、税制标准、引导性标准等类型。保障性标准是基于最基本的生活需要而制定的具有社会保障性质的标准，主要依据来自健康、安全等方面的基本需求及政府保障能力的制约。制定不同类型的面积标准时，需要根据人口和家庭结构对居民家庭进行分类，还必须考虑不同城市在城市规模、地域气候、文化和生活习惯等方面的差异，需要通过分析因地制宜地制定符合本地实际的适宜住宅面积标准。

施梁研究指出，尽管现行《住宅设计规范》对各类普通住宅的套型面积均作了详细规定，但并没有明确提出人均住宅的指标规定或建议。城镇居民的平均收入水平远远高于乡村居民的平均收入水平，从经济条件或支付能力来说，城镇居民有条件得到比乡村居民更多的住房，而事实上却是城镇居民的住房面积水平普遍低于乡村居民的住房面积水平。他认为，未来我国城镇居民的住房面积水平可以超过日本的水平，但不宜超过英国的水平，建议定位在人均住房建筑面积 $35m^2$ 左右为宜。对于三口之家来说，一套建筑面积 $105m^2$ 左右的住房已是发达国家的居住概念了。

2. 关于家庭生命周期的研究

（1）家庭生命周期模型。

我国的学者对家庭生命周期的长度也做过研究，参考国外的研究成果，也立足于我国的国情。但他们的研究还不够深入，大多数分析仅停留在定性层面，没有准确的数据和完整的模型，结论缺乏说服力。

华中理工大学的刘欣在这一问题上有所突破。刘欣以经验资料为依据，运用定量方法描述家庭生命周期与家庭消费结构之间的数量关系。然后，在此基础上对二者之间的关系需求用社会学的理论解释，尝试建立二者之间关系的理论模式。

郭庆松认为处于家庭生命周期不同阶段的恩格尔系数的具体数值很难获得，因此仅从理论上定性描述家庭生命周期与确定家庭消费行为的其他三点因素即家庭消费热点指向、家庭消费方式、家庭消费模式的关系。

郭庆松、刘欣和王忠等人的研究都是直接应用 Glick 的模型，而 Glick 的模型对中国环境的解释能力是非常有限的，该模型不仅没有将中国普遍存在的主干家庭（占全部家庭的 21.37%）包括在内，而且只讨论了稳定的婚姻形态，对单亲家庭也没有加以考虑。

（2）家庭生命周期对住房需求的影响。

陈斌开等认为年龄与居民个人住房需求高度相关，个人住房需求随年龄变化呈现周期规律：个人住房需求在 20 岁后迅速上升，在 50 岁后逐渐降低。杨霞和徐邓耀提出家庭人口结构的变化是影响住房需求的重要因素，面积需求、户型需求都会因家庭结构不同而不同。他们还提出家庭规模、家庭结构、户主年龄等重要人口学指标直接影响到家庭住房保障需求。

5.1.3 文献评述

（1）对于住房面积标准，多数文献主要有从建筑设计的角度分析满足一定舒适度和生活需求的合理建筑面积，从借鉴各国经验的角度进行比较，从资源环境约束的角度论证住宅面积过大产生的弊端，提出住宅面积水平的定位等。国外有一些研究提出人们居住的住房类型和他们的心理健康有关,这些结论是通过比较住在不同房屋类型人群,研究其心理压力指标率得到的。这些研究将年龄、健康状况、性别和家庭类型的影响都考虑在内,但是,受研究方法所限,虽提出了很多建议,却很难对适宜标准的具体数值进行逻辑上的严密论证。不同收入层次的居民对空间舒适度的评价可能存在较大差异,同时其他国家的面积标准对我国来说并不一定是最适宜的。

(2) 对于家庭生命周期,文献中对于家庭生命周期的特征描述、识别和判断,有学者从家庭生命周期的角度研究住房保障需求,但结论也只是证明了住房保障需求是具有周期性的,并没有具体量化需求,如需要何种保障方式和保障标准并未涉及,因此本章在家庭生命周期对于保障需求产生周期性影响的基础上,对保障标准进行新的探索。

(3) 基于城市差异视角下住房保障面积的研究亟待加强。关于保障面积标准方面的研究则一般从生活需求、人体工程学等视角展开,住宅保障面积标准是基于满足最低生活需求的;保障面积标准研究的精准化问题仍有待在城市差异视角下进一步加强。

5.2 国外住房保障面积发展现状

5.2.1 国外住房保障面积的发展

世界卫生组织(World Health Organization,WHO)的住房公共健康专家委员会指出,健康的居住环境应该是安全、独立自主和合理维护的住房单元,这个住房单元要有合理的房间数量和建筑面积,这样才能满足人类日常的生活。卧室和起居室的空间不应该过度拥挤,还应符合私密性要求;在保证每个家庭成员私密性要求的同时,还要防止整个家庭被外界打扰。房间分配方面,夫妇之外的异性成年人和青少年的卧室要分开。世界卫生组织欧洲区机构提出最低的人均居住面积为 $12m^2$。

国际家庭组织联盟(International Union of Family Organization)、国际住房和城市规划联合会(International Federation of Housing and Town Planning)在 1958 年从"居住面积"概念出发,联合提出了欧洲国家的住房及其房间统一的最小居住面积标准建议。其标准要求每套住房应至少有一间 $11.3m^2$ 的房间,每个卧室的面积至少为 $8.5m^2$ 等,见表 5-1。

表 5-1 欧洲国家各家庭规模对应的最小居住面积标准　　　　　　　　单位:m^2

面积指数	2/3	2/4	3/4	3/5	3/6	4/6	4/7	4/8	5/8
住宅面积	46	51	55	62	68	72	78	84	88

注:面积指数中,分子为住房卧室数,分母为家庭人数。

1959年,联合国欧洲经济委员会提出了日内瓦居住空间使用报告,该报告中对应各种家庭规模分别提出了最小的建筑面积标准建议,见表5-2。

表5-2 各家庭规模对应的最小建筑面积标准　　单位:m²

面积指数	2/3	2/4	3/4	3/5	3/6	4/6	4/7	4/8	5/8
住宅面积	51.5	56.5	60.5	69.2	76.2	80.2	86.7	93.7	97.7

目前,国际上城市住宅标准主要划分为城市住房最低居住标准、城市住房合理居住标准以及城市住房全面居住标准三类。

第一类标准——城市住房最低居住标准。此类国家的城市化低于40%,人均国民生产总值低于1 000美元,人均住房居住面积低于8m²。城市住房数量极度短缺,且住房居住条件差,城市住房问题主要解决住房数量的全面满足。处于第一类标准的国家根据各国实际情况制定各自的住房居住标准,致力于解决城市居民每户一套住房,且住房能够满足建筑居住最低生理空间需求和功能需求。

第二类标准——城市住房合理居住标准。此类国家的城市化水平在40%~70%,人均国民生产总值超过1 000美元,人均居住面积在8~15m²。城市住房问题正由解决住房数量短缺转向对住房质量的提高,居民住房不再满足于最基本的生理空间需求和功能需求,住宅功能开始细化、拓展,空间范围延伸,住房设施进一步完备。

第三类标准——城市住房全面居住标准。此类国家的城市化达到70%以上,人均国民生产总值超过10 000美元,人均居住面积超过15m²。此时,城市住宅采用保健型住房标准,在居住环境和住房设备方面提出更高要求,追求全面满足住房品质,达到居住者的舒适、健康、安全、便捷等更高层次的需求。

从住宅面积指标来看,经济较为发达、人民生活水平较高的国家和地区的住宅面积较大,而经济实力有限、住宅数量短缺的国家和地区的住宅面积较小。从世界各国住宅建设总体状况来看,各国的住宅面积基本处于逐步增大的态势。下节将主要以日本、新加坡为例,阐述国外发达国家的住房面积发展规律及其对住房面积标准的控制。

5.2.2 日本住房保障面积现状

第二次世界大战以后,日本的经济、社会发生了很大的变化,这一系列变化对日本人口变动产生了很大的影响。1947年日本总人口为7 810万人,1967年超过10 000万人,1970年日本人口达到10 372万人,已经是明治维新时期人口的3倍。到2000年,30年间日本人口增长速度明显缓慢,仅仅增加了2 320万人,达到12 692万人。2005年日本人口出现负增长,人口总数为12 776.8万人,比上一年减少了1.9万人。根据日本总务省公布的数据,截至2008年10月1日,日本人口总数为12 769.2万人,比上一年减少了7.9万人,时隔3年再次出现人口负增长现象。日本总务省统计局统计数据显示,2009年日本人口总数为 12 754.7 万人，比 2005 年又减少了 22.1 万人。

1955—1973 年日本开始了经济的腾飞。1955—1973 年，日本名义国内生产总值（GDP）平均增长率为 15.38%，扣除通货膨胀之后年平均实际 GDP 增长率也达到了 10.83%。从年度增长率来看，实际 GDP 只有在 1958 年、1962 年、1963 年、1965 年、1970 年和 1971 年这 6 年的时间里没有超过 10%，其他年份都以大于 10% 的速度增长。

日本的土地资源极为短缺，这也决定了日本对于住宅建设面积标准的严格控制。第二次世界大战后日本全国人均国民收入只有 100 美元，城市人均居住面积仅 4～5m²，城市住房数量严重不足。为解决城市最低住房要求，20 世纪 50 年代日本建设大量 40～50m² 小面积住宅，有效缓解了住宅数量的短缺。20 世纪 60 年代，在日本制定的居住基本标准中，要求人均一间房，平均每套建筑面积 60～70m²，如图 5.1 所示。

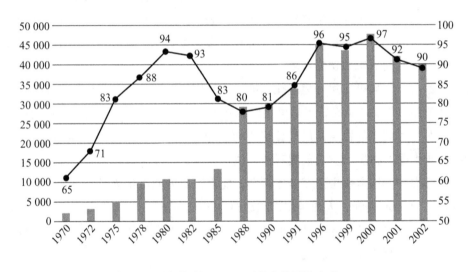

图 5.1　1970—2002 年日本新建住宅的平均建筑面积与 GDP 增长趋势图

日本每五年制定一个住宅建设计划，从第三个住宅建设计划（1976—1980 年）开始，从房间、设施、环境、面积等多个方面对居住标准进行了细化，使之更具体并且更容易认定，其中面积标准分为最低居住标准和平均居住标准，其中最低居住标准属于强制性标准，而平均居住标准则属于引导居住标准。表 5-3 和表 5-4 分别是最低居住水平和平均居住水平中对于住宅面积标准的规定。

表 5-3　日本住宅面积标准（最低）

家庭人数	房间构成	居住面积/m²	住户专用面积/m²	住宅总面积/m²
1 人	1K	7.5	16	21
2 人	1DK	17.5	29	36
3 人	2DK	25	39	47

续表

家庭人数	房间构成	居住面积/m²	住户专用面积/m²	住宅总面积/m²
4人	3DK	32.5	50	59
5人	3DK	37.5	56	65
6人	4DK	45.5	66	76
7人	5DK	52.5	76	87

注：D代表卧室，K代表厨房，DK前面的数字为居室数目，如1DK代表有1间卧室，有餐厅及厨房，也就是常说的1室1厅；1K代表有1居室，仅有独立厨房。

表5-4 日本住宅面积标准（引导）

家庭人数	房间构成	居住面积/m²	住户专用面积/m²	住宅总面积/m²
1人	1DK	17.5	29	36
2人	1LDK	33	50	60
3人	2LDK	43.5	69	81
4人	3LDK	57	86	100
5人	4LDK	64.5	97	111
6人	4LDK	69.5	107	122
7人	5LDK	79.5	116	132

注：住户专用面积即等于我国的套内建筑面积，不含公摊；LDK分别代表Living，Dining和Kitchen，即客厅、餐厅和厨房，LDK前面的数字为居室数目，如2LDK代表有2间卧室，有客厅、餐厅及厨房，也就是常说的2室2厅。

由表5-5可知，日本最低居住标准中规定的人均建筑面积较小，除了1居室以外，人均建筑面积不超过15m²。虽然日本是世界第二大经济体，属于发达国家，但其住房面积标准仍然维持在一个较低的水平。

表5-5 日本近年来家庭住宅平均面积设定的基本标准

标准		模式	1人	2人	3人	4人	5人
最低居住标准		10m²×家庭人数+10m²	20m²	30m²	40m²	50m²	60m²
引导居住标准	城市型	20m²×家庭人数+15m²	35m²	55m²	75m²	95m²	115m²
	农村型	25m²×家庭人数+25m²	50m²	75m²	100m²	125m²	150m²

5.2.3 新加坡住房保障面积现状

1965年新加坡独立以后，经过了40多年的发展，取得了举世瞩目的经济成就。1965年新加坡独立的时候人均GDP处于发展中国家水平（512美元/年）。2007年，新加坡的人均GDP已经达到32 624美元/年，是1965年的63.7倍。新加坡GDP增长速度大约是发达国家的3～4倍，达到第一世界国家水平。

经济快速发展的同时，新加坡在社会民生领域同样取得了巨大的成就，其中最为显著的成就之一是有效解决了新加坡居民的住房问题。1959年，新加坡出现非常严重的房荒，84%的家庭居住在店铺和简陋的木屋里，其中40%的人居住在贫民窟和窝棚内，只有9%的居民能住上像样的公共住房。

1949—1965年，这一时期新加坡总人口增长比较平稳，总人口从1950年的102.2万人增加到1965年的188万人，共增加了85.8万人，每年增加约5.7万人，人口增长率在28‰～48.8‰。如图5.2，1966—1986年，新加坡人口增长幅度明显趋缓，人口增长率在13‰～23‰，较上一阶段明显下降。1966—1974年，新加坡人口年增长4万人左右；20世纪70年代中期以后，人口年增长仅为2万～3万人，1987年以后，新加坡人口增长率再次回升，达到21.5‰以上，1987年新加坡总人口为282.3万人，2011年新加坡总人口增加到518.8万人，共增加236.5万人。40多年时间里，虽然新加坡居民总数增加了一倍以上，但是新加坡居民居住在公共住房中的比例仍然逐年增加。据统计，1990年新加坡居住在公共住房中的居民超过85%，达到历史最高值。

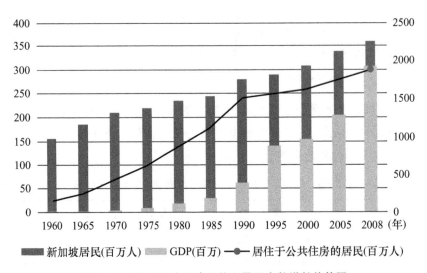

图5.2　新加坡国内生产总值和居民人数增长趋势图

1960年新加坡建屋发展局（Housing Development Board，HDB）正式运作并于1964年2月公布了"居者有其屋"计划（见图5.3）。到2007年底，HDB共建88.34万套公共

第5章 基于城市差异的住房保障面积精准化研究

住房并容纳了新加坡全国81%的居民。此外,79%居住在公共住房中的居民拥有住房产权,新加坡居民的住房产权拥有率达到92%。

当度过了新加坡住房最短缺的困难时期后,HDB由开始强调建设速度的权宜策略逐渐转向对基础设施和住房质量的强调。此外,HDB在第2个5年发展计划(1966—1970)和第3个5年发展计划(1971—1975)中并没有减少公共住房的建设量,两个时期分别建造了6.6万套和11.4万套住房。房屋的户型比以前增大,户型设计也更合理。1974年新加坡住房和城市发展有限公司成立。该公司将公共住房的消费范围扩大到中等收入居民,所建住房地段好、更加宽敞、拥有更好的装修,配套设施齐全并以合理的价格出售。此外,为了迎合新加坡中产阶级尤其是年轻的毕业生和专业技术人员逐渐提高的对生活质量的要求,住房和城市发展有限公司针对那些收入较高但又没有达到私有房产消费能力的群体推出了在设计和设施的舒适性上都向私有房产看齐的执行共管公寓。

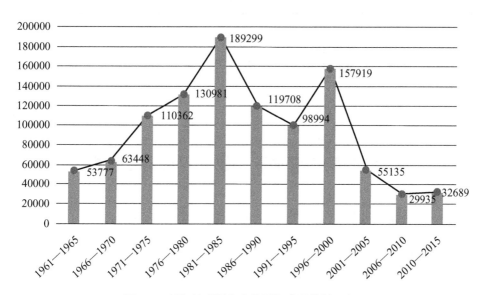

图5.3 新加坡"居者有其屋"建设计划(套)

在户型和面积标准方面,根据表5-6新加坡各类公共住房比例来看,新加坡公共住房配置的户型有1房型(1-RM)、2房型(2-RM)、3房型(3-RM)、4房型(4-RM)、5房型(5-RM)等。1房型和2房型的套内建筑面积分别23m^2、37m^2、45m^2等。随着人民生活水平的提高,新加坡人目前趋向4-RM及更大的单元。目前所执行的标准为:两室一厅的3-RM套型,套内建筑面积标准为65m^2;三室一厅的4-RM套型,面积标准为90m^2;四室一厅的5-RM套型,面积标准为110m^2。由于家庭小型化的特征,也使得新加坡组屋单元套型形态相对集中,其中三室一厅的4-RM户型最多,占总数的39.87%,两室一厅的3-RM占26.06%,四室一厅的5-RM占25.03%,这三部分户型占了总数的90.96%,即大多数居民居住在套内建筑面积110m^2以下的单元中。

表 5-6　新加坡各类公共住房比例结构

公共住房类型		已销售/套	比例/%	供出租/套	比例/%
组屋	1 房型	653	0.08	19 656	42.1
	2 房型	6 418	0.77	23 128	49.6
	3 房型	218 426	26.05	3 570	7.7
	4 房型	336 414	40.12	298	0.6
	5 房型	208 403	24.85	0	0
执行共管公寓		65 070	7.76	0	0
单间小公寓		1 239	0.15	0	0
中等入息公寓		1 865	0.22	0	0
合计		838 488	100	46 652	100

表 5-6 中可以看出，新加坡购买公共住房的居民大多数选择为：3 房型、4 房型和 5 房型这类较大的户型，供出租的公共住房中占大多数的为 1 房型和 2 房型这类较小的户型。

5.3　住房保障面积精准化研究的必要性

5.3.1　我国在住房保障面积研究中的问题

我国住房发展中的主要矛盾是结构性供求不均衡，包括城乡不均衡、各城市之间不均衡、区域间不均衡、不同户型之间不均衡、不同收入人群之间分配不均衡等。如何从更多的视角出发，关注中低收入家庭，扶助弱势群体，制定出合理的保障性住房标准，为他们提供合适的住房保障，是我们必须重视和认真思索的问题。保障房政策的诸多问题一直存在，住房保障未能有效地覆盖中低收入住房需求家庭，探讨新的住房保障方式，走出当前保障性住房建设的困境，是我们实现"住有所居"重要目标亟待解决的问题。

5.3.2　住房保障面积精准化研究的意义

由于我国不同地区的经济发展水平、政府财政能力及土地资源情况差异化较大，因此各地区的住房保障面积标准的制定也应因地制宜，同时从生命周期理论、梯度消费理论、住房过滤理论及福利经济理论方面综合考虑，一个家庭的发展不是一成不变的，因此住房保障的面积也应是个动态变化的过程。住房保障面积的精准化研究通过科学严谨地探究住房保障对象家庭的住房保障需求变化规律，为完善住房保障体系建立理论基础，为住房保障政策的制定提供理论依据，为有效实施住房保障政策，推进社会保障制度的不断完善，建立动态持续发展的住房保障体制及住房供给体系具有重要的理论意义。城镇居民住房保障制度的建立不仅体现了社会的公平，也提高了市场配置住房资源的效率，它是社会稳定、经济发展、社会进步的需要。住房保障标准的研究是完善保障资源的有效利用的一次探索。保障标准的制定也对各地建设保障性住房的规模和数量具有指导意义，同样可以减少保障性住房的空置，提高保障效率，体现社会公平，对实现"住有所居"的目标具有重要的现实意义。

5.4 住房保障面积发展趋势研究

5.4.1 住房保障面积发展趋势研究思路

根据《城镇最低收入家庭廉租住房管理办法》的要求，"城镇最低收入家庭人均廉租住房保障面积标准原则上不超过当地人均住房面积的60%"。虽然该办法已于2007年废止，但在中华人民共和国住房和城乡建设部政策研究中心课题组发布的《2020我们住什么样的房子——中国全面小康社会的居住目标研究》中所提出的"2020年，我国城镇人均住房建筑面积将达到36平方米，城镇最低收入家庭人均住房建筑面积将超过20平方米"的要求中，也基本将低收入家庭的保障房面积标准定义为人均居住面积的60%。因此，各地方政府为了便于操作，将保障性住房以当地人均住房建筑面积的60%作为保障面积的参考值，所以，只要预测出人均住房建筑面积即可预测住房保障面积。

5.4.2 人均住房建筑面积影响因素分析

1. 经济发展水平

经济的发展决定了居民住房支付能力，进而决定房地产市场消费需求，影响居民住房面积水平。纵观各国在不同的经济、社会发展阶段中，其房地产发展、住房政策及住房消费和供给特征等均有着鲜明的时代烙印，从中也可看出住房面积随住房品质在不同层次经济基础上的变化。

改革开放以来，随着我国国民经济的迅速增长和住房改革的不断推进和深化，我国城镇居民的住房水平迅速提高，住房建筑面积不断扩大（见图5.4）。2014年我国城镇人均住宅建筑面积已达到33.2m²。江苏省在"十二五"期间经济水平高速发展，经济总量连续突破5万亿元、6万亿元，2015年达到7万亿元左右，人均GDP超过8.8万元，人均住房建筑面积也是逐年增长，截至2014年，人均住房建筑面积达到39.5m²，处于全国领先水平（见图5.5）。

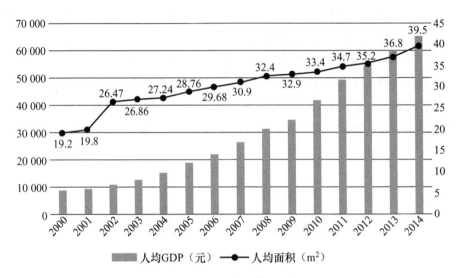

图 5.4 我国人均 GDP 与人均住房建筑面积增长的趋势对比图

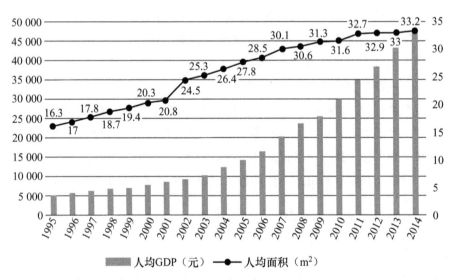

图 5.5 江苏省人均 GDP 和人均住房建筑面增长趋势对比图

2. 居民住房支付能力

通常用"家庭可支配收入"指标来表示家庭收入，从字面意思上来讲，即是家庭可以自由支配的收入，它是家庭收入总和扣除应缴税款、社会保障支出后的净收入。历经长时间的积累，家庭收入最终形成家庭积蓄，这是衡量家庭支付住房首付能力的重要指标，而家庭偿还月还贷额的能力则是由家庭月收入决定的。可见，家庭收入直接体现了一个家庭的住房购买力。住房保障实质上就是政府补贴家庭住房购买力与住房价格差价的一种方式，由此可以认为，家庭可支配收入是保障性住房规模的重要影响因素。在其他因素保持不变的情况下，若房价涨幅大于家庭收入增幅，家庭住房购买力下降，住房保障需求将会提高，反之，住房保障需求将会下降。

住房消费支出比例，即家庭用于住房的费用占消费支出总额的比重，是衡量家庭住房支出负担的重要指标，也是间接衡量一个家庭是否需要住房保障的指标。若住房消费支出比例过高，其他方面的支出必然会受到影响，当基本生存需求受到威胁时，则需要通过住房保障来加以扶持。自改革开放以来，我国居民生活水平逐渐提高，恩格尔系数也随之下降（见图5.6），有学者研究发现恩格尔系数同住房消费支出之间有一定的关系。

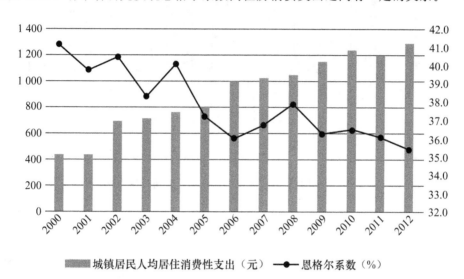

图5.6 江苏省城镇居民人均居住消费性支出与恩格尔的趋势对比图

3. 城镇发展水平

城镇化对经济社会的发展有着很强的推动力。1949年我国城市化水平仅为10.6%，2000年达到36.22%，2005年达到42.99%，城镇化水平日益提高。从世界范围看，国外的城市化进程可大致划分为三个阶段，分别以40%和70%的城市化率为界限。城市化进程初期，城市人口增长与城市化进程速度较为缓慢，城市住房面积标准为最低限；当城镇化率发展至40%~70%之间，城市人口激增，住房面积相应增长，住房建设压力大；城市化率超过70%后，城市人口增长趋缓，住房建设形成区域网络化，住房面积标准有所回归并趋于稳定。可以说，城镇住房面积水平与城镇化水平的发展密切相关。

我国的城市化进程与世界城市化进程趋势相似，目前正处于城市化发展的第二阶段：城镇人口持续增长，居民对住房功能改善要求强烈，住房面积呈不断增大趋势（见图5.7）。

江苏省人口基数大，低生育率和高增长率并存，流动人口成为人口规模增长的主要因素。如图5.8所示，2015年江苏省城镇化率达到63%，在城镇化加快推进过程中，人口流动迁移出现新特点，城镇人口呈现多元化趋势。目前我省居住在城镇的人口中有近30%是流动人口，不仅如此，他们对于享受城镇居民基本公共服务的要求迫切。

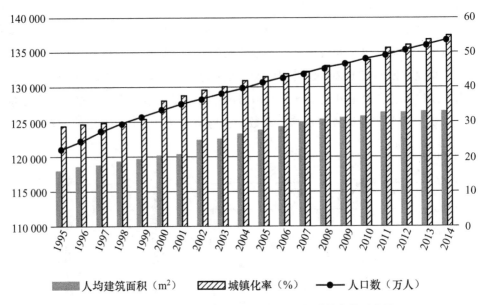

图 5.7 人均建筑面积、城镇化率和人口数增长趋势对比图

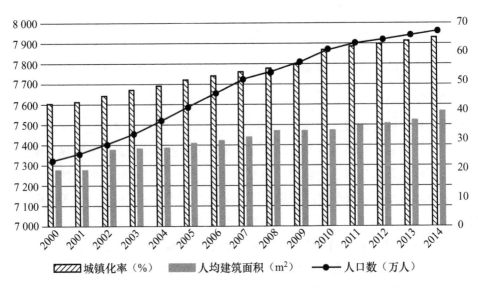

图 5.8 江苏省城镇化率、人均建筑面积与人口数变化的趋势对比图

4. 人口结构与家庭规模

从总体上看,根据图 5.9 的不同家庭规模和平均家庭规模变化趋势研究发现,当代中国家庭变动以单人家庭上升,核心家庭中夫妇核心家庭上升,直系家庭中三代直系家庭下降为标志,核心家庭为主、直系家庭居次、单人家庭作为补充的基本结构状态仍将持续,而结构简单、规模小型化依然是我国家庭结构未来发展趋势。

第5章 基于城市差异的住房保障面积精准化研究

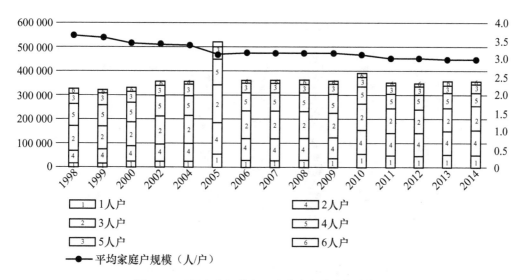

图 5.9 不同家庭规模和平均家庭规模变化趋势图

一方面，我国之前实行的计划生育政策促使城镇家庭规模迅速变小，三口之家的核心家庭数量增多；同时，"晚婚""晚育"和"丁克"观念的流行，也使得个体家庭规模增大趋势减慢、减缓。此外，在全社会人口流动趋势下，子女外出求学、工作直至成家定居，与父母分地而居、分房而居，空巢家庭增多，传统的直系家庭在城镇中不再占主流趋向，人们不再固守以血缘、地缘为基础的共居方式，更倾向于追求独立、自由的住宅空间。

家庭户数量和家庭人口规模在很大程度上决定着家庭住宅面积的需求。显而易见，在我国城镇家庭结构与规模发展趋势影响之下，未来我国城镇家庭户数大量增多，而家庭人口规模降低，对住宅建设要求住宅功能齐全、数量多而规模小型化。

根据图 5.10 的江苏省家庭总户数与平均家庭户规模变化趋势对比，可以发现，江苏省的人口结构和家庭结构变化较之前变化显著，传统家庭功能呈现弱化趋势，随着经济社会发展和人们生活方式的转变，家庭规模和功能发生较大变化。家庭规模进一步缩小，并呈现结构多样化、居住离散化、关系松散化趋势，单人、单亲、空巢家庭比例提高。

5. 住房市场发展水平

商品房市场价格与保障性住房规模密切相关，原因有两个：第一，住房价格和家庭支付能力呈现反向变动，价格越高则家庭支付能力越弱；第二，住房需求的价格弹性不足，住房价格提高，对居住的需求并不会有相应幅度的减少。由此，当商品房市价不断攀升，超越家庭支付能力而住房需求仍然存在的情况下，保障性住房规模必然要有所提高。根据图 5.11 住宅竣工面积与房地产开发投资额变化趋势对比，房地产开发投资额与住宅竣工面积是与人均住房建筑面积相关的一个指标，它直接关系着住房市场的供给量，影响着住房价格和居民的住房支付能力，从而间接影响着人均住房建筑面积。

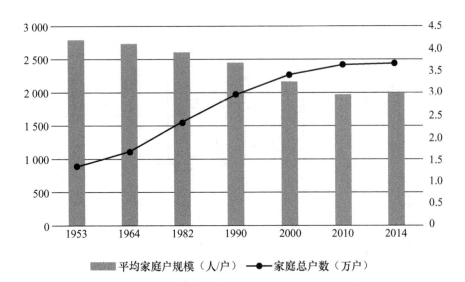

图 5.10　江苏省家庭总户数与平均家庭户规模变化趋势对比图

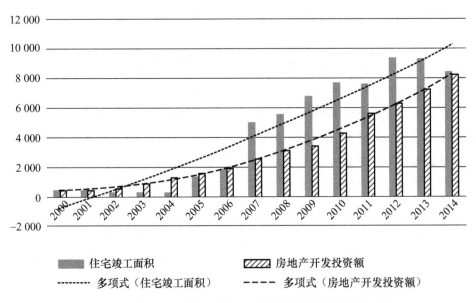

图 5.11　住宅竣工面积与房地产开发投资额变化趋势对比图

6. 定量化的影响因素

通过上述几个方面的分析可以看出，影响住房需求的因素有定量化和定性化的，但由于现阶段定性化因素在不同城市间产生的作用不同，无法准确观测，因此本章只能尽可能选取定量化的影响因素。通过以上分析，归纳出影响合理住房需求的可量化指标，见表 5-7。

表 5-7 影响合理住房需求的量化指标

影响因素分类	衡量指标	指标描述及量化
经济发展水平	人均 GDP	人均年 GDP（元）
居民住房支付能力	人均可支配收入	城镇居民人均可支配收入（元）
	恩格尔系数	城镇居民家庭食品支出占总支出的比重（%）
	人均居住消费支出	城镇常住居民人均用于住房消费支出（元）
城镇发展水平	城镇化率	城镇非农居民人口数占人口总数的比例（%）
人口结构与家庭规模	常住人口数	常住人口数（万人）
	家庭户数	家庭户数（万户）
住房市场发展水平	住宅竣工面积	城镇年末住宅竣工面积（m²）
	房地产开发投资额	房地产开发年投资总量（亿元）

5.4.3 人均住房建筑面积预测模型的构建

结合前面对于人均住房保障面积的分析，找出人均住房建筑面积的影响因素，对人均住房建筑面积进行多元回归预测得到回归方程，运用灰色理论对各影响因素进行合理化预测模型的建立，并带入到多元回归方程中，进而可以得出人均住房保障面积的多元回归预测模型。

1. 多元线性回归预测变量选择

（1）数据的收集与整理。

通过对江苏省统计公报和统计年鉴的查阅与整理，选取了与江苏省人均住房建筑面积相关的年度（2000—2014 年）数据。江苏省的实际统计数据中无住房保障面积这个指标，但根据住房保障面积不超过人均现住房建筑面积的 60%，因此采用人均现住房建筑面积替代住房保障面积并作为自变量。自变量包括：①人均 GDP；②常住人口；③城镇化率；④城镇居民人均可支配收入；⑤家庭户数；⑥住宅竣工面积；⑦房地产开发投资额；⑧城镇居民人均居住消费性支出；⑨恩格尔系数。具体数据情况见表 5-8。

表 5-8 江苏省住房保障面积影响因素的原始数据

年份	城镇人均住房建筑面积/m²	人均GDP/万元	常住人口/亿人	城镇化率/%	城镇居民人均可支配收入/万元	家庭户数/亿万户	住宅竣工面积/亿 m²	房地产开发投资额/亿元	城镇居民人均居住消费性支出/元	恩格尔系数/%
2000	19.2	0.855 3	0.732 7	42.3	0.680 0	0.222 0	0.039 715	0.035 872	436	41.1

续表

年份	城镇人均住房建筑面积/m²	人均GDP/万元	常住人口/亿人	城镇化率/%	城镇居民人均可支配收入/万元	家庭户数/亿万户	住宅竣工面积/亿m²	房地产开发投资额/亿元	城镇居民人均居住消费性支出/元	恩格尔系数/%
2001	19.8	0.945 6	0.735 8	42.6	0.737 5	0.231 4	0.035 927	0.041 436	438	39.7
2002	26.47	1.060 6	0.740 5	44.7	0.817 8	0.235 0	0.027 182	0.054 413	692	40.4
2003	26.86	1.244 2	0.745 7	46.8	0.926 2	0.234 5	0.025 488	0.080 996	716	38.3
2004	27.24	1.500 3	0.752 2	48.2	1.048 2	0.238 8	0.024 464	0.126 978	761	40.0
2005	28.76	1.859 8	0.758 8	50.5	1.231 9	0.246 3	0.133 947	0.154 515	795	37.2
2006	29.68	2.174 2	0.765 5	51.9	1.408 4	0.248 5	0.177 480	0.190 671	998	36.0
2007	30.9	2.601 8	0.772 3	53.2	1.637 8	0.250 7	0.499 748	0.251 591	1 020	36.7
2008	32.4	3.098 1	0.776 2	54.3	1.868 0	0.250 4	0.548 981	0.306 446	1 042	37.9
2009	32.9	3.445 7	0.781 0	55.6	2.055 2	0.251 9	0.673 141	0.333 850	1 149	36.3
2010	33.4	4.142 5	0.786 9	60.6	2.294 4	0.256 2	0.761 906	0.429 938	1 234	36.5
2011	34.7	4.911 0	0.789 8	61.9	2.534 1	0.257 2	0.754 857	0.556 794	1 194	36.1
2012	35.2	5.405 8	0.791 9	63.0	2.967 7	0.258 8	0.930 197	0.620 610	1 288	35.4
2013	36.8	5.975 3	0.793 9	64.1	3.253 5	0.259 3	0.925 155	0.724 145	5 005	34.7
2014	39.5	6.508 8	0.796 0	65.2	3.434 6	0.260 1	0.842 635	0.824 022	5 101	28.5

注：数据来源于（2005—2014年）江苏省统计年鉴、国民经济和社会发展统计公报、统计局网站等。

(2) 自变量的选取。

运用 SPSS 软件，对因变量和自变量进行相关性与共线性分析，找出与人均住房建筑面积相关程度较高的自变量，并排除掉自变量相关程度较低的自变量，见表 5-9。

表 5-9 相关性分析

		城镇居民人均住房建筑面积/m²	人均GDP/万元	常住人口/亿人	城镇居民人均可支配收入/万元	住宅竣工面积/亿m²
城镇居民人均住房建筑面积/m²	Pearson 相关性	1	−0.843**	0.960**	0.924	0.878**
	显著性（双侧）		0.000	0.000	0.000	0.000
	N	15	15	15	15	15
人均GDP/万元	Pearson 相关性	−0.843**	1**,*	−0.807**,*	−0.855**	−0.735**,*
	显著性（双侧）	0.000	0.000	0.000	0.000	0.002
	N	15	15	15	15	15

续表

		城镇居民人均住房建筑面积/m²	人均GDP/万元	常住人口/亿人	城镇居民人均可支配收入/万元	住宅竣工面积/亿 m²
常住人口/亿人	Pearson 相关性	0.960**	−0.807**,*	1	0.953**	0.956**,*
	显著性（双侧）	0.000	0.000		0.000	0.000
	N	15	15	15	15	15
城镇居民人均可支配收入/万元	Pearson 相关性	0.924**	−0.855**	0.953**	1**	0.957**
	显著性（双侧）	0.000	0.000	0.000		0.000
	N	15	15	15	15	15
住宅竣工面积/亿 m²	Pearson 相关性	0.878**	−0.735**,*	0.956**	0.957**	1**,*
	显著性（双侧）	0.000	0.002	0.000	0.000	
	N	15	15	15	15	15

根据表 5-9 的数据，从高到低进行相关程度排序：住宅竣工面积、城镇居民人均可支配收入、人均 GDP、常住人口，它们也是影响城市住房需求合理量的关键因素。

(3) 多元线性回归模型的构建。

通过对江苏省人均住房建筑面积影响因素的相关性分析，得出江苏省人均住房建筑面积影响程度较大的四个自变量，分别为人均 GDP、常住人口、城镇居民人均可支配收入、住宅竣工面积。将人均住房建筑面积定义为因变量 W，将人均 GDP、常住人口、城镇居民人均可支配收入、住宅竣工面积分别定义为 U_1、U_2、U_3、U_4。

建立多元线性回归模型：

$$W = b_0 + b_1 U_1 + b_2 U_2 + b_3 U_3 + b_4 U_4 + \varepsilon \tag{5-1}$$

通过 SPSS 的分析得出其拟合情况，见表 5-10。

表 5-10 模型拟合情况

模型	R	R 方	调整 R 方	标准估计的误差
1	0.978ª	0.957	0.940	1.411 0

注：
a. 预测变量：（常量），人均 GDP、常住人口、城镇居民人均可支配收入、住宅竣工面积。
b. 因变量：人均住房建筑面积。

相关系数 R 为 0.978，该模型可以解释 95.7% 的观测数据，线性回归拟合情况较好。

从表 5-11 中可以看出，人均 GDP、常住人口、城镇居民人均可支配收入、住宅竣工面积与人均住房建筑面积的线性相关性显著，其显著性水平远远小于 0.01，表示回归模型整体达到显著水平，所以吻合线性回归的假设。

表 5-11　方差分析

模型		平方和	df	均方	F	Sig.
1	回归	443.541	4	110.885	55.695	0.000b
	残差	19.909	10	1.991		
	总计	463.450	14			

注：
a. 预测变量：(常量)，人均 GDP、常住人口、城镇居民人均可支配收入、住宅竣工面积。
b. 因变量：人均住房建筑面积

表 5-12　系数

模型		非标准化系数		标准系数	t	Sig.
		B	标准误差	试用版		
1	(常量)	-199.989	48.165		-4.152	0.002
	人均 GDP	-2.826	3.220	-0.948	-0.878	0.401
	常住人口	296.246	66.108	1.151	4.481	0.001
	城镇居民人均可支配收入	8.971	7.137	1.454	1.257	0.237
	住宅竣工面积	-11.083	4.081	-0.711	-2.716	0.022

模型		B 的 95.0% 置信区间		共线性统计量	
		下限	上限	容差	VIF
2	(常量)	-307.307	-92.672		
	人均 GDP	-9.999	4.348	0.004	271.432
	常住人口	148.949	443.544	0.065	15.344
	城镇居民人均可支配收入	-6.932	24.874	0.003	311.664
	住宅竣工面积	-20.176	-1.990	0.063	15.967

注：
a. 预测变量：(常量)，人均 GDP、常住人口、城镇居民人均可支配收入、住宅竣工面积。
b. 因变量：人均住房建筑面积

根据表 5-12 系数表，模型表达式为：

$$S(t) = -199.989 - 2.826U_1 + 296.246U_2 + 8.971U_3 - 11.083U_4 \tag{5-2}$$

式中：$S(t)$——人均住房建筑面积；

t——时间（0=2000 年，1=2001 年，……，19=2019 年，20=2020 年）；

U_1——人均 GDP；

U_2——常住人口；

U_3——城镇居民人均可支配收入；

U_4——住宅竣工面积。

(4) 模型的检验。

2010—2014年人均住房建筑面积的实际值与理论值进行比较,详见表5-13。

表5-13 实际值、理论值及两者误差

年 份	理论值	实际值	绝对误差	相对误差
2010	33.6	33.4	−0.16	−0.5%
2011	34.5	34.7	0.23	0.7%
2012	35.6	35.2	−0.45	−1.2%
2013	37.3	36.8	−0.45	−1.2%
2014	38.9	39.5	0.60	1.5%

由表5-13可知,实际值与理论值的误差在±2%以内,说明模型精确度非常好。

2. 人均GDP预测

(1) 数据的收集与整理。

表5-14为江苏省2000—2014年人均GDP,选取这组数据作为灰色理论预测的原始数据。

表5-14 江苏省2000—2014年人均GDP 单位:万元

年 份	人均GDP
2000	0.8553
2001	0.9456
2002	1.0606
2003	1.2442
2004	1.5003
2005	1.8598
2006	2.1742
2007	2.6018
2008	3.0981
2009	3.4457
2010	4.1425
2011	4.9110
2012	5.4058
2013	5.9753
2014	6.5088

数据来源:整理自《江苏省统计年鉴》(2001—2015年)。

(2) 预测模型的建立。

由表5-14可知江苏省人均GDP的原始时间序列:$u^{(0)}(t)=(0.8553, 0.9456, 1.0606,$

1.244 2,1.500 3,1.859 8,2.174 2,2.601 8,3.098 1,3.445 7,4.142 5,4.911 0,5.405 8,5.975 3,6.508 8)。

1-AGO 序列：$u^{(1)}(t)=$(0.855 3,1.800 9,2.861 5,4.105 7,5.606 0,7.465 8,9.640 0,12.241 8,15.339 9,18.785 6,22.928 1,27.839 1,33.244 9,39.220 2,45.729 0)。

$$B=\begin{bmatrix} -1.328\ 1 & 1 \\ -2.331\ 2 & 1 \\ -3.483\ 6 & 1 \\ -4.855\ 9 & 1 \\ -6.535\ 9 & 1 \\ -8.552\ 9 & 1 \\ -10.940\ 9 & 1 \\ -13.790\ 9 & 1 \\ -17.062\ 8 & 1 \\ -20.856\ 9 & 1 \\ -25.383\ 6 & 1 \\ -30.542\ 0 & 1 \\ -36.232\ 6 & 1 \\ -42.474\ 6 & 1 \end{bmatrix} \quad B^TB=\begin{bmatrix} 5\ 888.849\ 9 & -224.371\ 7 \\ -224.371\ 7 & 14 \end{bmatrix} \quad Y=\begin{bmatrix} 0.945\ 6 \\ 1.060\ 6 \\ 1.244\ 2 \\ 1.500\ 3 \\ 1.859\ 8 \\ 2.174\ 2 \\ 2.601\ 8 \\ 3.098\ 1 \\ 3.445\ 7 \\ 4.142\ 5 \\ 4.911\ 0 \\ 5.405\ 8 \\ 5.975\ 3 \\ 6.508\ 8 \end{bmatrix}$$

因此，$\begin{bmatrix}a\\b\end{bmatrix}=(B^TB)^{-1}B^TY=\begin{bmatrix}-0.142\ 2\\0.926\ 4\end{bmatrix}$

根据以上数值可得江苏省人均 GDP 的 GM（1,1）预测模型：

$$u^{(1)}(t+1)=7.370\ 9\ e^{0.142\ 2t}-6.515\ 6 \tag{5-3}$$

则还原为原始序列的预测模型：

$$u^{(0)}(t+1)=u^{(1)}(t+1)-u^{(1)}(t)=7.370\ 9(e^{0.142\ 2t}-e^{0.142\ 2(t-1)}) \tag{5-4}$$

（3）预测模型的检验。

① 残差检验。

将 $t=0,1,2,\cdots,14$ 代入预测模型进行检验，得到 2000—2014 年累加值。

$\hat{u}^{(0)}(t+1)=$(0.977 0,1.126 2,1.298 3,1.496 7,1.725 4,1.989 0,2.292 9,2.643 3,3.047 2,3.512 8,4.049 5,4.668 2,5.381 5,6.203 8,7.151 7)

$\hat{\varepsilon}^{(0)}(t+1)=$(0.121 7,0.180 6,0.237 7,0.252 5,0.225 1,0.129 2,0.118 7,0.041 5,0.050 9,0.067 1,0.093 0,0.242 8,0.024 3,0.228 5,0.642 9)

$q(t)=$(14.22%,19.10%,22.41%,20.29%,15.00%,6.95%,5.46%,1.59%,1.64%,1.95%,2.25%,4.94%,0.45%,3.82%,9.88%)

② 关联度检验。

令关联系数为 $\gamma_i = \dfrac{\varepsilon_{\min} + \rho \varepsilon_{\max}}{\varepsilon_i + \rho \varepsilon_{\max}}$,其中 $\varepsilon_{\max} = \max \varepsilon_i$,$\varepsilon_{\min} = \min \varepsilon_i$,$\varepsilon_i = |\widehat{u}_i^{(0)}(t) - u_i^{(0)}(t)|$。则 $\varepsilon_{\min} = 0.0243, \varepsilon_{\max} = 0.6429$

由此计算灰色 $\rho = 0.5$ 的关联系数,$\gamma_i = (0.6811, 0.6241, 0.6969, 0.6135, 0.7701,$
$0.75536, 0.5180, 0.8246, 0.8184, 0.7825, 0.7499, 0.5452, 1, 0.6148, 0.6637)$

$$\gamma_i = \dfrac{1}{n} \sum_{t=1}^{n} \gamma(\rho) = 0.7386 \geqslant 0.6,满足检验要求。$$

③ 后验差检验。

由原始数据数列 $u^{(0)}(t)$ 和绝对误差序列计算得原始数据序列和绝对误差序列的标准差分别为:

$$S_1 = \sqrt{\dfrac{\sum_{t=1}^{n}(x^{(0)}(t) - \overline{x}^{(0)})^2}{n-1}} = 1.9298 \quad S_2 = \sqrt{\dfrac{\sum_{t=1}^{n}(\varepsilon^{(0)}(t) - \overline{\varepsilon}^{(0)})^2}{n-1}} = 0.1515$$

$$C = \dfrac{S_2}{S_1} = 0.0785 \leqslant 0.35 \quad S = 0.6745 S_1 = 1.3016$$

小误差概率 $P = P(|\varepsilon^{(0)}(t) - \overline{\varepsilon}^{(0)}| \leqslant 0.6745 S_1)$

设 $M = (|\varepsilon^{(0)}(t) - \overline{\varepsilon}^{(0)}|) = (0.0554, 0.0035, 0.0606, 0.0754, 0.0480, 0.0479, 0.0584,$
$0.1356, 0.1262, 0.1100, 0.0841, 0.0657, 0.1528, 0.0514, 0.4658)$

由于所有 M 都小于 S,所以 $P = 1$。由表 5-15 可知,检验模型精度等级为好。

表 5-15 灰色理论预测精度检验等级标准

精度等级	P	C
好	>0.95	<0.35
合格	>0.8	<0.50
勉强合格	>0.7	<0.65
不合格	≤0.7	≥0.65

3. 常住人口预测

(1) 数据的收集与整理。

表 5-16 为江苏省 2000—2014 年常住人口数,选取这组数据作为灰色理论预测的原始数据。

表 5-16 江苏省 2000—2014 年常住人口数　　　　　　　　　单位:亿人

年　份	常住人口数
2000	0.7327
2001	0.7358
2002	0.7405

续表

年　　份	常住人口数
2003	0.745 7
2004	0.752 2
2005	0.758 8
2006	0.765 5
2007	0.772 3
2008	0.776 2
2009	0.781 0
2010	0.786 9
2011	0.789 8
2012	0.791 9
2013	0.793 9
2014	0.796 0

数据来源：整理自《江苏省统计年鉴》(2001—2015年)。

(2) 预测模型的建立。

由表5-16可知江苏省常住人口数的原始时间序列：$u^{(0)}(t) = (0.732\ 7, 0.735\ 8, 0.740\ 5, 0.745\ 7, 0.752\ 2, 0.758\ 8, 0.765\ 5, 0.772\ 3, 0.776\ 2, 0.781\ 0, 0.786\ 9, 0.789\ 8, 0.791\ 9, 0.793\ 9, 0.796\ 0)$。

1-AGO序列：$u^{(1)}(t) = (0.732\ 7, 1.468\ 5, 2.209\ 0, 2.954\ 75, 3.706\ 9, 4.465\ 7, 5.231\ 2, 6.003\ 5, 6.779\ 7, 7.560\ 7, 8.347\ 6, 9.137\ 4, 9.929\ 3, 10.723\ 2, 11.519\ 2)$。

$$B = \begin{bmatrix} -1.100\ 6 & 1 \\ -1.838\ 8 & 1 \\ -2.581\ 9 & 1 \\ -3.330\ 8 & 1 \\ -4.086\ 3 & 1 \\ -4.848\ 5 & 1 \\ -5.617\ 4 & 1 \\ -6.391\ 6 & 1 \\ -7.170\ 2 & 1 \\ -7.954\ 2 & 1 \\ -8.742\ 5 & 1 \\ -9.533\ 4 & 1 \\ -10.326\ 3 & 1 \\ -11.121\ 2 & 1 \end{bmatrix} \quad B^{\mathrm{T}}B = \begin{bmatrix} 647.273\ 9 & -84.643\ 4 \\ -84.643\ 4 & 14 \end{bmatrix} \quad Y = \begin{bmatrix} 0.735\ 8 \\ 0.740\ 5 \\ 0.745\ 7 \\ 0.752\ 2 \\ 0.758\ 8 \\ 0.765\ 5 \\ 0.772\ 3 \\ 0.776\ 2 \\ 0.781\ 0 \\ 0.786\ 9 \\ 0.789\ 8 \\ 0.791\ 9 \\ 0.793\ 9 \\ 0.796\ 0 \end{bmatrix}$$

因此，$\begin{bmatrix} a \\ b \end{bmatrix} = (B^T B)^{-1} B^T Y = \begin{bmatrix} -0.006\ 4 \\ 0.732\ 0 \end{bmatrix}$

根据以上数值可得江苏省常住人口数的 GM（1，1）预测模型：

$$u^{(1)}(t+1) = 115.695\ 8\ e^{0.006\ 4k} - 114.963\ 1 \tag{5-5}$$

则还原为原始序列的预测模型：

$$u^{(0)}(t+1) = u^{(1)}(t+1) - u^{(1)}(t) = = 115.695\ 8\ (e^{0.006\ 4t} - e^{0.006\ 4(t-1)}) \tag{5-6}$$

（3）预测模型的检验。

① 残差检验。

将 $t = 0, 1, 2, \cdots, 14$ 代入预测模型进行检验，得到 2000—2014 年累加值。

$\hat{u}^{(0)}(t+1) = (0.734\ 3, 0.739\ 0, 0.743\ 7, 0.748\ 5, 0.753\ 2, 0.758\ 0, 0.762\ 9, 0.767\ 8,$
$0.772\ 7, 0.777\ 6, 0.782\ 6, 0.787\ 6, 0.792\ 6, 0.797\ 7, 0.802\ 8)$

$\hat{\varepsilon}^{(0)}(t+1) = (0.001\ 6, 0.003\ 2, 0.003\ 2, 0.002\ 8, 0.001\ 0, 0.000\ 8, 0.002\ 6, 0.004\ 5,$
$0.003\ 5, 0.003\ 4, 0.004\ 3, 0.002\ 2, 0.000\ 7, 0.003\ 8, 0.006\ 8)$

$q(t) = (0.22\%, 0.43\%, 0.43\%, 0.37\%, 0.14\%, 0.10\%, 0.34\%, 0.59\%, 0.46\%,$
$0.44\%, 0.55\%, 0.28\%, 0.09\%, 0.47\%, 0.85\%)$

② 关联度检验。

令关联系数为 $\gamma_i = \dfrac{\varepsilon_{\min} + \rho \varepsilon_{\max}}{\varepsilon_i + \rho \varepsilon_{\max}}$，其中 $\varepsilon_{\max} = \max \varepsilon_i$，$\varepsilon_{\min} = \min \varepsilon_i$，$\varepsilon_i = |\hat{u}_i^{(0)}(t)| - u_i^{(0)}(t)|$。

则 $\varepsilon_{\min} = 0.000\ 7$，$\varepsilon_{\max} = 0.006\ 8$

由此计算灰色 $\rho = 0.5$ 的关联系数，$\gamma_i = (0.819\ 4, 0.620\ 8, 0.618\ 9, 0.664\ 3, 0.923\ 1,$
$0.986\ 4, 0.680\ 3, 0.514\ 7, 0.589\ 4, 0.601\ 2, 0.528\ 4, 0.726\ 1, 1, 0.570\ 8, 0.402\ 1)$

$\gamma_i = \dfrac{1}{n} \sum_{t=1}^{n} \gamma(\rho) = 0.683\ 1 \geqslant 0.6$，满足检验要求。

③ 后验差检验。

由原始数据数列 $u^{(0)}(t)$ 和绝对误差序列计算得到原始数据序列和绝对误差序列的标准差分别为：

$$S_1 = \sqrt{\dfrac{\sum\limits_{t=1}^{n}(x^{(0)}(t) - \bar{x}^{(0)})^2}{n-1}} = 0.022\ 3 \quad S_2 = \sqrt{\dfrac{\sum\limits_{t=1}^{n}(\varepsilon^{(0)}(t) - \bar{\varepsilon}^{(0)})^2}{n-1}} = 0.001\ 6$$

$$C = \dfrac{S_2}{S_1} = 0.072\ 1 \leqslant 0.35 \quad S = 0.674\ 5 \quad S_1 = 0.015\ 1$$

小误差概率 $P = P(|\varepsilon^{(0)}(t) - \bar{\varepsilon}^{(0)}| \leqslant 0.674\ 5 S_1)$

设 $M = (|\varepsilon^{(0)}(t) - \bar{\varepsilon}^{(0)}|) = (0.001\ 4, 0.000\ 2, 0.000\ 2, 0.000\ 2, 0.001\ 9, 0.002\ 2, 0.000\ 3,$
$0.001\ 6, 0.000\ 6, 0.000\ 4, 0.001\ 4, 0.000\ 7, 0.002\ 3, 0.000\ 8, 0.003\ 8)$

由于所有 M 都小于 S，所以 $P = 1$。由表 5-15 可知，检验模型精度等级为好。

4. 人均可支配收入

(1) 数据的收集与整理。

表 5-17 为江苏省 2000—2014 年人均可支配收入,选取这组数据作为灰色理论预测的原始数据。

表 5-17　江苏省 2000—2014 年人均可支配收入　　　　　单位:万元

年　份	城镇居民家庭人均可支配收入
2000	0.680 0
2001	0.737 5
2002	0.817 8
2003	0.926 2
2004	1.048 2
2005	1.231 9
2006	1.408 4
2007	1.637 8
2008	1.868 0
2009	2.055 2
2010	2.294 4
2011	2.534 1
2012	2.967 7
2013	3.253 8
2014	3.434 6

数据来源:整理自《江苏省统计年鉴》(2001—2015 年)。

(2) 预测模型的建立。

由表 5-17 可知江苏省人均可支配收入的原始时间序列:$u^{(0)}(t)=(0.680\ 0, 0.737\ 5, 0.817\ 8, 0.926\ 2, 1.048\ 2, 1.231\ 9, 1.408\ 4, 1.637\ 8, 1.868\ 0, 2.055\ 2, 2.294\ 4, 2.534\ 1, 2.967\ 7, 3.253\ 8, 3.434\ 6)$。

1-AGO 序列:$u^{(1)}(t)=(0.680\ 0, 1.417\ 5, 2.235\ 3, 3.161\ 5, 4.209\ 7, 5.441\ 6, 6.850\ 0, 8.487\ 8, 10.355\ 8, 12.411\ 0, 14.705\ 4, 17.239\ 5, 20.207\ 2, 23.461\ 0, 26.895\ 6)$。

$$B=\begin{bmatrix}-1.0488 & 1\\-1.8264 & 1\\-2.6984 & 1\\-3.6856 & 1\\-4.8256 & 1\\-6.1458 & 1\\-7.6689 & 1\\-9.4218 & 1\\-11.3834 & 1\\-13.5582 & 1\\-15.9724 & 1\\-18.7233 & 1\\-21.8341 & 1\\-25.1783 & 1\end{bmatrix} \quad B^{\mathrm{T}}B=\begin{bmatrix}2263.6994 & -143.9709\\-143.9709 & 14\end{bmatrix} \quad Y=\begin{bmatrix}0.7375\\0.8178\\0.9262\\1.0482\\1.2319\\1.4084\\1.6378\\1.8680\\2.0552\\2.2944\\2.5341\\2.9677\\3.2538\\3.4346\end{bmatrix}$$

因此，$\begin{bmatrix}a\\b\end{bmatrix}=(B^{\mathrm{T}}B)^{-1}B^{\mathrm{T}}Y=\begin{bmatrix}-0.1173\\0.6663\end{bmatrix}$

根据以上数值可得江苏省城镇家庭人均可支配收入的GM（1，1）预测模型：

$$u^{(1)}(t+1)=6.3602\mathrm{e}^{0.1173k}-5.6802 \qquad (5-7)$$

还原为原始序列的预测模型：

$$u^{(0)}(t+1)=u^{(1)}(t+1)-u^{(1)}(t)=6.3602(\mathrm{e}^{0.1173t}-\mathrm{e}^{0.1173(t-1)}) \qquad (5-8)$$

（3）预测模型的检验。

① 残差检验。

将 $t=0,1,2,\cdots,14$ 代入预测模型进行检验，得到2000—2014年累加值。

$\hat{u}^{(0)}(t+1)=(0.7040,0.7916,0.8901,1.0009,1.1254,1.2655,1.4230,1.6001,$
$1.7992,2.0231,2.2749,2.5580,2.8764,3.2344,3.6369)$

$\hat{\varepsilon}^{(0)}(t+1)=(0.0240,0.0541,0.0723,0.0747,0.0772,0.0336,0.0146,0.0377,$
$0.0688,0.0321,0.0195,0.0239,0.0913,0.0194,0.2023)$

$q(t)=(3.52\%,7.33\%,8.84\%,8.06\%,7.37\%,2.73\%,1.03\%,2.30\%,3.68\%,$
$1.56\%,0.85\%,0.94\%,3.08\%,0.60\%,5.89\%)$

② 关联度检验。

令关联系数为 $\gamma_i=\dfrac{\varepsilon_{\min}+\rho\varepsilon_{\max}}{\varepsilon_i+\rho\varepsilon_{\max}}$，其中 $\varepsilon_{\max}=\max\varepsilon_i$，$\varepsilon_{\min}=\min\varepsilon_i$，$\varepsilon_i=|\hat{u}_i^{(0)}(t)-u_i^{(0)}(t)|$。

则 $\varepsilon_{\min}=0.0146$，$\varepsilon_{\max}=0.2023$

由此计算灰色 $\rho=0.5$ 的关联系数，$\gamma_i=(0.9250,0.7457,0.6672,0.6583,0.6488,$
$0.8590,1,0.8333,0.6810,0.8687,0.9593,0.9251,0.6014,0.9599,0.3813)$

$$\gamma_i = \frac{1}{n}\sum_{t=1}^{n}\gamma(\rho) = 0.7809 \geqslant 0.6,\text{满足检验要求。}$$

③ 后验差检验。

由原始数据数列 $u^{(0)}(t)$ 和绝对误差序列计算得原始数据序列和绝对误差序列的标准差分别为:

$$S_1 = \sqrt{\frac{\sum_{t=1}^{n}(x^{(0)}(t)-\overline{x}^{(0)})^2}{n-1}} = 0.9328 \quad S_2 = \sqrt{\frac{\sum_{t=1}^{n}(\varepsilon^{(0)}(t)-\overline{\varepsilon}^{(0)})^2}{n-1}} = 0.0476$$

$$C = \frac{S_2}{S_1} = 0.0510 \leqslant 0.35 \quad S = 0.6745 S_1 = 0.6291$$

小误差概率 $P = P(|\varepsilon^{(0)}(t) - \overline{\varepsilon}^{(0)}| \leqslant 0.6745 S_1)$

设 $M = (|\varepsilon^{(0)}(t) - \overline{\varepsilon}^{(0)}|) = (0.0324, 0.0023, 0.0159, 0.0183, 0.0209, 0.0228, 0.0418, 0.0186, 0.0124, 0.0243, 0.0369, 0.0324, 0.0349, 0.0370, 0.1460)$

由于所有 M 都小于 S,所以 $P=1$。由表 5-15 可知,检验模型精度等级为好。

5. 住宅竣工面积预测

(1) 数据的收集与整理。

表 5-18 为江苏省 2000—2014 年住宅竣工面积,选取这组数据作为灰色理论预测的原始数据。

表 5-18　江苏省 2000—2014 年住宅竣工面积　　　　　　　　单位:亿平方米

年　份	住宅竣工面积
2000	0.0397
2001	0.0359
2002	0.0272
2003	0.0255
2004	0.0245
2005	0.1339
2006	0.1775
2007	0.4997
2008	0.5490
2009	0.6731
2010	0.7619
2011	0.7549
2012	0.9302
2013	0.9252
2014	0.8426

数据来源:整理自《江苏省统计年鉴》(2001—2015 年)。

(2) 预测模型的建立。

由表 5-18 可知江苏省住宅竣工面积的原始时间序列：$u^{(0)}(t)=(0.039\,7,0.035\,9,0.027\,2,0.025\,5,0.024\,5,0.133\,9,0.177\,5,0.499\,7,0.549\,0,0.673\,1,0.761\,9,0.754\,9,0.930\,2,0.925\,2,0.842\,6)$。

1-AGO 序列：$u^{(1)}(t)=(0.039\,7,0.075\,6,0.102\,8,0.128\,3,0.152\,8,0.286\,7,0.464\,2,0.964\,0,1.512\,9,2.186\,1,2.948\,0,3.702\,8,4.633\,0,5.558\,2,6.400\,8)$。

$$B=\begin{bmatrix} -0.294\,1 & 1 \\ -0.562\,3 & 1 \\ -0.876\,7 & 1 \\ -1.221\,6 & 1 \\ -1.599\,5 & 1 \\ -2.031\,5 & 1 \\ -2.511\,9 & 1 \\ -3.036\,2 & 1 \\ -3.647\,3 & 1 \\ -4.364\,8 & 1 \\ -5.123\,2 & 1 \\ -5.965\,7 & 1 \\ -6.893\,4 & 1 \\ -7.777\,3 & 1 \end{bmatrix} \quad B^\mathrm{T}B=\begin{bmatrix} 227.073\,8 & -45.905\,3 \\ -45.905\,3 & 14 \end{bmatrix} \quad Y=\begin{bmatrix} 0.035\,9 \\ 0.027\,2 \\ 0.025\,5 \\ 0.024\,5 \\ 0.133\,9 \\ 0.177\,5 \\ 0.499\,7 \\ 0.549\,0 \\ 0.673\,1 \\ 0.761\,9 \\ 0.754\,9 \\ 0.930\,2 \\ 0.925\,2 \\ 0.842\,6 \end{bmatrix}$$

因此，$\begin{bmatrix} a \\ b \end{bmatrix}=(B^\mathrm{T}B)^{-1}B^\mathrm{T}Y=\begin{bmatrix} -0.095\,0 \\ 0.261\,8 \end{bmatrix}$

根据以上数值可得江苏省住宅竣工面积的 GM(1,1) 预测模型：

$$u^{(1)}(t+1)=2.926\,7\,\mathrm{e}^{0.095\,0k}-2.755\,0 \qquad (5-9)$$

则还原为原始序列的预测模型：

$$u^{(0)}(t+1)=u^{(1)}(t+1)-u^{(1)}(t)=2.926\,7(\mathrm{e}^{0.095\,0t}-\mathrm{e}^{0.095\,0(t-1)}) \qquad (5-10)$$

(3) 预测模型的检验。

① 残差检验。

将 $t=0,1,2,\cdots,14$ 代入预测模型进行检验，得到 2000—2014 年累加值。

$\hat{u}^{(0)}(t+1)=(0.265\,3,0.291\,7,0.320\,8,0.352\,8,0.388\,0,0.426\,6,0.469\,2,0.515\,9,0.567\,4,0.623\,9,0.686\,1,0.754\,5,0.829\,7,0.912\,4,1.003\,4)$

$\hat{\varepsilon}^{(0)}(t+1)=(0.045\,3,0.051\,7,0.030\,8,0.022\,8,0.038\,0,0.026\,6,0.009\,2,0.016\,2,0.018\,4,0.049\,2,0.075\,8,0.000\,3,0.100\,5,0.012\,7,0.160\,7)$

$q(t)=(20.59\%,21.56\%,10.63\%,6.91\%,10.85\%,6.66\%,1.99\%,3.24\%,3.35\%,$

7.31%,9.95%,0.05%,10.80%,1.38%,19.08%)

② 关联度检验。

令关联系数为 $\gamma_i = \dfrac{\varepsilon_{\min} + \rho\varepsilon_{\max}}{\varepsilon_i + \rho\varepsilon_{\max}}$，其中 $\varepsilon_{\max} = \max\varepsilon_i$，$\varepsilon_{\min} = \min\varepsilon_i$，$\varepsilon_i = |\hat{u}_i^{(0)}(t) - u_i^{(0)}(t)|$。

则 $\varepsilon_{\min} = 0.0003, \varepsilon_{\max} = 0.1607$。

由此计算灰色 $\rho = 0.5$ 的关联系数，$\gamma_i = (0.6423, 0.6110, 0.7259, 0.7824, 0.6821, 0.7543, 0.9015, 0.8359, 0.8174, 0.6229, 0.5169, 1, 0.4463, 0.8670, 0.3348)$

$$\gamma_i = \frac{1}{n}\sum_{t=1}^{n}\gamma(\rho) = 0.7027 \geqslant 0.6,\text{满足检验要求。}$$

③ 后验差检验。

由原始数据数列 $u^{(0)}(t)$ 和绝对误差序列计算得原始数据序列和绝对误差序列的标准差分别为：

$$S_1 = \sqrt{\dfrac{\sum\limits_{t=1}^{n}(x^{(0)}(t) - \bar{x}^{(0)})^2}{n-1}} = 0.2524 \quad S_2 = \sqrt{\dfrac{\sum\limits_{t=1}^{n}(\varepsilon^{(0)}(t) - \bar{\varepsilon}^{(0)})^2}{n-1}} = 0.0418$$

$$C = \dfrac{S_2}{S_1} = 0.1654 \leqslant 0.35 \quad S = 0.6745 S_1 = 0.1703$$

小误差概率 $P = P(|\varepsilon^{(0)}(t) - \bar{\varepsilon}^{(0)}| \leqslant 0.6745 S_1)$

设 $M = (|\varepsilon^{(0)}(t) - \bar{\varepsilon}^{(0)}|) = (0.0014, 0.0079, 0.0131, 0.0211, 0.0059, 0.0172, 0.0347, 0.0277, 0.0255, 0.0053, 0.0319, 0.0435, 0.0566, 0.0312, 0.1169)$

由于所有 M 都小于 S，所以 $P = 1$。由表 5-15 可知，检验模型精度等级为好。

6. 多元线性回归预测模型构成

由式 (5-3)、式 (5-5)、式 (5-7) 和式 (5-9) 可知，

(1) 人均 GDP 预测模型为：$U_1^{(0)}(t+1) = 7.3709(e^{0.1422t} - e^{0.1422(t-1)})$。

(2) 常住人口预测模型为：$U_2^{(0)}(t+1) = 115.6958(e^{0.0064t} - e^{0.0064(t-1)})$。

(3) 人均可支配收入预测模型为：$U_3^{(0)}(t+1) = 6.3602(e^{0.1173t} - e^{0.1173(t-1)})$。

(4) 住宅竣工面积预测模型为：$U_4^{(0)}(t+1) = 2.9267(e^{0.0950t} - e^{0.0950(t-1)})$。

将上述预测模型代入人均住房建筑面积的多元线性回归模型中，则人均住房建筑面积的多元线性回归模型为：

$$\begin{aligned}S(t) = &-199.989 - 2.826 \times 7.3709(e^{0.1422t} - e^{0.1422(t-1)}) + 296.246 \times \\ & 115.6958(e^{0.0064t} - e^{0.0064(t-1)}) + 8.971 \times 6.3602 \times (e^{0.1173t} - e^{0.1173(t-1)}) - \\ & 11.083 \times 2.9267(e^{0.0950t} - e^{0.0950(t-1)})\end{aligned}$$

式中：$S(t)$——人均住房建筑面积；

U_1——人均 GDP；

U_2——常住人口；

U_3——城镇居民人均可支配收入;

U_4——住宅竣工面积;

t——时间(0=2000年,1=2001年,……,20=2020年)。

5.4.4 预测模型的运行——以江苏省为例(以2014年数据为例)

1. 人均GDP预测结果

根据人均GDP预测模型为:$U_1^{(0)}(t+1)=7.3709(e^{0.1422t}-e^{0.1422(t-1)})$,预测2015—2020年江苏省人均GDP,结果见表5-19。

表5-19 2015—2020年江苏省人均GDP预测值　　　　　　　单位:万元

年　份	预测值
2015	8.2445
2016	9.5042
2017	10.9564
2018	12.6305
2019	14.5604
2020	16.7851

2. 常住人口预测结果

根据常住人口预测模型为:$U_2^{(0)}(t+1)=115.6958(e^{0.0064t}-e^{0.0064(t-1)})$,预测2015—2020年江苏省常住人口数,结果如表5-20所示。

表5-20 2015—2020年江苏省常住人口预测值　　　　　　　单位:亿人

年　份	预测值
2015	0.8079
2016	0.8130
2017	0.8182
2018	0.8235
2019	0.8287
2020	0.8340

3. 人均可支配收入预测结果

根据人均可支配收入预测模型为:$U_3^{(0)}(t+1)=6.3602(e^{0.1173t}-e^{0.1173(t-1)})$,预测2015—2020年江苏省城镇家庭人均可支配收入,结果见表5-21。

表 5-21　2015—2020 年江苏省城镇家庭人均可支配收入预测值　　　　单位：万元

年　　份	预测值
2015	4.089 6
2016	4.598 5
2017	5.170 9
2018	5.814 4
2019	6.538 0
2020	7.351 7

4. 住宅竣工面积预测结果

根据住宅竣工面积预测模型为：$U_4^{(0)}(t+1)=2.926\ 7(e^{0.095\ 0t}-e^{0.095\ 0(t-1)})$，预测 2015—2020 年江苏省住宅竣工面积，结果见表 5-22。

表 5-22　2015—2020 年江苏省住宅竣工面积预测值　　　　单位：亿平方米

年　　份	预测值
2015	1.103 4
2016	1.213 4
2017	1.334 3
2018	1.467 3
2019	1.613 6
2020	1.774 5

5. 人均住房建筑面积预测结果

根据人均住房建筑面积预测模型：

$$S(t)=-307.307-9.999\times7.370\ 9(e^{0.142\ 2t}-e^{0.142\ 2(t-1)})+\\148.949\times115.695\ 8(e^{0.006\ 4t}-e^{0.006\ 4(t-1)})-6.932\times6.360\ 2\times\\(e^{0.117\ 3t}-e^{0.117\ 3(t-1)})-20.176\times2.926\ 7(e^{0.095\ 0t}-e^{0.095\ 0(t-1)})$$

预测 2015—2020 年江苏省人均住房建筑面积，结果见表 5-23。

表 5-23　2015—2020 年江苏省人均住房建筑面积预测值　　　　单位：m²

年　　份	预测值
2015	40.5
2016	41.8
2017	43.0

续表

年　份	预测值
2018	44.2
2019	45.1
2020	45.9

6. 人均住房保障面积预测结果

根据人均住房建筑面积与人均住房保障面积的关系，可预测 2015—2020 年江苏省人均住房保障面积，结果见表 5-24。

表 5-24　2015—2020 年江苏省人均住房保障面积预测值　　　　单位：m²

年　份	预测值
2015	24.3
2016	25.1
2017	25.8
2018	26.5
2019	27.1
2020	27.6

5.5　基于不同维度的住房保障面积精准化研究

5.5.1　基于设计标准的最小保障面积研究

1. 基本功能空间的确定分析

住房的最低面积标准并不是一成不变的，随着社会的不断前进，经济的不断发展，人均住房建筑面积也在改变。1990 年，我国城镇居民人均住房建筑面积只有 6.7m²，2002 年增加到 24.5m²，到 2014 年则是 33m²，增长了近 4 倍。居住环境在日益改善，生活质量也在不断提高。

保障性住房面积标准虽然应坚持低标准，但并不意味着无限度的降低，低标准也必须满足卫生和安全等基本居住需求。成套保障性住房实际上应做到功能明确、流线清楚、洁污分离、空间灵活，室内设施配备上做到标准化、系列化、配套化等。住房模式上应充分考虑到低收入居民居住需求的多样化和多层次，为实现社会的全面保障进行探索。

建设部发布的 2003 年版《住宅设计规范》(GB 50096—1999)(以下简称《规范》)已对住宅内部使用空间的最低使用面积标准和通风采光等卫生要求作出规定,同时,《规范》还将普通住宅套型分为一至四类,但在 2012 年修订版的《规范》中则取消了这一套型分类,将原先以面积大小为标准划分的 4 类套型概念取消,取而代之的是更加适用于保障性住房设计的"由卧室、起居室(厅)、厨房和卫生间组成的更加紧凑的最小套型"概念,解决了原有《规范》要求与保障性住房设计过程中遇到的实际问题之间的矛盾。《规范》中指出住宅内部空间类型和最低使用面积,见表 5-25。

表 5-25　不同功能空间最低使用面积　　　　　　　　　　单位:m²

住宅内部空间类型		《住宅设计规范》	《江苏省住宅设计标准》
卧室	双人卧室	9	10
	单人卧室	5	6
	兼起居的卧室	12	14
起居室(厅)		10	12
厨房	起居室与卧室独立的	4	4.5
	兼起居的卧室	3.5	3.5
卫生间(三件卫生洁具)		2.5	2.5
卧室与起居室独立的使用面积下限		30	33
兼起居的卧室的使用面积下限		22	23

除了国家强制性标准,江苏省也出台了地方强制性标准,在《江苏省住宅设计标准》(DGJ 32/J26—2017)中,提高了卧室和起居室的使用面积的最低标准,这样更符合江苏省的经济发展现状。表 5-25 中将江苏省的地方标准与国家标准进行对比后发现,《规范》中规定由卧室、起居室、厨房和卫生间组成的住宅套型,使用面积不应小于 30m²,而《江苏省住宅设计标准》中规定的使用面积是 33m²。对于由兼起居的卧室、厨房和卫生间组成的住宅套型,《规范》规定其使用面积下限是 22m²,《江苏省住宅设计标准》规定其使用面积下限为 23m²。

《江苏省住宅设计标准》中还规定了保障性住房的套型标准,见表 5-26。对于保障性住房各功能空间的最低使用面积也做了明确规定,见表 5-27。由表 5-26 可知,公租房建筑面积不应低于 35m²,经济适用房建筑面积不应大于 90m²。按《江苏省住宅设计标准》中规定的由兼起居的卧室、厨房和卫生间组成的住宅套型的使用面积不小于 23m²,若使用面积和建筑面积折算系数取 0.7,则建筑面积约为 33m²,与表 5-26 中规定的公租房建筑面积下限基本符合。

表 5-26 公租房和经济适用房的套型标准

	公租房			经济适用房	
建筑面积/m²	35~40	45~50	50~60	≤60	60~90
居住人数/人	1~2	2~3	2~3	2~3	4人及以上

表 5-27 保障性住房各功能空间的最低使用面积　　　　　　单位：m²

住宅内部空间类型	最低使用面积
双人卧室	9
单人卧室	5
兼起居的卧室	10
起居室（厅）	12
厨房	3.5
卫生间（三件卫生洁具）	2.5

考虑保障性住房的面积既要满足基本居住需求，又要保持相对较低的标准，因此保障性住房的面积标准既要满足最低面积标准，又不宜超过推荐面积标准。不同户型的最低面积标准以各使用空间的最低使用面积之和的1.1倍计算，考虑除基本使用空间外增加10%的辅助面积，包括门厅、过道、走廊、阳台等过渡空间。按照这一方法可以得出不同户型的最低面积标准和推荐面积标准，见表 5-28。

表 5-28 不同户型的使用面积标准　　　　　　单位：m²

户型	最低面积标准		推荐面积标准	
	使用面积1	套型建筑面积2	使用面积1	套型建筑面积2
一室一厅	31.9	42.5~45.6	34.0	45.3~48.0
二室一厅	38.5	51.3~55.0	45.0	60.0~64.3
三室一厅	43.0	57.3~61.4	68.0	90.6~97.0

注：1. 使用面积按各空间最低建筑使用面积之和的1.1倍计算，考虑10%的过道、阳台等辅助面积。

2. 套型建筑面积与使用面积的折算系数按 0.7~0.75 折算。

根据江苏省统计局发布的《2014 年江苏省统计年鉴》的数据，2014 年江苏省城镇人均住宅面积 39.5m²。按照平均水平的 50% 计算，则保障性住房的人均面积标准为 19.75m²，供三口之家使用的三室一厅户型的保障面积为 59.25m²。这与表 5-28 所示最低面积标准中的三室一厅户型套型建筑面积的标准是相吻合的，表明现阶段的保障标准是以最低面积标准实行的。而随着将来城镇家庭住房平均水平的提高，在保障全覆盖的情况下，保障性住房的保障最低面积标准可以相应提高到推荐面积标准。

目前我国城镇家庭以核心家庭为主，2014年江苏省城镇家庭户均人口2.99人，主要为三口之家。因此保障性住房在户型设计上应以二室一厅为主导户型，以50～60m^2的套型建筑面积为宜。但随着大量流动人口的涌入，刚毕业的大学生和外来务工人员等都纳入了社会保障范围，户型的种类也随之增加，根据保障对象的数量分布从单身宿舍到一室、两室、三室的平面布局都有。社会保障应坚持社会保障水平与经济发展水平动态一致的原则，汲取国外社会保障的经验教训，避免重蹈西方"福利国家"的覆辙；需要注意的是社会保障与经济发展的低水平一致不是静态的，当经济发展时，居民可以通过社会保障制度来分享经济发展的成果。同样，保障性住房的保障面积标准也应随着社会整体居住水平的提高而提高。因此，住房保障面积标准是动态的。

根据表5-29中不同户型的使用面积推荐标准可知，若一居室居住人数上限为2人，两居室居住人数上限为3人，三居室居住人数按4人计算，则可得人均使用面积的区间如表中所示。由表中数据可知，人均使用面积15m^2是各区间的唯一交集，所以将人均使用面积15m^2设定为最小保障面积。

表5-29 不同户型的使用面积标准　　　　　　　　　　　　　　单位：m^2

户型	使用面积		人均使用面积
	最低面积标准	推荐面积标准	
一室一厅	31.9	34.0	15.9～17.0
二室一厅	38.5	45.0	12.8～15.0
三室一厅	45.0	68.0	11.3～17.0

注：使用面积按各空间最低建筑使用面积之和的1.1倍计算，考虑10%的过道、阳台等辅助面积。

因此，本章将15m^2作为人均使用面积的下限，当人均使用面积小于15m^2时，则认为其住房困难，应将其人均使用面积提高到15m^2。

2. 单个功能空间的极限面积确定

(1) 单个功能空间极限面积确定要求。

2004年之前，相关建设行政主管部门对于保障性住房的面积，一直没有明确的要求，保障性住房的建设还没有大规模的展开。保障性住房面积标准的确定，要与现阶段的经济发展水平相适应。保障水平过高，会对经济增长不利，同时，过高的福利水平还会使人产生"福利依赖"，影响人们的主观能动性和进取精神。保障水平过低，又影响社会稳定，不利于和谐社会的发展。因此，我国现阶段的社会保障应该有一个适度的保障标准，以解决基本生活保障为目标。

2007年国务院在国发〔2007〕24号文件《国务院关于解决城市低收入家庭住房困难的若干意见》中规定经济适用房的建筑面积控制在60m^2左右，廉租房建筑面积控制在

50m² 以内。保障性住房的面积标准首先不能照搬商品房小康标准，更不能超过目前的人均住房面积。要以采用最低面积标准且满足人的基本生活需求为最低目标，同时兼顾社会经济发展的动态目标为依据。但这并不意味着保障性住房要放弃良好的生活环境，只是在和商品房相比较时，要放弃诸如大客厅、大餐厅、"干湿分离"等非基本的需求，可以注重空间处理，通过精细化设计创造一个实用精致的室内居住环境。比如在保障性住房的平面设计中，根据其使用的性质，对建筑面积进行控制，这并不意味着降低对生活标准的追求，保障性住房的设计和商品房一样应严格按照相关的规范进行；又比如各个房间的日照和通风，电梯的设置数量不能少，卫生间和厨房的防水设计以及厨房布置要符合操作流程等。让保障性住房真正成为被保障对象的生存保障和人生起点，也真正做到"雪中送炭"。

住房套内的极限面积是在满足基本功能使用下的家具设施尺寸和人体正常尺度及使用空间的尺寸之和。保障性住房作为现有住房的一种类型，虽然有其特殊性，依然要满足人的基本居住需求。对于表5-28中给出的套型使用面积，套型建筑面积以及表5-29中基本功能空间的最低使用面积给出的建议值可以作为参考。给出住房极限面积的前提是套内各空间在低限尺寸下使用的舒适性与灵活性，套内主要包括卧室、起居室、厨房、卫生间四大基本空间，这些空间是满足基本居住要求的主要功能空间。套型空间从宏观行为角度分析可以分为：行为构成、行为分区、行为空间三大类。行为构成包括三大内容：生理行为、心理行为和社会行为。人们的日常生活中包括复杂的行为内容，不同的行为内容需要不同的行为空间去满足，良好的居住空间不仅要满足人们的生理行为和心理行为，还要满足人们的社会行为需要。

（2）人体工程学分析得出的各空间极限面积。

明确各个功能空间的低限尺寸组合有利于在设计工作中明确各个套内空间的极限面积，避免在保障性住房居住空间设计工作中发生盲目压缩居住空间使用面积的错误。表5-30为《住宅设计规范（GB 50096—2011）》（以下简称《规范2011》）规定的两室户套内各个功能空间极限面积尺寸。《规范2011》中规定有起居室的套型内各空间使用面积之和是29.8m²，按1.1倍计算为32.78m²，无起居室的套型内各空间使用面积之和是19.3m²，按1.1倍计算为21.23m²，这两个套型的使用面积可以作为两室户的规范极限面积标准，即上限和下限，当然，如果经过精细化设计，从人体工程学角度去核算标准，保障性住房套内各空间的极限面积可以更加精确。套内空间精细化设计中需要预先分析各空间的功能定位，将相同或相近的空间整合，然后合理分配面积，在保证空间拥有良好的使用性能的前提下，进一步对功能空间进行细化设计，使空间安排更加紧凑合理，空间的利用达到最大化。

从人体工程学角度分析一套满足基本居住需求的保障性住房中每个空间所要求的极限面积，包含有卧室、厨房、餐厅、卫生间、起居室、等基本空间，分别满足休息、储藏、烹饪、进餐、洗浴、便溺、起居等功能。针对保障性住房实用对象的特点对《规范2011》中规定的最小房间面积进行合理调整，提出保障性住房各功能空间的套内极限面积以供参考。

表5-30 《规范2011》中两室户套内各空间极限面积尺寸（使用面积） 单位：m²

空间名称	有起居室	无起居室
起居室（厅）	10	—
单人卧室	5	5
双人卧室	9	9
厨房	4	3.5
卫生间	1.1	1.1

① 卧室极限面积。

卧室包含休息、储物和交通功能。双人卧室的家具主要包括三面临空的双人床与双人床头柜，满足休息、整理床上用品和穿衣脱衣等活动，床周边交通区域留出500mm的人行距离，双人床按1 500mm×2 000mm计算，储物柜按进深600mm整体衣柜计算。单人卧室布置与双人卧室布置基本相同，只需将双人床换成1 200mm×2 000mm的单人床。卧室极限面积见表5-31。

表5-31 卧室极限面积

房间名称	类型	房间净尺寸/mm	极限面积/m²	《规范2011》规定面积/m²
卧室	双人卧室	3 100×2 500	7.75	9
		3 200×2 500	8.00	
	单人卧室	2 300×2 000	4.60	5
		2 900×1 700	4.93	

② 厨房极限面积。

现代厨房的功能日趋复杂，厨房空间要满足摘洗、切装、烹饪、储藏、操作等功能。按人体工程学的舒适角度，应设进深600mm高1 000mm的操作台，燃气管道和洗涤池结合在操作台中不另占面积，沿墙布置的吊柜可增加储物空间，冰箱尺寸按600mm×700mm计算，并保留1 000mm的活动宽度。厨房的极限面积见表5-32。

表5-32 厨房极限面积

房间名称	类型	房间净尺寸/mm	极限面积/m²	《规范2011》规定面积/m²
厨房	U型平面	1 600×2 000	3.20	4
	L型平面	1 400×2 500	3.50	
	双排型平面	1 800×2 200	3.96	
	单排型平面	2 650×1 600	4.24	

③ 餐厅极限面积。

《规范 2011》中对于餐厅的布置并没有明确规定，一般在设计中将餐厅与起居室或者开放式厨房合二为一。餐厅区域的面积包括餐桌尺寸和人体就座用餐及起身的活动空间，一般餐厅都不是完全封闭独立的空间，可兼做过厅和通道。餐厅极限面积见表 5-33。

表 5-33　餐厅极限面积

房间名称	用餐人数/人	净尺寸/mm	极限面积/m²	《规范 2011》规定面积/m²
餐厅	2	600×2 400	1.44	无
		1 100×2 400	2.64	
	3	1 050×2 500	2.63	
		1 550×2 000	3.10	
	4	1 200×2 500	3.00	
		1 700×2 000	3.40	

④ 卫生间极限面积。

卫生间的基本空间需要满足洗漱、洗浴、便溺三个功能，也就是我们平时所说的三件套卫生间。通过比较，可以得出卫生间的套内极限面积为 2.24~2.64m²，见表 5-34。

表 5-34　卫生间极限面积

房间名称	洁具数量	房间净尺寸/mm	极限面积/m²	《规范 2011》规定面积/m²
卫生间	三件套	1 600×1 400	2.24	2.5
		1 600×1 600	2.64	

⑤ 起居室极限面积。

起居室空间是用来满足娱乐、会客、工作、休息等日常活动的，如没有餐厅也可兼做用餐空间，有时还兼做家庭所有空间的交通枢纽，比如通往阳台、餐厅或卧室的必经之路。起居室的基本布置应为三人沙发、茶几和电视柜。三人沙发的最小尺寸为 550mm×1 750mm，茶几为 300mm×450mm，32 寸电视最佳观看距离为 1.12m~1.87m，沙发边缘到茶几的距离要满足正常通行距离 450mm。起居室的空间是可以重复利用的，起居室的布置也是所有功能空间里变化较容易的，在保障性住房的改造时，应利用这一特性对其进行合理改造。起居室极限面积见表 5-35。

表 5-35　起居室极限面积

房间名称	基本配置	净尺寸/mm	极限面积/m²	《规范 2011》规定面积/m²
起居室	三人沙发、茶几、电视柜	2 300×2 500	5.75	10
		2 500×2 600	6.50	

3. 不同居住空间中保障面积确定

(1) 基于不同户型的角度分析。

保障性住房的居住空间设计首先要以低收入者生活特点和居住需求为出发点，确定合适的面积大小，套型空间设计要具有适应性，稍微改造即可适应不同家庭的居住需求。根据不同家庭的人口结构组成，在满足基本居住需求的前提下，提供不同需求住户的可选择性也非常重要。基于空间可复合使用的户型思考，在户型面积不变的情况下，可随家庭人口变化增加居住人数，主要是起居室和餐厅及客房的空间复合，将空间利用最大化。保障性住房要在空间设计上小中见大，户型精细化设计是重点。

① 一居室户型面积与布置。

一居室的套内面积应为 20~28m²，单人卧室可以满足新就业大学生、单身老人及残疾人的基本居住需求，10m² 的起居室也可以改造为单人卧室或者"起居室＋餐厅"的不同套型模式，以满足亲人探望或者临时客房使用，双人卧室可以满足子女不在身边的老年夫妻居住需求，见表 5-36。

表 5-36　一居室面积布置（1~2 人）　　　　　　　　　　单位：m²

面积	卧室	起居室	厨房	卫生间	使用面积
下限面积	5	10	3.5	2.5	20
上限面积	9	10	3.5	2.5	28

注：使用面积增加 10% 的辅助面积。

② 两居室和三居室的面积与布置。

两居室和三居室的功能都要能满足家庭人口结构变化的需求，比如：与老人合住的子女成家；家庭新增孩子，婴幼儿时期可以和父母同房，随着孩子的成长，需要相对独立的空间以适应孩子成长过程中不同时期的心理、生理特点；低收入家庭的人口结构相对复杂，人数较多，因经济能力所限，三代同堂的也比较多，就需要有足够数量的卧室，所以室户空间的灵活性和复合利用就显得尤为重要。两室户的套内面积为 33~38m²，三室户的套内面积为 39~50m²。不同户型的最小面积汇总见表 5-37、表 5-38 和表 5-39。

表 5-37　两居室面积布置（2~3 人）　　　　　　　　　　单位：m²

面积	卧室	起居室	厨房	卫生间	使用面积
下限面积	14	10	3.5	2.5	33
上限面积	18	10	3.5	2.5	38

表 5-38　三居室面积布置（4~5 人）　　　　　　　　　　单位：m²

面积	卧室	起居室	厨房	卫生间	使用面积
下限面积	19	10	3.5	2.5	39
上限面积	27	10	4	5	50

表 5-39　四居室面积布置（6 人及以上）　　　　　　　　单位：m²

面积	卧室	起居室	厨房	卫生间	使用面积
下限面积	29	10	3.5	5	53
上限面积	37	10	4	5	67

（2）基于保障房类型的角度分析。

公租房的套型建设应以一居室为主，两居室为辅，可以在一卧室一起居一厨房一卫生间等基本生活空间基础上进行功能空间的组合，例如一人间公租房的保障对象主要面对大学毕业生、外来务工等新就业人员，这些保障对象对公共空间的要求并不高，卧室是主要活动空间，可以适当扩大卧室面积，减小起居室的面积，或者将就餐和起居功能合并，这样也符合保障对象的私密性要求。公租房作为短期过渡性的保障性住房，面积标准不宜设置过高，如果保障面积过大，易产生"赖居"现象，因此在公租房中制定适当的面积极限是有必要的。这样既可以提高空间的利用率，又可以防止"赖居"滋生。

共有产权住房的保障对象的收入水平高于公租房保障对象，所以其面积标准不应与公租房相同，套型建设应以两居室和三居室为主要模式。共有产权住房的家庭人口数多在 3 人及以上，从家庭活动的角度考虑，起居室面积不应过小。两居室的公租房可以根据保障对象生活水平的提高向共有产权住房过渡，这样既解决了公租房退出难的问题，也可以解决保障房资源的合理配置问题。

在进行实物保障时，建设方依据保障房建设标准，应根据申请家庭情况，确定不同户型的建设数量，从而减少保障房的空置率，提高保障效率。江苏有些城市在设计经济适用房时没有调查申请家庭的情况，分别设计了 70m²、80m² 和 90m² 三种户型，结果在销售时 100 多套 80m² 的户型滞销，70m² 和 90m² 的户型供不应求，导致保障资源浪费。

5.5.2　基于家庭生命周期的动态保障面积研究

1. 家庭生命周期的划分和识别

在社会学、家庭经济学、营销学、医学等不同的研究领域，对于家庭生命周期概念的理解也不同。社会学中以家庭发展过程、家庭事件、家庭类型为标准，把家庭生命周期划分为不同阶段。

住房消费的基本单位是家庭，因此户籍、家庭规模、家庭结构、家庭生命周期阶段、家庭消费偏好的变化直接影响住房需求。家庭因素体现家庭对住房使用面积、服务功能需求的本源，家庭规模、家庭结构及生命周期阶段的变化都直接影响住房保障需求。

家庭规模是指家庭成员数量及代际关系，有研究表明家庭规模与住房建筑面积直接相关。家庭生命周期各阶段家庭成员数量及代际关系不同，如：独立生活的年轻家庭会因孩子出生而与父母同住，方便父母帮忙照顾孩子；代际关系多的家庭，需要更多的房间、更大的建筑面积和相互隔离的生活区；而一人家庭或二人家庭则对生活空间的分离没有太多的要求，甚至能接受无隔离的房间格局。

在不同的生命周期阶段，家庭对住房面积、结构、区位、环境、周边配套设施的要求也存在显著差异。在家庭形成阶段，家庭成员只有两人，对住房面积和空间的要求相对小，但对住房的区位或出入的便利性要求较多，这时家庭可能会选择租住符合要求的小面积住房。扩展期家庭，随着孩子的出生，父母为了方便照顾孙子女，可能会搬来同住，这时家庭对住房面积和空间的需求突然扩大，为了不过多增加住房消费支出，家庭可能会选择不处于市中心、但面积更大的住房居住。稳定期家庭，随着子女逐渐长大，且在扩展期家庭对住房面积的需求已经被满足，该时期对住房面积的需求比较小，但是对子女就近入学的需求更加迫切。收缩期，家庭成员减少，家庭对住房面积的要求缩小，但老龄户主对居住环境，周边医疗、购物、社区服务的需求增加。

2. 家庭生命周期的保障对象需求分析

以住房保障对象需求为研究内容、以家庭人口变化事件为节点，某一家庭事件会引发父代家庭和子代家庭的多种变化，某些家庭类型在一个家庭生命周期中跨越出现或重复出现。例如分家，会使父代主干家庭分解为满巢家庭和空巢家庭。因此，在家庭生命周期中各种家庭类型具有连续性和重合性，同时住房保障需求随着结婚、孩子出生、孩子离家、伴侣去世、分家合家等引起家庭人口变化事件的发生，呈现出螺旋式增加间或重叠的循环状态。一个家庭生命周期表现为一个螺旋环，在一个螺旋环中，因孩子离家使满巢家庭成为空巢家庭，或使主干家庭重新变为满巢家庭，同时孩子离家独立生活便进入家庭生命周期的离巢期，开始了新一轮家庭生命周期。

结婚、孩子出生是造成家庭基本居住需求增加的事件；伴侣去世是造成家庭基本居住需求降低的事件；而孩子离家、合家则是住房需求增加和降低的复合事件；因为孩子离家，主干期家庭进入离巢期，家庭居住人口减少，对住房需求量也有所减少；同时，孩子离家独立生活，是新家庭的开始，产生了新的住房需求。鳏寡家庭与满巢或空巢家庭合并，把满巢期家庭推进主干期，三代同堂的家庭结构，对住房的面积，房间数量，居住空间等需求都有所增加；同时，随着原来的父代家庭生命周期的结束，父代家庭消失，父代家庭原来的住房空置，住房需求为零。各阶段家庭人口结构、数量、关系的变化，使其住房需求及住房保障需求也差异显著。

第一阶段：离巢期。孩子离开父代家庭，作为独立个体开始生活，单身独居或多人合住一套住房，家庭人口为1人、一代。年轻人要求独立，希望有独立的生活空间，他们单独或合住在自购或租赁的住房中，追求住房便利、适用等使用价值。同时因其刚参加工作，收入水平比较低，财富积累少，仅凭自己的能力，很难获得适当住房，对住房保障有需求。但因年轻，受教育水平高，处于财富积累阶段，其住房保障需求是暂时的。

第二阶段：已婚未育期。家庭主人年龄多处于20～49岁间，家庭人口为2人、一代。由于"成家立业"文化背景的影响，该阶段家庭的住房需求从使用性逐步向所有权转变，结婚是产生住房所有权需求的重要因素之一。从离巢阶段到已婚未育阶段是住房需求增长的重要时期，也是住房保障需求激增的重要阶段，家庭的产权需求大于使用权需求。

第三阶段：满巢期。满巢期家庭人口至少2人，两代。这类家庭比重大且多样：已婚育家庭处于满巢Ⅰ期，家庭人口为3或4人（两孩）；已婚未育但与父母同住家庭处于满巢Ⅱ期；孩子离家后的中年空巢家庭与祖父母空巢或鳏寡家庭合家，成为满巢Ⅲ期家庭。各期满巢家庭多数拥有所有权住房，且住房需求量从Ⅰ期到Ⅲ期呈现先增长后下降的趋势，在满巢Ⅱ期处于最大值。满巢期家庭倾向于追求住房所有权、舒适度及便利性。其住房保障需求也呈现先增长后下降的趋势：满巢Ⅰ期，孩子出生，但收入未增加，家庭对住房保障需求较强烈，需要保障基本居住，并兼顾就业上学。满巢Ⅱ期，孩子长大，家庭财富有了一定积累，家庭对住房的需求向宜居、舒适层次发展，因此该阶段家庭对住房保障需求下降。满巢Ⅲ期家庭成员不超过4人，对居住面积的要求不增反降。但随着年龄增长，对居住舒适、便利、就医等要求大大增加。处于该时期的家庭，收入水平下降，没有能力改善居住条件，对实物住房保障需求较前一阶段增加，对住房所有权需求减少。

第四阶段：主干期。主干家庭是最具有中国特色的家庭，指三代或三代以上成员共同居住在同一套住房中。家庭主人年龄跨度很大，家庭人口≥3人，家庭构成多样，根据《2012中国民生发展报告》，四代同堂家庭占1.9%。主干家庭的类型包括由鳏寡家庭与满巢Ⅰ期家庭合家形成的主干Ⅰ期家庭；满巢Ⅱ期家庭因生育而转化为已婚已育与父母同住家庭，他们构成了主干Ⅱ期家庭；孙代成年的主干Ⅱ期家庭即主干Ⅲ期家庭。主干期家庭人口多，收入水平高，支付能力强，财富积累增加，住房需求量较大，需要住房配套设施齐备，生活环境优良。该阶段家庭对住房需求虽大，但基本居住需求已经实现，需要改善居住水平，达到宜居或舒适水平，对住房保障的需求相对小。

第五阶段：空巢期。子代因求学、结婚、异地工作等原因，离开父代家庭，同时形成离巢期家庭和空巢期家庭，其中空巢家庭占全部家庭的13.2%。空巢期家庭主人年龄多处于40岁以上，以2人家庭为主。空巢期家庭住房需求量明显减少，对周边医疗服务、购物便捷要求增加。因此，空巢期家庭住房保障需求对居住空间的要求较小，对居住环境，生活便利性需求增加。

第六阶段：鳏寡期。空巢期家庭中夫妻一方过世，家庭便进入鳏寡期，家庭人口为1人，主人年龄一般超过60岁。鳏寡期家庭由于收入水平降低及未来收入能力减弱，其住房保障需求应该被优先考虑。这类家庭对住房保障居住面积的需求大大降低，对医疗、便民、护理等服务需求迅速增加。

表5-40分析了不同家庭生命周期中的家庭人口数、保障对象需求、人口流动性、预期收入水平和保障房选择倾向的变化。由于这些因素的变化,使得这些不同规模家庭对住房的需求也是不同的,不同规模家庭的住房面积标准见表5-41。

表5-40 家庭生命周期保障需求分析表

家庭生命周期		家庭人口数	保障对象需求	人口流动性	预期收入水平	保障房选择倾向
第一阶段:离巢期		1人	希望有独立的生活空间	强	开始较低,慢慢增长	公
第二阶段:已婚未育期		2人	结婚是产生住房所有权需求的重要因素之一	强	增长	公、共
第三阶段	满巢Ⅰ期:已婚育家庭	3人或4人(两孩)	由于孩子出生,对产权式保障需求增加	弱	增长	共
	满巢Ⅱ期:已婚未育与父母同住	3人或4人(两孩)	对产权式保障的需求达到最大,家庭财富积累增加	弱	增长	共
	满巢Ⅲ期:中年空巢与祖父母空巢	≤4人	对产权式保障需求不再增加	弱	保持稳定,之后开始降低	共
第四阶段	主干Ⅰ期:三代或三代以上成员同堂	≥3人	主干家庭人口数较多,对产权式保障需求增加	弱	稳定	共
	主干Ⅱ期:满巢Ⅱ期已婚育与父母同住	≥3人	主干家庭人口数较多,对产权式保障需求增加	弱	稳定	共
	主干Ⅲ期:由孙代成年的主干Ⅱ期转变	≥3人	主干家庭人口数较多,对产权式保障需求增加	弱	稳定	共
第五阶段:空巢期		2人	基本维持主干家庭的保障形式,对保障需求不再增加	强	基本稳定,之后开始降低	公、共
第六阶段:鳏寡期		1人	逐渐失去收入增长能力,租赁式保障需求增加	强	降低,缓慢下降至最低	公

注:公指公共租赁住房,共指共有产权住房。

表 5-41 不同规模家庭的住房面积标准

家庭生命周期	家庭结构	卧室/间	起居室/间	餐厅/间	厨房/间	卫生间/间	使用面积/m²	人均使用面积/m²
第一阶段	单身	1	1	0	1	1	23.0	20.0
第二阶段	夫妇	1	1	1	1	1	34.0	17.0
第三阶段	1位家长+1个子女	2	1	1	1	1	39.0	18.5
第三阶段	1位家长+2个子女	3	1	1	1	1	45.0	15.0
第三阶段	2位家长+1个子女	2	1	1	1	1	45.0	15.0
第三阶段	2位家长+2个子女	3	1	1	1	1	68.0	17.0
第四阶段	祖父母+家长+1个子女	3	1	1	1	1	68.0	13.6
第四阶段	祖父母+家长+2个子女	4	1	1	1	2	79.0	13.2
第五阶段	夫妇	1	1	1	1	1	34.0	17.0
第六阶段	单身	1	1	0	1	1	32.0	20.0

3. 家庭生命周期中保障面积的确定

在家庭构成变化中，家庭规模是受家庭生命周期影响最大的一个，不同家庭生命周期中子女数量的差异是非常明显的，实际上子女与父母居住不仅是家庭生命周期的重要事件，也是家庭规模的主要影响因素。

家庭人口结构及规模大小是影响和决定保障面积的直接因素，因此保障性住房的面积变化和发展要适应家庭规模、人口结构的变化和发展，这是一个动态的变化。

根据家庭生命周期中对于保障需求的变化，由家庭生命周期变化导致的家庭规模参见表 5-40。由于我国城镇家庭平均人口数为 3 人左右，两代户占绝大多数，由表 5-41 可知，当家庭规模是三代同堂时，家庭人数最多为 6 人，因此在以家庭生命周期考虑时，只需增加卧室面积，其他公共空间面积不再变化。

由于政府对保障对象的家庭规模和人口结构无法确定，也为了地方政府便于操作，因此我们将家庭人口数的变化作为家庭生命周期中的首要指标，由表 5-41 可知家庭人口数不超过 6 人，则可得表 5-42。

表 5-42 基于家庭生命周期的不同户型使用面积　　　单位：m²

家庭生命周期		第一与第六阶段（1人）	第二与第五阶段（2人）	第三阶段（3人）	第三阶段（4人）	第四阶段（5人）	第四阶段（6人及以上）
户型	一室一厅	20	34				
	两室一厅		39	45			
	三室一厅			45	68		
	四室一厅					68	78

由家庭生命周期不同，户型面积相应不同，将家庭人口数变化作为人均使用面积的节点，并根据最低面积标准，将 15m² 作为住房困难标准，若人均使用面积达不到 15m²，则提高到 15m²。

由表 5-43 可知，除一人居住一室一厅以及家庭人口数均为两人居住在一室一厅和两室一厅的两种不同户型的情况外，其他类型的人均使用面积都在 15m² 及以下，属于本章中定义的住房困难人群，均要提高其住房面积标准。

表 5-43 基于家庭生命周期的人均住房保障面积的变化　　　单位：m²

户型	家庭人口数	使用面积	人均使用面积	修正后的人均使用面积
一室一厅	1人	20.0	20.0	20.0
	2人	34.0	17.0	17.0
两室一厅	2人	39.0	18.5	18.5
	3人	45.0	15.0	15.0
三室一厅	4人	55.0	13.8	15.0
	5人	68.0	13.6	15.0
四室一厅	6人及以上	79.0	13.2	15.0

人口数超过 3 人后，户型的变化不再导致人均使用面积的降低，人均保障面积不再增加，因此，表 5-43 简化为表 5-44，将人口数变化分为 1 人户、2 人户和 3 人户及以上。

表 5-44 基于家庭生命周期的人均住房保障面积

户型	家庭规模	人均使用面积/m²	人均住房保障面积/m²		
			得房率＝70%	得房率＝75%	得房率＝80%
一室一厅	1人户	20.0	28.5	26.6	25.0
	2人户	17.0	24.3	22.7	21.3
两室一厅	2人户	18.5	26.4	24.7	23.1
	3人户及以上	15.0	21.4	20.0	18.8

现在高层建筑中建筑面积和使用面积的折算系数为 0.75，以两室一厅为例，若按 3 人居住，则其使用面积合计为 45m²，其建筑面积合计为 60m²，若按 4 人居住，则其使用面积合计为 60m²，其建筑面积合计为 80m²。在现有保障房设计中也多以 90m² 以下的户型为主，因此基于家庭生命周期确定的人均使用面积是科学合理的。

5.5.3 基于保障收入线的最大保障面积研究

1. 配租型住房保障面积的确定

(1) 基于收入的配租型住房保障面积确定方法。

假设某家庭租房居住，其每月租房支出就是该家庭的住房消费支出，根据配租型保障收入标准测算公式可知，配租型保障面积可以表示为：

$$Y^* = \frac{12 \times R \times S}{\alpha} \Rightarrow S = \frac{Y^* \times \alpha}{12 \times R} \quad (5-11)$$

Y^* 表示家庭年收入；α 表示住房消费比例，本书按 $\alpha=30\%$ 计算。R 表示公平市场租金，S 表示面积标准。

(2) 南京 2015 年配租型住房保障面积测算。

① 公平市场租金。

南京 2015 年市场租金的第四十个百分位为 35.64 元/m²/月，即公平市场租金为 35.64 元/m²/月。

② 2015 年南京配租型保障收入线。

由第 3 章可知 2015 年南京市配租型住房保障收入线为 3 449.95 元/月，即人均年收入低于 41 399.4 元的家庭应该纳入配租型住房保障对象。

③ 配租型住房保障面积的确定。

把数据代入计算公式，可得到 2015 年南京市配租型住房保障面积 $S = 41\ 399.4 \times 30\%/(12 \times 35.64) \approx 29.04(m^2)$，即配租型住房保障面积约为 29.04m²。

(3) 江苏省 2015 年各城市配租型住房保障面积测算。

按照上述配租型住房保障面积确定方法，将测算的江苏省各城市的配租型保障面积汇总，见表 5-45。

表 5-45 江苏省各城市配租型住房保障面积测算结果（2015 年）

城　　市	配租收入线/(元/月)	配租型住房保障面积/m²	人均住房建筑面积/m²
南京	3 449.95	29.04	36.30
苏州	2 982.62	35.20	44.00
南通	2 628.61	37.04	46.30
无锡	2 435.93	35.84	44.80

续表

城　　市	配租收入线/(元/月)	配租型住房保障面积/m²	人均住房建筑面积/m²
常州	2 298.04	34.96	43.70
镇江	1 631.28	35.36	44.20
扬州	2 305.96	33.68	42.10
泰州	2 196.48	38.40	48.00
徐州	1 678.32	32.40	40.50
连云港	1 669.46	36.24	45.30
淮安	1 377.76	34.88	43.60
盐城	1 961.92	34.16	42.70
宿迁	1 413.60	37.20	46.50

2. 配售型住房保障面积的确定

（1）基于收入的配售型住房保障面积确定方法。

不同类型的保障性住房面积标准的确定方法是不同的。根据面积标准设定原则，我们假设与人均建筑面积相匹配的收入是人均可支配收入。

不同收入群体的保障方式不同，应该合理制定保障方式。家庭人均收入小于配租型住房保障收入线的家庭，政府可采用公租房、租赁补贴等方式进行保障；家庭人均收入小于配售型住房保障收入线的家庭，政府可采用共有产权住房、限价商品房及购房补贴等方式进行保障。

根据配售型收入线的测算结果可知，有的城市配售线高于人均可支配收入，有的城市配售线低于人均可支配收入。当配售收入线远远高于人均可支配收入时，说明这类城市市场严重供需失衡，应将人均建筑面积确定为保障面积，不应再提高。当配售收入线低于人均可支配收入时，说明这类城市有一定程度的市场供需失衡，但是保障面积仍可以按照保障对象收入水平适当提高。

根据以下约束方程可知：

① 当配售型保障收入线＜人均可支配收入，按保障对象收入与面积相匹配的原则来测算保障面积，则配售型保障面积：

$$\frac{Y'}{S'}=\frac{Y''}{S''} \Rightarrow S''=\frac{Y''}{Y'} \times S' \tag{5-12}$$

Y'' 表示配售线；Y' 表示人均可支配收入；S' 表示平均建筑面积；S'' 表示配售型面积标准。

② 当配售型保障收入线≥人均可支配收入，则配售型保障面积按当地人均住房建筑面积设定。

(2) 南京 2015 年配售型住房保障面积测算。

① 人均可支配收入。

国家统计局南京调查队发布《2014 年南京调查数据》，南京市 2014 年人均可支配收入为 42 564 元。

② 人均住房建筑面积。

根据《江苏省统计年鉴 2014》，南京人均住房建筑面积为 36.30m²。

③ 2015 年南京市配售型住房保障收入线。

由第 3 章可知南京市配售型住房保障收入线是人均 4 477 元/月，即人均年收入低于 53 724 元的家庭应该纳入配售型住房保障对象。

④ 2015 年南京配售型住房保障面积的确定。

将上述数据代入约束方程中可知，由 42 564 元＜53 724 元可知，其人均可支配收入低于配售收入线，则根据公式 5-12 可得面积 $S''=36.30\text{m}^2$，即 2015 年南京市配售型住房保障面积为 36.30m²。

(3) 常州 2015 年配售型住房保障面积测算。

① 人均可支配收入。

根据 2014 年常州市城乡居民收支情况分析可知，常州市 2014 年人均可支配收入为 39 483 元。

② 人均住房建筑面积。

根据《江苏省统计年鉴 2014》，常州人均住房建筑面积为 43.70m²。

③ 2015 年常州市配售型住房保障收入线。

由第 3 章可知 2015 年常州配售型住房保障收入线是 2 039 元/月，即人均年收入低于 24 468 元的家庭应该纳入配售型住房保障对象。

④ 2015 年常州配售型住房保障面积标准的确定。

把上述数据代入约束方程可知，24 468 元＜39 483 元，其人均可支配收入高于配售收入线，则面积标准 $S'=2\,039/3\,290\times43.70=27.08\text{m}^2$，即可得到 2015 年常州配售型住房保障面积为 27.08m²。

(4) 2015 年江苏省试点城市配售型住房保障面积的确定。

按照上述配售型住房保障面积确定方法，将测算的江苏省各城市的配售型住房保障面积测算结果汇总，见表 5-46。

表 5-46 江苏省各城市配售型住房保障面积测算结果（2015 年）

城市	配售收入线/（元/月）	人均可支配收入/（元/月）	配售型住房保障面积/m²	人均住房建筑面积/m²
南京	4 477	3 547	36.30	36.30
苏州	3 550	3 890	44.00	44.00
南通	2 262	2 781	46.30	46.30
无锡	2 333	3 478	44.80	44.80
常州	2 039	3 290	43.70	43.70
镇江	1 864	2 979	44.20	44.20
扬州	2 524	2 527	42.10	42.10
泰州	1 698	2 612	48.00	48.00
徐州	1 526	2 007	40.50	40.50
连云港	1 544	1 966	45.30	45.30
淮安	1 502	2 150	43.60	43.60
盐城	1 521	2 155	42.70	42.70
宿迁	1 542	1 700	46.50	46.50

5.5.4 研究结果

本章从设计标准、家庭生命周期和保障收入线三个角度，分别研究了住房保障的最小保障面积、动态保障面积和最大保障面积，研究结果汇总见表 5-47、表 5-48 和表 5-49。

表 5-47 基于设计标准的最小住房保障面积　　　　　　　　　　　单位：m²

户型	使用面积		人均使用面积
	最低面积标准	推荐面积标准	
一室一厅	31.9	34.0	15.9～17.0
二室一厅	38.5	45.0	12.8～15.0
三室一厅	45.0	68.0	11.3～17.0

表 5-48 基于家庭生命周期的动态住房保障面积

户型	家庭规模	人均使用面积/m²	人均住房保障面积/m²		
			得房率=70%	得房率=75%	得房率=80%
一室一厅	1人户	20.0	28.6	26.7	25.0
	2人户	17.0	24.3	22.7	21.3
两室一厅	2人户	18.5	26.4	24.7	23.1
	3人户及以上	15.0	21.4	20.0	18.8

表 5-49 基于保障收入线的最大住房保障面积　　　单位：m²

城市	配租型住房保障面积	配售型住房保障面积
南京	29.04	36.30
苏州	35.20	44.00
南通	37.04	46.30
无锡	35.84	44.80
常州	34.96	43.70
镇江	35.36	44.20
扬州	33.68	42.10
泰州	38.40	48.00
徐州	32.40	40.50
连云港	36.24	45.30
淮安	34.88	43.60
盐城	34.16	42.70
宿迁	37.20	46.50

5.6 住房保障面积标准的确定

5.6.1 住房保障面积标准的确定原则

住房保障面积标准的确定依据如下所述。

（1）以设计标准为依据是为了得到最小保障面积，应为住房保障面积标准的下限。最小保障面积虽然控制在低水平，但并不意味着无限度的降低标准，它必须满足基本的居住需求。

（2）考虑到保障对象家庭结构在不断变化，不同家庭人口数的人均住房保障面积也不相同，因此在确定住房保障面积标准时，应该根据家庭人口数的变化设定动态的面积标准。

(3) 不同收入水平的保障对象不应享有相同的保障面积，保障面积应该与收入水平相匹配，因此根据测算的保障收入线所得到的保障面积应作为住房保障面积标准的上限。

如果基于设计标准的住房保障面积出现大于基于保障收入线的住房保障面积的情况，则以设计标准为依据得到的是最大保障面积，以保障收入线为依据得到的保障面积应作为最小保障面积。

根据上述三个确定依据，住房保障面积可表示为图 5.12。

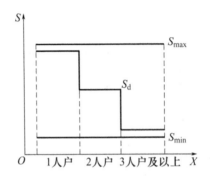

图 5.12　基于不同维度的住房保障面积

图 5.12 中，最小保障面积为 S_{min}，基于家庭生命周期动态保障面积为 S_d，基于配租型收入线的最大保障面积为 S_{max}。

综上可知，以设计标准为基础、以家庭生命周期为依据和以保障收入线为导向的原则，是确定住房保障面积标准的三个方面。将最小保障面积作为住房保障面积标准的下限，根据动态保障面积确定 1 人户与 2 人户和 3 人户及以上的比例，以该比例与住房保障面积标准上限的乘积作为该家庭规模的住房保障面积标准，其中 1 人户家庭不受家庭生命周期影响，即按保障收入线确定的保障面积作为该家庭规模的住房保障面积标准。

5.6.2　配租型住房保障面积标准的确定

1. 配租型住房保障面积标准测算方法

这里，设基于设计标准的最小保障面积为 S_{min}，基于家庭生命周期动态保障面积为 S_{di}，基于配租型收入线的最大保障面积为 S_{max}，配租型住房保障面积标准为 S_r。则配租型住房保障面积标准测算公式如下：

当 $S_{di} > S_{max}$，则 $S_r = S_{max}$；当 $S_{di} < S_{min}$，则 $S_r = S_{min}$；

当 $S_{min} \leqslant S_{di} \leqslant S_{max}$，则 $S_r = S_{max} \times \dfrac{S_{di}}{S_{max}}$；

（其中，$S_r \leqslant S_{min}$ 时，$S_r = S_{min}$；$S_r \geqslant S_{max}$ 时，$S_r = S_{max}$）

2. 配租型住房保障面积标准的确定——以南京市为例

将 S_{max}、S_{min} 及 S_{di} 代入约束方程中，测算结果见表 5-50、表 5-51、表 5-52。

表 5-50 南京市 2015 年配租型住房保障面积标准测算（得房率＝70%）　　　单位：m²

户型	家庭人数	S_{di}	S_{min}	S_{max}	S_r
一室一厅	1 人户	28.5	21.4	29.0	29.0
一室一厅	2 人户	24.3	21.4	29.0	24.8
两室一厅	2 人户	26.4	21.4	29.0	26.9
两室一厅	3 人户及以上	21.4	21.4	29.0	21.8

表 5-51 南京市 2015 年配租型住房保障面积标准测算（得房率＝75%）　　　单位：m²

户型	家庭人数	S_{di}	S_{min}	S_{max}	S_r
一室一厅	1 人户	26.6	20.0	29.0	29.0
一室一厅	2 人户	22.7	20.0	29.0	24.7
两室一厅	2 人户	24.7	20.0	29.0	29.0
两室一厅	3 人户及以上	20.0	20.0	29.0	21.8

表 5-52 南京市 2015 年配租型住房保障面积标准测算（得房率＝80%）　　　单位：m²

户型	家庭人数	S_{di}	S_{min}	S_{max}	S_r
一室一厅	1 人户	25.0	18.8	29.0	29.0
一室一厅	2 人户	21.3	18.8	29.0	24.7
两室一厅	2 人户	23.1	18.8	29.0	26.8
两室一厅	3 人户及以上	18.8	18.8	29.0	21.8

5.6.3 配售型住房保障面积标准的确定

1. 配售型住房保障面积标准测算方法

设基于设计标准的最小保障面积为 S_{min}，基于家庭生命周期动态保障面积为 S_{di}，基于配售型收入线的最大保障面积为 S_{max}，配售型住房保障面积标准为 S_p。则配售型住房保障面积标准测算公式如下：

当 $S_{di} > S_{max}$，则 $S_p = S_{max}$；当 $S_{di} < S_{min}$，则 $S_p = S_{min}$；

当 $S_{min} \leqslant S_{di} \leqslant S_{max}$，则 $S_p = S_{max} \times \dfrac{S_{di}}{S_{min}}$；

(其中，$S_p \leqslant S_{min}$ 时，$S_p = S_{min}$；$S_p \geqslant S_{max}$ 时，$S_p = S_{max}$)

2. 配售型住房保障面积标准的确定——以南京市为例

将 S_{max}、S_{min} 及 S_{di} 代入约束方程中，测算结果见表 5-53、表 5-54、表 5-55。

表 5-53 南京市 2015 年配售型住房保障面积标准测算（得房率＝70%）　　单位：m²

户型	家庭人数	S_{di}	S_{min}	S_{max}	S_p
一室一厅	1 人户	28.6	21.4	36.3	36.3
	2 人户	24.3	21.4	36.3	31.0
两室一厅	2 人户	26.4	21.4	36.3	33.6
	3 人户及以上	21.4	21.4	36.3	27.3

表 5-54 南京市 2015 年配售型住房保障面积标准测算（得房率＝75%）　　单位：m²

户型	家庭人数	S_{di}	S_{min}	S_{max}	S_p
一室一厅	1 人户	26.7	20.0	36.3	36.3
	2 人户	22.7	20.0	36.3	30.9
两室一厅	2 人户	24.7	20.0	36.3	33.6
	3 人户及以上	20.0	20.0	36.3	27.2

表 5-55 南京市 2015 年配售型住房保障面积标准测算（得房率＝80%）　　单位：m²

户型	家庭人数	S_{di}	S_{min}	S_{max}	S_p
一室一厅	1 人户	25.0	18.8	36.3	36.3
	2 人户	21.3	18.8	36.3	30.9
两室一厅	2 人户	23.1	18.8	36.3	33.5
	3 人户及以上	18.8	18.8	36.3	27.3

5.6.4 江苏省各城市住房保障面积标准的确定

根据上述方法计算，由不同得房率计算出江苏省各市 2015 年配租型和配售型的人均住房保障面积标准和参考户型面积，结果汇总见表 5-56、表 5-57 和表 5-58。

表 5－56　江苏省住房保障面积标准（得房率＝70％）　　　　　　单位：m²

面积标准					南京	苏州	南通	无锡	常州	镇江	扬州
面积标准	配租	人均面积	一室一厅	1人	29.0	35.2	37.0	35.8	35.0	35.4	33.7
				2人	24.8	30.0	31.6	30.6	29.8	30.1	28.7
			两室一厅	2人	26.9	32.6	34.3	33.2	32.4	32.8	31.2
				3人	21.8	26.4	27.8	26.9	26.3	26.6	25.3
		户型面积	一室一厅	下限	29.0	35.2	37.0	35.8	35.0	35.4	33.7
				上限	49.5	60.0	63.2	61.1	59.6	60.3	57.4
			两室一厅	下限	53.8	65.2	68.6	66.4	64.8	65.5	62.4
				上限	65.4	79.3	83.4	80.7	78.8	79.7	75.9
			三室一厅	下限	87.2	105.7	111.2	107.6	105.0	106.2	101.2
				上限	109.0	132.2	139.1	134.6	131.3	132.8	126.4
	配售	人均面积	一室一厅	1人	36.3	42.3	37.7	30.1	27.1	27.7	42.1
				2人	31.0	36.0	32.1	25.6	23.1	23.6	35.9
			两室一厅	2人	33.6	39.1	34.9	27.9	25.1	25.6	39.0
				3人	27.3	31.7	28.3	22.6	21.4	21.4	31.6
		户型面积	一室一厅	下限	36.3	42.3	37.7	30.1	27.1	27.7	42.1
				上限	61.9	72.1	64.2	51.3	46.2	47.1	71.7
			两室一厅	下限	67.3	78.3	69.8	55.7	50.2	51.2	77.9
				上限	81.8	95.2	84.8	67.7	64.2	64.2	94.7
			三室一厅	下限	109.0	126.9	113.1	90.3	85.6	85.6	126.3
				上限	136.3	158.6	141.4	112.8	107.0	107.0	157.9

面积标准					泰州	徐州	连云港	淮安	盐城	宿迁
面积标准	配租	人均面积	一室一厅	1人	38.4	32.4	36.2	34.9	34.2	37.2
				2人	32.7	27.6	30.9	29.7	29.1	31.7
			两室一厅	2人	35.6	30.0	33.6	32.3	31.6	34.5
				3人	28.8	24.3	27.2	26.2	25.6	27.9
		户型面积	一室一厅	下限	38.4	32.4	36.2	34.9	34.2	37.2
				上限	65.5	55.3	61.8	59.5	58.3	63.4
			两室一厅	下限	71.1	60.0	67.1	64.6	63.3	68.9
				上限	86.5	73.0	81.6	78.6	76.9	83.8
			三室一厅	下限	115.3	97.3	108.8	104.8	102.6	111.7
				上限	144.2	121.6	136.1	131.0	128.2	139.7
	配售	人均面积	一室一厅	1人	31.2	30.8	35.6	30.5	37.2	42.2
				2人	26.6	26.3	30.3	26.0	31.7	36.0
			两室一厅	2人	28.9	28.5	33.0	28.2	34.5	39.1
				3人	23.4	23.1	26.7	22.9	27.9	31.7
		户型面积	一室一厅	下限	31.2	30.8	35.6	30.5	37.2	42.2
				上限	53.2	52.5	60.7	51.9	63.4	71.9
			两室一厅	下限	57.8	57.1	65.9	56.4	68.9	78.2
				上限	70.3	69.4	80.1	68.6	83.8	95.0
			三室一厅	下限	93.7	92.5	106.8	91.5	111.7	126.7
				上限	117.1	115.6	133.6	114.4	139.7	158.4

表 5-57 江苏省住房保障面积标准（得房率＝75％）　　　　　　　单位：m²

					南京	苏州	南通	无锡	常州	镇江	扬州
面积标准	配租	人均面积	一室一厅	1人	29.0	35.2	37.0	35.8	35.0	35.4	33.7
				2人	24.7	29.9	31.5	30.5	29.7	30.1	28.6
			两室一厅	2人	29.0	32.6	34.3	33.2	32.3	32.7	31.2
				3人	21.8	26.4	27.7	26.8	26.2	26.5	25.2
		户型面积	一室一厅	下限	29.0	35.2	37.0	35.8	35.0	35.4	33.7
				上限	49.4	59.9	63.0	60.9	59.4	60.1	57.3
			两室一厅	下限	58.1	65.1	68.5	66.3	64.7	65.4	62.3
				上限	65.3	79.1	83.2	80.5	78.6	79.5	75.7
			三室一厅	下限	87.0	105.5	111.0	107.4	104.7	105.9	100.9
				上限	108.8	131.8	138.7	134.2	130.9	132.4	126.1
	配售	人均面积	一室一厅	1人	36.3	42.3	37.7	30.1	27.1	27.7	42.1
				2人	30.9	35.9	32.0	25.6	23.0	23.5	35.8
			两室一厅	2人	33.6	39.1	34.8	27.8	25.1	25.6	38.9
				3人	27.2	31.7	28.2	22.5	20.3	20.7	31.5
		户型面积	一室一厅	下限	36.3	42.3	37.7	30.1	27.1	27.7	42.1
				上限	61.7	71.9	64.0	51.1	46.0	47.0	71.5
			两室一厅	下限	67.2	78.2	69.7	55.6	50.1	51.2	77.8
				上限	81.6	95.0	84.6	67.5	60.9	62.1	94.5
			三室一厅	下限	108.8	126.6	112.8	90.0	81.1	82.9	126.0
				上限	136.0	158.3	141.0	112.6	101.4	103.6	157.5

					泰州	徐州	连云港	淮安	盐城	宿迁
面积标准	配租	人均面积	一室一厅	1人	38.4	32.4	36.2	34.9	34.2	37.2
				2人	32.6	27.5	30.8	29.7	29.0	31.6
			两室一厅	2人	35.5	30.0	33.5	32.3	31.6	34.4
				3人	28.8	24.3	27.1	26.1	25.6	27.9
		户型面积	一室一厅	下限	38.4	32.4	36.2	34.9	34.2	37.2
				上限	65.3	55.1	61.6	59.3	58.1	63.3
			两室一厅	下限	71.0	59.9	67.1	64.5	63.2	68.8
				上限	86.3	72.8	81.4	78.4	76.8	83.6
			三室一厅	下限	115.1	97.1	108.6	104.5	102.4	111.5
				上限	143.8	121.3	135.7	130.6	127.9	139.3
	配售	人均面积	一室一厅	1人	31.2	30.8	35.6	30.5	37.2	42.2
				2人	26.5	26.2	30.2	25.9	31.6	35.9
			两室一厅	2人	28.9	28.5	32.9	28.2	34.4	39.0
				3人	23.4	23.1	26.6	22.8	27.9	31.6
		户型面积	一室一厅	下限	31.2	30.8	35.6	30.5	37.2	42.2
				上限	53.1	52.4	60.5	51.8	63.3	71.7
			两室一厅	下限	57.7	57.0	65.8	56.4	68.8	78.1
				上限	70.1	69.2	79.9	68.5	83.6	94.8
			三室一厅	下限	93.5	92.3	106.6	91.3	111.5	126.4
				上限	116.9	115.4	133.2	114.1	139.3	158.0

表 5-58 江苏省住房保障面积标准（得房率=80%） 单位：m²

				南京	苏州	南通	无锡	常州	镇江	扬州
面积标准	配租	人均面积	一室一厅 1人	29.0	35.2	37.0	35.8	35.0	35.4	33.7
			一室一厅 2人	24.7	30.0	31.6	30.5	29.8	30.1	28.7
			两室一厅 2人	26.8	32.5	34.2	33.1	32.3	32.7	31.1
			两室一厅 3人	21.8	26.5	27.9	27.0	26.3	26.6	25.3
		户型面积	一室一厅 下限	29.0	35.2	37.0	35.8	35.0	35.4	33.7
			一室一厅 上限	49.5	60.0	63.1	61.1	59.6	60.3	57.4
			两室一厅 下限	53.7	65.0	68.4	66.2	64.6	65.3	62.2
			两室一厅 上限	65.5	79.4	83.6	80.9	78.9	79.8	76.0
			三室一厅 下限	87.4	105.9	111.4	107.8	105.2	106.4	101.3
			三室一厅 上限	109.2	132.4	139.3	134.8	131.4	133.0	126.6
	配售	人均面积	一室一厅 1人	36.3	42.3	37.7	30.1	27.1	27.7	42.1
			一室一厅 2人	30.9	36.0	32.1	25.6	23.1	23.6	35.8
			两室一厅 2人	33.5	39.0	34.8	27.8	25.0	25.6	38.9
			两室一厅 3人	27.3	31.8	28.3	22.6	20.4	20.8	31.6
		户型面积	一室一厅 下限	36.3	42.3	37.7	30.1	27.1	27.7	42.1
			一室一厅 上限	61.9	72.0	64.2	51.5	46.1	47.1	71.7
			两室一厅 下限	67.1	78.1	69.6	55.5	50.0	51.1	77.7
			两室一厅 上限	81.9	95.3	85.0	67.8	61.1	62.4	94.9
			三室一厅 下限	109.2	127.1	113.3	90.4	81.5	83.2	126.5
			三室一厅 上限	136.5	158.9	141.6	113.0	101.8	104.0	158.1

				泰州	徐州	连云港	淮安	盐城	宿迁
面积标准	配租	人均面积	一室一厅 1人	38.4	32.4	36.2	34.9	34.2	37.2
			一室一厅 2人	32.7	27.6	30.9	29.7	29.1	31.7
			两室一厅 2人	35.5	29.9	33.5	32.2	31.6	34.4
			两室一厅 3人	28.9	24.4	27.3	26.2	25.7	28.0
		户型面积	一室一厅 下限	38.4	32.4	36.2	34.9	34.2	37.2
			一室一厅 上限	65.4	55.2	61.8	59.4	58.2	63.4
			两室一厅 下限	71.0	59.9	67.0	64.5	63.1	68.7
			两室一厅 上限	86.6	73.1	81.8	78.7	77.1	83.9
			三室一厅 下限	115.5	97.5	109.0	104.9	102.8	111.9
			三室一厅 上限	144.4	121.8	136.3	131.1	128.4	139.9
	配售	人均面积	一室一厅 1人	31.2	30.8	35.6	30.5	37.2	42.2
			一室一厅 2人	26.6	26.2	30.3	26.0	31.7	35.9
			两室一厅 2人	28.8	28.5	32.9	28.1	34.4	39.0
			两室一厅 3人	23.5	23.2	26.8	22.9	28.0	31.7
		户型面积	一室一厅 下限	31.2	30.8	35.6	30.5	37.2	42.2
			一室一厅 上限	53.2	52.5	60.6	51.9	63.4	71.9
			两室一厅 下限	57.7	56.9	65.7	56.3	68.7	78.0
			两室一厅 上限	70.4	69.5	80.3	68.7	83.9	95.2
			三室一厅 下限	93.9	92.6	107.0	91.6	111.9	126.9
			三室一厅 上限	117.3	115.8	133.8	114.5	139.9	158.6

第 6 章
基于城市差异的住房保障监管机制精准化研究

基于前面对住房保障的准入、面积标准等的研究，对过程中的监管机制提出了更高的要求。要以多中心监管体系为重点，建立市场协同的监管机制。在信息化时代，住房保障领域的监管完全有条件更加科学有效。在完善和细化房地产市场统计指标的基础上，依托信息化技术建立科学的市场评价体系，依据住房保障运行实际情况，判断不同城市类型，监测住房精准保障监管水平，及时启动相对应的调整政策，建立政府协同监管机制，实现各部门信息共享机制。

6.1 理论基础

6.1.1 多中心治理理论

"多中心"一词是由英国思想家迈克尔·博兰尼在《自由的逻辑》中作为经济学的专有名词率先提出的。他认为人类在自发秩序领域所承担的工作很多是具有多中心性质的，需要通过协商式的相互间关系才能实现有效的工作目标。后续经过奥斯特罗姆的体系化建构形成了较为系统性的理论，奥斯特罗姆提出的多中心治理理论就是构建由多个治理中心秩序构成公共服务体制以适应多元化的社会结构。在多中心治理理论中，政府是主要的社会治理者，但不是唯一的治理者角色，政府、公众、企业都可以成为整个治理体系中的治理中心之一。在多中心治理框架下，政府将改变既有的最高治理者角色，在成为主导治理者的前提下，可以形成与各类社会组织广泛开展合作治理的新型治理模式。在这种模式中，公众通过代表组织在多中心治理框架内可以拥有参与规则制定的权利并获取有效信息。这样最后就形成以政府治理为主，多个治理主体参与的"共治"型体系。

6.1.2 "新治理"理论

美国学者莱斯特·M.萨拉蒙提出了一个新的治理范式即"新治理"，它是一种在"第三方政府"时代解决公共问题的新方法。"新治理"理论认为，公共问题的解决需要依靠各方主体，因此它不仅强调国家与社会的合作、政府与非营利组织的合作，还强调公共机构与私人机构的合作、政府与企业的合作、企业与非营利组织的合作以及各个资源的合作等。根据"新治理"理论，一个社会实际上是由三个部门组成的，即公共部门、市场部门与公民社会。三个部门在解决公共问题上承担着不同的角色，行为习惯与规则存在差异，各有优势与劣势。为更有效地解决社会问题，必须打破政府垄断性供给的局面，因为政府不再是社会服务的唯一提供者，企业、非营利组织或者地方政府部门都应该参与进来，形成一个"官民合作"的多元形态。

6.2 文献综述

6.2.1 国外文献综述

1. 住房政策评价

在政策评价研究方面,Chambers,Garriga,Schlagenhauf认为针对政策全过程的评价既包括政策本身,也包括政策执行及政策效果评价;Anderson对政策效率进行分析研究,提出住房政策的调整建议;Franklin和Hickie(2011)分析了美国的老龄化住房政策实施效果。

在政策评价标准研究方面,国外学者对政策评价标准的确定也存在较大的争论。Poister提出了七项政策评估标准:效果、效率、充分性、适当性、公平性、反应程度和执行能力。美国学者威廉·邓恩在《公共政策分析导论(第二版)》一书中提出公共政策标准的建立在事实标准和价值标准两个层面,包括六项评估标准:效果、效率、充足性、公平性、回应性和适宜性。莱斯特·M. 萨拉蒙提出"新治理"的概念,并从效率、公平性、可管理性、有效性、合法性等方面提出了综合性的评价标准。

2. 保障性住房监管评价

Seem(2007)提出必须建立对监管部门及保障对象的全过程的动态监管,要运用信息化手段来制约保障对象相关行为,减少人的因素在保障性住房监管中的作用,避免政府部门滥用权力情况的产生。Andrew Golland指出当前的住房保障制度已经较为成熟,政府应当做好在监管过程中的主导角色,科学引导市场和社会等多主体共同参与住房保障的监督。Berman(2000)等人对美国县级政府的绩效水平进行实证研究,分析认为正确的目标、有效的组织管理、政府机构和社会公众的参与程度、资源的有效利用水平等因素是影响公共项目绩效水平的主要因素。

Fenwick提出了"3E"理论,认为对公共项目绩效评价应该从经济性(Economy)指标、效益性(Effectiveness)指标和效率性(Efficiency)指标三个方面考虑。Flynn(1997)基于"3E"理论,将公平性(Equity)指标纳入绩效评价,形成了"4E"理论,他认为在绩效评价中应该同时重视项目的落实和最终实施效果,从工作实施情况、项目的质量水平评价、项目所带来的效益和产生的效果等方面对公共项目进行绩效评价。

6.2.2 国内文献综述

1. 住房政策评价

孙志波、吕萍在住房保障政策评价方面,将重点放在保障房的建设与运营、退出等环节及住房保障政策绩效评价等方面,从政策评价阶段的角度对评价标准进行划分,指出评价标准包括政策方案、政策过程和政策结果标准;龙奋杰、董黎明将空置率、价格变化、竣工量设置为评价指标,并选择样本城市进行经济适用房供给政策绩效评价;政策评价是公共部门绩效管理的重要环节,通过科学的政策评价,政府能够对政策系统、政策过程及结果的质量、效益和效果进行综合评价,可以调整完善政策体系,提高政策质量,实现政策目标。但对于如何评价与反馈住房保障政策的精准程度及其配套监管措施等方面的研究仍有待进一步拓展。

2. 保障性住房监管评价

孙天钾等人在借鉴3E绩效审计准则与低收入者生活需求的基础上构建了由经济性、效率性、效益性、公平性(4E)4个准则构成的指标体系,基于杭州实证调查数据对经济适用房政策的绩效进行了评价。顾维萌从政策制定、资源投入、政策执行、政策结果四个环节,公平性、效率性、效益性、经济性四个维度,设置了绩效审计指标体系,并对我国住房保障各方面绩效进行了定性分析。吴翔华、张静、权艳等设置了建设、分配、市场稳定三个方面组成的评价指标体系,构建了基于变异系数赋权法的综合评价模型,并选取三个城市进行实证分析。

6.2.3 文献评述

关于政策评价标准,国外学者在研究中各有不同。国外学者对于政策评价标准经历了从单一的经济标准到综合的多维标准,综合考虑经济、环境、社会、政治、公平性等多角度的评价内容中去,围绕评价内容构建的指标体系也越来越科学完善。

在住房保障政策评价方面,目前大部分研究指出了包括政策方案、政策过程和政策结果的评价标准;有的学者设置了空置率、价格变化、竣工量为评价指标,但对于如何评价与反馈住房保障政策的精准程度及其配套监管措施等方面的研究仍有待进一步拓展。

在保障性住房监管评价方面,对国内外的政策绩效评价体系加以分析,发现国外学者偏重于公共住房政策及其实施效率方面的研究,国内学者对公共住房政策实施绩效方面研究不多。国内外绩效评价体系存在以下不足之处:一是在选取评价指标时存在较大的主观性,指标体系认可度较低;二是绩效评价的有效性存在不足,主要由于对评价指标没有进行相关性分析。

6.3 住房精准保障多中心监管体系

6.3.1 监管框架

由于我国住房保障监管存在一系列问题,提高监管结果的公信力,科学地监管住房精准保障实效,确保政策基金精准到位,应运用多中心治理模式,引入第三方评估,通过第三方根据监管目标设立的监管指标来考察和检验各地方政府住房精准保障政策的实施效果。住房精准保障的"第三方评估",实质上是一种社会监督,是指通过独立公正的第三方在住房精准保障过程中发挥评估咨询作用进而推动住房精准保障目标最终实现的一种评估方式。因为第三方评估机构所具有的中立性与专业性,彰显其评估结果的真实性和科学性,客观上提升了评估结果的公信力与可信度,使评估结果更趋于客观现实和公众感受。以往由中央直接对地方政府的住房调控进行监管的模式,弱化了省级层面的监管作用,而第三方评估充分保障了省级人民政府住房保障行政主管部门的参与度和话语权,有利于省级人民政府住房保障行政主管部门科学转变工作方式,增强其工作动力。根据以上内容,可以设立的住房精准保障监管框架(图6.1)。

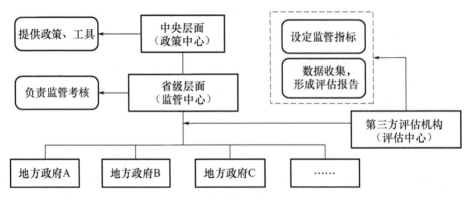

图 6.1 多中心住房精准保障监管框架图

6.3.2 监管职责

1. 中央层面

在多中心治理模式中,中央政府住房保障行政主管部门(即中央层面)负责提供政策、工具等,完善住房保障立法,提供公租房、共有产权房等配套政策,听取省级人民政府关于各地方政府住房精准保障的监管汇报。在这种模式下,中央政府住房保障行政主管部门不能以简单的资金、土地等投入指标衡量住房保障的执行效果,规避以约谈形式直接问责地方政府。具体可采取的政策工具见表6-1。

表 6-1 中央层面关于住房精准保障的政策工具表

监管主体	政策类型	具体措施
中央住房保障行政主管部门	法律	住房保障法
	金融	差别化的信贷工具
	行政	公租房、共有产权住房、租赁补贴等配套政策
	税收	差别化的个人所得税率和土地增值税、房地产税等

2. 省级层面

省级政府住房保障行政主管部门（以下简称省级部门）主要负责与确定的第三方评估机构共同设立监管考核指标，根据设立的相应监管指标，对下属地方政府定期进行考察，对出现的问题及时问责，并统一上报中央政府住房保障行政主管部门。省级部门不能超出中央提供的工具范围，应根据具体实际情况选择政策类型，提出本省的监管目标。同时，建议将省级部门的监管目标纳入全年考核范围，作为省级部门绩效评价重要的一环。

3. 第三方评估机构

第三方评估机构根据现实情况，广泛调研，建立科学完善可行的监管指标体系，充分考虑城市差异，对不同类型城市分类讨论，因城施策。具体的工作流程如图6.2所示。

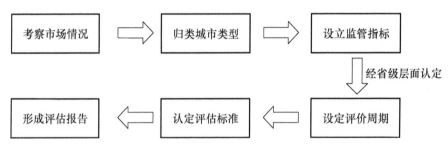

图6.2　第三方评估机构工作流程图

6.3.3　监管目标及内容

住房精准保障政策实施的监管目标，是确保关于住房精准保障的政策落实到位，做到住有所居，居者有其屋，真正因城施策，达到"精准"。

监管内容主要是对地方政府在住房保障领域的各项执行与管理行为所进行的监管。具体而言，是上级政府以及其他社会主体依据一定的评估标准、方法和程序，对地方政府在住房保障领域所履行的各项职能以及执行政策的各种服务和管理活动的过程和结果进行的综合监管。作为政府绩效评估的组成部分，住房保障政策实施的监管内容主要有监管主体多元化、过程监管与结果监管相结合、多元价值标准的综合应用、监管内容的针对性与系统性等多个方面。具体见表6-2。

表6-2　住房精准保障监管内容分类表

监管内容	具体表现
监管主体多元化	住房保障政策实施的监管强调建立开放性的监管系统，多方引入社会评估力量，形成监管主体多元化局面，从而构建回应型的绩效监管体系。在这个体系中，政府、第三方评估机构都是其评估的重要组成部分，有利于强化政府的绩效与责任意识，改善其在住房保障领域的服务水平

续表

监管内容	具体表现
过程监管与结果监管相结合	监管体系既要对地方政府住房保障具体职责履行情况进行评估,更要对地方政府执行政策中的各种服务与管理活动结果进行评估,从而防止为了实现既定的责任目标而出现违规行为的情况
多元价值标准的综合应用	在住房保障政策实施的监管中,除了注重效率的价值标准外,还应兼顾效果、公平、责任及满意度等结果要素的价值标准,在这些价值目标中寻求均衡,以设计出科学、合理的监管指标体系
监管内容的针对性与系统性	既要针对政府在执行住房保障政策中的行为进行监管,加强对其的制度约束力;又要从系统的角度进行研究,如在保障性住房准入线设置方面是否合理;在管理运行方面,要综合考虑保障性住房的准入、分配、退出等系统问题;在满意度方面,不仅要获得上级部门的认可,更要兼顾社会公众的认同与满意等

6.3.4 多中心监管体系的优势

多中心监管体系的优势有以下几方面。

（1）引入第三方评估机构,重在统筹全局,以评促改。构建监督体系,督促各级地方政府提高住房保障绩效,动态调整住房保障相关政策。通过第三方评估完善住房保障精准度、保障工作满意度、考量保障政策及方式的科学性,让第三方评估的"试金石"试出"真金",让住房保障工作向"精准保障"方向不断发展。

（2）社会多元主体之间的合作治理更适合现代社会多元化的结构特点。这种合作治理主要体现在政府、市场与公众之间的关系上,这种新型的治理表现形态就是多中心性,政府、市场与公众都参与到治理过程中,并且只有通过合作和沟通才能实现三者之间的力量平衡。这就要求在公共管理改革上要加强关注整体性谨慎监管的作用,促进不同部门及不同领域间之间的互动交流,提升公共管理部门之间的协作性监管,同时推动民众对于公共管理的参与性,构建政府、公众、市场三者之间的有机联系体。

（3）多个治理中心之间可以形成较好的协调性和均衡性。多中心的监管模式可以使各方的信息、利益诉求都有表达的途径与机制,在一定程度上避免了"拍脑袋"决策、单边决策不合理的监管决策,实现整个监管体系的整体性与通畅性的相统一。

（4）有利于提高省级部门积极性。省级部门的积极性直接影响到保障房的推进效率。首先,正确划分财权与事权。明确各级政府之间公共产品供给权责,将财权与事权匹配,加大中央对省级的支持,这对提高住房保障监管的有效性和持续性具有重要意义。其次,转变政府理念,促进政府转型。强化政府公共服务职能,将更多资源投入到住房保障中。

最后，优化晋升考核标准，建立责任机制。将保障房建设纳入地方政府的业绩衡量指标体系，用长效考核机制促使地方政府重视住房保障。

6.4 住房精准保障监管指标构建

住房精准保障要求必须完善住房供应体系，需要将住房供应从过去的"两分法"过渡到"三分法"。即：在居民收入与房价矛盾突出的城市，住房供应从过去保障和市场的"两分法"改为保障、支持和市场"三分法"，在住房保障供给和市场供给之间增加有政策支持的"共有产权住房"，满足首次置业的夹心阶层住房需求。最终形成政府（或单位）拥有产权的公共租赁住房、政府和个人共同拥有产权的共有产权住房和私人拥有完全产权的私人住房组成的、相互衔接的覆盖城镇全体居民的住房供应体系。

根据第3章的研究，可以将整个住房保障市场分为三类城市：A类为市场严重供需失衡、夹心阶层众多（夹心阶层规模≥30%）的城市，B类为市场部分供需失衡、有一定夹心阶层（5%≤夹心阶层规模<30%）的城市，C类为市场不存在供需失衡、几乎无夹心阶层（夹心阶层规模<5%）的城市。根据住房精准保障的因城施策原则，针对三类城市设立不同的监管指标。根据收入对应的夹心阶层规模如图6.3所示。

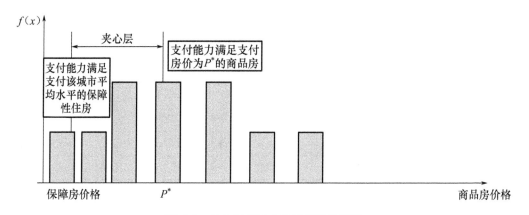

图6.3 收入对应夹心阶层规模示意图

以江苏省为例，2015年末，A类城市有南京和苏州，B类城市有扬州、泰州、无锡、镇江、南通、宿迁、常州、盐城，C类城市有连云港、徐州和淮安。

针对A类城市，地方政府不仅需要保证保障性住房的正常供应，还应设法减小夹心阶层规模，同时由于原始夹心阶层规模较大，该类城市若想使保障范围覆盖全部住房困难家庭，这与地方政府的财政能力不相匹配，该类型城市应分步实施，逐步提高住房保障准入的收入线标准，保障方式以配售型保障性住房为主；针对B类城市，地方政府同样需要保证保障性住房的正常供应及减小夹心阶层规模,但由于夹心阶层规模可控,因此该类城市的保障方式可配租配售相结合;针对C类城市,市场几乎不存在供需失衡,商品房供应较为充足,仅设定配租型保障性住房,主要考察保障满意度即可。

据此,主要需要设立的监管指标包括保障满意度、夹心阶层规模、覆盖率三大类。其中,保障满意度又可以归纳为住房整体满意度、住房服务满意度、住房管理满意度三种;夹心阶层规模主要考察夹心阶层规模下降率这个核心指标;覆盖率涉及配租型保障性住房覆盖率和配售型保障性住房覆盖率两种。其中关于保障满意度,将以调查问卷形式采集数据,以加权后的得分评估标准。具体分类见表6-3。

表6-3 住房精准保障地方政府监管指标表

一级指标	二级指标	评估说明
保障满意度	住房整体满意度	包括规划建设满意度、住房面积满意度、住房样式满意度、住房质量满意度、舒适状况满意度和地理位置满意度六个维度,在针对居民的调查问卷中对六维度满意度分别设置1分到10分的分值,计算住房整体满意度的加权分
	住房服务满意度	包括对保障房服务质量的满意度和配套服务设施的满意度,在调查问卷中对两维度满意度分别设置1分到10分的分值,计算住房服务满意度的加权分
	住房管理满意度	包括物业管理满意度、准入管理满意度、分配管理满意度、保障管理满意度和退出管理满意度五个维度,在调查问卷中对五方面满意度分别设置1分到10分的分值,计算住房管理满意度的加权分
夹心阶层规模	夹心阶层规模下降率	夹心阶层规模下降率=(上期夹心阶层指数-本期夹心阶层指数)/上期夹心阶层指数
覆盖率	配租型住房覆盖率	配租型住房覆盖率=实际入住的家庭数/申请入住的家庭数
	配售型住房覆盖率	配售型住房覆盖率=实际入住的家庭数/申请入住的家庭数

6.5 住房精准保障监管指标评价

6.5.1 评估标准

根据前文研究,设立的监管指标包括保障满意度、夹心阶层规模、覆盖率三大类。关于保障满意度,采用调查问卷计算加权得分的方式评估等级,满意度加权分大于等于8分为优秀(Ⅰ级),大于等于6分小于8分为合格(Ⅱ级),小于6分为不合格(Ⅲ级);关于夹心阶层规模下降率,大于等于 5% 为优秀(Ⅰ级),大于等于 0 小于 5% 为合格(Ⅱ级),小于 0 为不合格(Ⅲ级);关于覆盖率,本年度配租型住房覆盖率减去上年度配租型住房覆盖率的差值大于等于 5% 为优秀(Ⅰ级),大于等于 0 小于 5% 为合格(Ⅱ级),小于 0 为不合格(Ⅲ级)。相应的 A、B、C 三类城市监管评估标准见表 6-4、表 6-5、表 6-6。

表 6-4　A 类城市监管指标评估标准

一级指标	二级指标	评估标准		
		Ⅰ级(优秀)	Ⅱ级(合格)	Ⅲ级(不合格)
保障满意度	住房整体满意度	住房整体满意度加权分≥8分,判定为优秀	6≤住房整体满意度加权分<8分,判定为合格	住房整体满意度加权分<6分,判定为不合格
	住房服务满意度	住房服务满意度加权分≥8分,判定为优秀	6≤住房服务满意度加权分<8分,判定为合格	住房服务满意度加权分<6分,判定为不合格
	住房管理满意度	住房管理满意度加权分≥8分,判定为优秀	6≤住房管理满意度加权分<8分,判定为合格	住房管理满意度加权分<6分,判定为不合格
夹心阶层规模	夹心阶层规模下降率	夹心阶层规模下降率≥5%评定为优秀	0≤夹心阶层规模下降率<5%为合格	夹心阶层规模下降率<0 为不合格
覆盖率	配售型住房覆盖率	本年度配售型住房覆盖率减去上年度配售型住房覆盖率的差值≥5%为优秀	0≤差值<5%为合格	差值<0 为不合格

表 6-5　B 类城市监管指标评估标准

一级指标	二级指标	评估标准		
		Ⅰ级(优秀)	Ⅱ级(合格)	Ⅲ级(不合格)
保障满意度	住房整体满意度	住房整体满意度加权分≥8分,判定为优秀	6≤住房整体满意度加权分<8分,判定为合格	住房整体满意度加权分<6分,判定为不合格
	住房服务满意度	住房服务满意度加权分≥8分,判定为优秀	6≤住房服务满意度加权分<8分,判定为合格	住房服务满意度加权分<6分,判定为不合格
	住房管理满意度	住房管理满意度加权分≥8分,判定为优秀	6≤住房管理满意度加权分<8分,判定为合格	住房管理满意度加权分<6分,判定为不合格

续表

一级指标	二级指标	评估标准		
		Ⅰ级（优秀）	Ⅱ级（合格）	Ⅲ级（不合格）
夹心阶层规模	夹心阶层规模下降率	夹心阶层规模下降率≥5%评定为优秀	0≤夹心阶层规模下降率<5%为合格	夹心阶层规模下降率<0为不合格
覆盖率	配租型住房覆盖率	本年度配租型住房覆盖率减去上年度配租型住房覆盖率的差值≥5%为优秀	0≤差值<5%为合格	差值<0为不合格
	配售型住房覆盖率	本年度配售型住房覆盖率减去上年度配售型住房覆盖率的差值≥5%为优秀	0≤差值<5%为合格	差值<0为不合格

表6-6 C类城市监管指标评估标准

一级指标	二级指标	评估标准		
		Ⅰ级（优秀）	Ⅱ级（合格）	Ⅲ级（不合格）
保障满意度	住房整体满意度	住房整体满意度加权分≥8分，判定为优秀	6≤住房整体满意度加权分<8分，判定为合格	住房整体满意度加权分<6分，判定为不合格
	住房服务满意度	住房服务满意度加权分≥8分，判定为优秀	6≤住房服务满意度加权分<8分，判定为合格	住房服务满意度加权分<6分，判定为不合格
	住房管理满意度	住房管理满意度加权分≥8分，判定为优秀	6≤住房管理满意度加权分<8分，判定为合格	住房管理满意度加权分<6分，判定为不合格
覆盖率	配租型住房覆盖率	本年度配租型住房覆盖率减去上年度配租型住房覆盖率的差值≥5%为优秀	0≤差值<5%为合格	差值<0为不合格

6.5.2 动态评估

根据三类城市不同的监管指标，各级地方政府完成相应的年度目标及任务。同时，随着房地产市场的不断变化及诸多外部因素的影响，有些城市可能会因为夹心阶层规模的变化而变更城市类型，相应的监管指标有所变化，政策也需要有所调整，达到监管机制的动态变化效果。

1. 城市类别

根据第3章的研究，以南京市为例，2015年南京市夹心阶层指数为39.74%，属于市场严重供需失衡、夹心阶层众多（夹心阶层规模≥30%）的城市（A类城市）；根据2017年南京统计年鉴的数据，经过测算，南京市夹心阶层指数上升至46.52%（见图6.4）。两年以来，南京市的夹心阶层不但没有缩小，还有继续扩大的趋势，说明原有的监管体系并没有有效降低夹心阶层规模，住房保障问题更加突出。

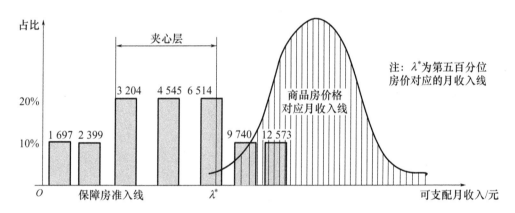

图 6.4 2017 年南京市夹心阶层规模示意图

因此，按照上文提出的现有的监管指标，各地方政府可动态监测夹心阶层规模及所属城市类别，因城施策，体现精准保障的"精准"内涵。

2. 指标评价

我们可以对划分的每个指标进行量化，参考实际情况，将优秀的指标评为Ⅰ级，将合格的指标评为Ⅱ级，将不合格指标评为Ⅲ级。最后根据各指标的评分情况，根据Ⅰ、Ⅱ、Ⅲ级评分的指标数量对各地方政府的住房精准保障监管水平进行综合评价。

理论上，住房精准保障的监管指标评价都不应低于Ⅱ级，即不允许含有Ⅲ级。统计所有指标中分别被评为Ⅰ、Ⅱ、Ⅲ级的指标个数，将住房精准保障监管水平分为以下三类（见表6-7）。

由此可见，上文中南京市2017年的夹心阶层规模46.52%评定为Ⅲ级，应处于警告状态，需要及时运用政策工具，切实解决夹心阶层住房保障问题。

表 6-7　住房精准保障监管水平分类表

指标统计	住房精准保障监管水平
I 级≥3 个，无 III 级	优秀
其他	一般
III 级≥1 个	警告

3. 评价反馈

住房精准保障监管处于优秀的城市，关于各指标的监控，做好数据分析，保持现有状态，同时做好非 I 级指标的预警及调整方案；住房精准保障监管处于一般的城市，针对出现的 II 级指标特别关注，并采取相应的整改措施，定期向省级主管部门汇报；住房精准保障监管处于警告的城市，应立即向省级主管部门汇报，商讨具体的应对方案，对出现的 III 级指标列出详细的整改计划，直到达到一般水平，再次评估。

第 7 章
结论与展望

第7章 结论与展望

7.1 结 论

随着我国保障性住房建设数量的增大，住房保障制度的完善，我国城镇居民的住房条件和住房环境都得到了较大的改善。但我国住房市场同时也呈现出住房市场的供需结构失衡、不同城市住房市场的差异明显等问题。第十二届全国代表大会第三次会议提出的住房宏观调控思路是"商品房市场分类指导，保障房实物保障与货币补贴并举"。因此，根据住房夹心阶层规模的不同，实施不同的住房保障政策，更精准地确定住房保障对象，更精准地确定住房保障方式，更精准地确定住房保障面积，可以在一定程度上满足保障性住房受益人群对高于保障性住房基本目标的住房质量的需求，使住房资源得到更优配置，促进当地住房市场稳定发展非常重要。

7.1.1 基于城市差异精准化研究住房准入标准

本书研究了国内外住房相关保障标准，分析了我国住房市场以及住房保障政策中存在的问题，指出了住房夹心阶层指数度量和因城施策的重要性和紧迫性。运用住房支付能力度量介于保障性住房和商品房市场上第五个百分位房价的夹心阶层规模大小，以夹心阶层规模占该城市总人口规模的比例衡量住房夹心阶层指数的大小。该指标不仅反映住房市场住房价格分布的合理性，还能间接反映该城市保障政策的合理性，反映住房困难家庭的规模，为判断住房夹心阶层规模提供更合理依据，不仅可以作为政府和市场合理判断住房市场运行状况的依据，还可以为政府制定保障政策提供建设性意见。

通过综合国内外住房市场发展和住房保障政策的研究成果，借鉴部分国家和地区在住房保障政策方面的成功经验，对如何减少住房夹心阶层规模以及如何合理划分保障准入标准，完善当前的住房保障体系进行探索。以夹心阶层规模为核心制定衡量住房夹心阶层指数，并提出针对不同夹心阶层指数的住房市场应采取不同的保障准入标准，制定有针对性的住房保障政策政策，以此来引导地方政府对住房市场进行合理干预，推动保障房的发展，从而有助于住房市场供应结构趋于合理，推动我国房地产行业健康有序地发展，实现"住有所居"的保障目标。

7.1.2 基于城市差异精准化研究住房保障方式

本书对于居民住房租买选择进行了研究，完善了住房选择行为研究变量体系。通过居民租买选择差异的度量，可以得知：①关于租买选择意愿，十个调研城市中倾向于买房的居民远多于倾向于租买的居民，且倾向于买房和租房的人的特征上大多存在显著性差异。②运用 Logistic 模型研究影响租买选择的显著性因素，研究表明不同城市之间的显著性影响因素存在差异。对于北京、上海、南京这类城市，可承受的房价、租房和买房享受的服务品质、租房和买房享受的社会权利、婚姻状况、年收入、户籍为显著性影响因素；对于苏州、常州、台州、金华这类城市，可承受的房价、租房和买房享受的服务品质、性别、年龄、子女数量、年收入、工作年限为显著影响因素；对于盐城、安阳、丹阳这类城市，可承受的房价、租房和买房享受的服务品质、稳定感、归属感、性别、年龄、婚姻状况、年收入为显著性影响因素。③运用综合指数法对各影响因素进行重要性排序，发现不同城市之间影响因素的重要性存在差异。对于北京、上海、南京这类城市主要影响因素为社会权利、户籍制度；对于苏州、常州、台州、金华这类城市主要影响因素为社会权利、户籍制度、服务品质、经济条件；对于盐城、安阳、丹阳这类城市，主要影响因素为服务品质、经济条件和心理因素。

根据国内外对自有住房和租赁住房服务品质的差异研究，结合调研过程和房地产市场现状，对引起居民租买选择差异的原因进行分析，可以发现租买效用（包括租买住房服务品质和享受的相关社会权利）的差异、户籍制度和我国传统的住房观念发挥着极其重要的作用。根据居民租买意愿及造成租买选择差异的原因可进一步深化探讨住房保障制度及住房市场存在的问题，针对这些问题，以尽量满足居民的住房租买意愿为出发点，对住房政策的制定提出了相对精准化对策，应针对不同类型城市对住房保障政策和其他相关配套政策进行完善。对于住房保障政策，从保障房类型和保障方式对保障房给出相关对策，其中保障房类型分为配租型保障房和配售型保障房。根据调研结果，绝大多数居民的租买意愿为买房，所以在住房需求量大的一线甚至部分二线城市都应增加配售型保障房的供应，并适当扩大保障范围。保障方式分为实物配租/配售和货币补贴两种保障模式，各城市应根据市场性质科学确定实物配租/配售和货币补贴的比重。其他相关政策应从发展规范我国的住房租赁市场和弱化户籍制度与住房保障政策进行配套，并针对不同类型的城市强调不同的政策。

7.1.3 基于城市差异精准化研究住房保障面积标准

通过对发达国家和地区住房保障面积标准的现状的相关研究，依据家庭生命周期中住房需求的变化和家庭生命周期模型。对经济社会发展、居民支付水平、人口数量以及家庭规模的变化对于住房面积发展趋势产生的影响进行对比分析，总结了影响住房面积的变化的因素，并运用了线性回归和灰色系统预测模型，预测了江苏省2015—2020年住房保障面积，并对江苏省住房保障面积标准提出了导向性的制定原则：以设计标准为基础，以家庭生命周期为依据，以保障收入线为导向，综合确定住房保障面积标准。

在住房保障面积标准制定原则的基础上，研究了基于不同维度的住房保障面积，确定了江苏省住房保障最小保障面积、动态的保障面积及最大的保障面积。最后，在三个不同维度对住房保障面积的研究成果上,运用了运筹学的方法,研究了住房保障面积标准,并以江苏省为例进行实证分析,形成了江苏省住房保障面积标准体系。

7.1.4 基于城市差异精准化研究住房保障监管机制

依据保障准入、保障方式和保障面积标准等维度对住房保障运行进行动态评价指标体系设计,基于城市差异视角构建住房精准保障监管机制,实现住房保障监管的"分城施策"。运用多中心治理模式,形成中央政府、省级政府和第三方评估机构的多方监管框架,通过第三方评估机构根据监管目标设立的监管指标来考察和检验各地方政府住房精准保障政策的实施效果,确保关于住房精准保障的政策落实到位,做到住有所居,居者有其屋,真正因城施策,达到"精准"。

在完善和细化房地产市场统计指标的基础上,依托信息化技术建立科学的市场评价体系,依据住房保障运行实际情况,判断不同城市类型,设立包括保障满意度、夹心阶层规模、覆盖率三大类监管指标。根据三类城市制定不同的监管指标,各级地方政府完成相应的年度目标及任务。同时,随着房地产市场的不断变化及诸多外部因素的影响,有些城市可能会因为夹心阶层规模的变化变更城市类型,相应的监管指标有所变化,政策也需要有所调整,达到监管机制的动态变化效果。

7.2 展　　望

(1)本书在研究住房保障准入标准时,有以下几点需要进一步改进:①对住房夹心阶层指数的测定和城市的分类,只是在江苏省13个城市的度量上体现了其科学性,如何对该指标进行完善和验证其科学性,还有待进一步研究。②目前我国的收入和资产申报制度还未建立,因此保障家庭收入和资产的认定存在不准确性,作为保障标准认定的重要环节,关于保障家庭收入和资产的认定还有待进一步研究。③针对住房夹心阶层规模较大,现行保障准入标准和理论测算保障准入标准差距过大的城市,提出要循序渐进、分阶段采取措施缩小差距,然而如何依据城市差异进行分步实施还有待进一步的研究。④在模型的函数形式的选择上,目前国内外研究大多是利用简单的线性形式,且没有统一的更加有效的方法,在进一步的研究中可以采用其他更能体现研究特征的函数形式进行更加深入的探讨,通过价格分布函数、特征价格方程、大数据手段应用等提高住房保障准入线研究的准确和效率。

(2)本书在研究住房保障方式时,选取十个不同城市的居民作为研究对象,是针对整个住房消费群体研究不同类型城市的租买选择差异,在接下来的研究中可以针对某一个或一类城市中的特殊群体(例如农村转移人口等)的住房需求进行进一步深入的探讨。此外，这十个城市不仅仅是江苏省，还有其他省市，因而无法形成针对一个省份的具体化住房保障体系，需要进一步针对全国或者某个省份的住房保障方式进行精准研究。

（3）本书在研究住房保障面积时，只是对保障标准中的面积标准做了详细研究，而对于住房条件和基础设施等问题尚未涉及，但它们同样是保障标准中至关重要的组成部分。基于收入线测算住房保障面积，对于公平市场租金和标准住房售价的数据在数量和质量上存在不足，收入线的测算可能存在偏差，对于保障面积计算会产生影响。

（4）本书基于城市差异对住房保障监管机制进行精准化研究，今后需要对监管机制设计的可行性、科学性、一致性和相容性进一步研究，对监管指标进行不断的完善和补充。根据城市差异，根据住房夹心阶层规模变化，监测住房精准保障监管水平，及时启动相对应的调整政策，建立政府协同监管机制，实现各部门信息共享机制。

（5）基于目前的研究，可以进一步构建住房夹心阶层指数及租赁夹心阶层指数，可以用于评价不同城市夹心阶层的状况和住房政策的有效性，也可以作为不同城市在进行房地产市场调控时的重要参考。

参考文献

[1] 孙炳耀. 如何解决"福利倒立"和"福立悖论[J]. 城乡建设, 2004, (4): 43-43.

[2] 杨海. 法理学视野下的适足住房权[D]. 太原: 山西大学硕士论文, 2011.

[3] 赖华东, 蔡靖方. 基于住宅过滤模型的城市住房保障政策选择[J]. 学习与实践, 2007 (3): 51-56.

[4] 刘友平, 张丽娟. 住房过滤理论对建立中低收入住房保障制度的借鉴[J]. 经济体制改革, 2008 (4): 154-158.

[5] 尚教蔚. 我国住房保障制度存在的问题[J]. 城乡建设, 2006 (3): 47-48.

[6] 浩春杏. 城市居民住房梯度消费中的家庭因素研究[J]. 江苏社会科学, 2007 (3): 78-83.

[7] 张敏. 经济社会发展中推进社会治理精细化的路径探析[J]. 知识经济, 2018 (1): 12-13.

[8] 柯尊清, 崔运武. 社会治理精细化的生成机理与运行逻辑研究[J]. 理论月刊, 2018 (5): 156-161.

[9] 马友乐. 社会治理精细化: 科学内涵、基本特征与现实依据[J]. 领导科学, 2016 (35): 54-56.

[10] [美] 约瑟夫·斯蒂格利茨. 经济学 (上) [M]. 梁小民等, 译. 北京: 中国人民大学出版社, 1997.

[11] [美] 哈维·S. 罗森. 财政学[M]. 4版. 平新乔等, 译. 北京: 中国人民大学出版社, 2000.

[12] [美] 科斯. 《社会成本问题》的注释[A]. 论生产的制度结构[C]. 上海: 三联书店上海分店, 1994: 304.

[13] BARKHAM R J, GELTNER D M. Price Discovery and Efficiency in the LTK Housing Market [J]. Journal of Housing Economics, 1996, 5 (1): 41-63.

[14] [日] 早川和男. 居住福利论: 居住环境在社会福利和人类幸福中的意义[M]. 李桓, 译. 北京: 中国建筑工业出版社, 2005.

[15] QUIGLEY J M. Why Should the Government Play a Role in Housing?: A View from North America [J]. Housing Theory and Society, 1999, 16 (4): 201-203.

[16] PRTIEMUS H. European policy and national housing stems [J]. Journal of Housing and the Built Environment. 2006, 21 (3): 271-280.

[17] DOLING J. Comparative Housing Policy Government and Housing in Advanced Industrialized Countries [J]. Journal of Housing and the Built Environment. 1998, 13 (4): 511-513.

[18] Lafrance A B. Welfare law: structure and entitlement in a nutshell [M]. West Pub. Co. 1979.

[19] MANSFIELD H. The role of government in the construction of the affordable housing [J]. Journal of Housing and the Built Environment. 2004, 22 (9): 36-42.

[20] DODSON J R. The roll of the state? Changing housing policy imagination and practice in four advanced economies [C]. 2006.

[21] WALKER B. The effects of rent restructuring on social housing in english rural areas [J]. Journal of Rural Studies, 2004, 20 (4): 445-460.

[22] SOLOMON R, DELAFIELD H & Wood LLP. Public Housing Reform and Voucher Success: Pro-

gress and Challenges. A discussion paper prepared for the Brookings institution metropolitan policy program, January, 2005.

[23] REISMAN D. Housing and superannuation: social security in Singapore [J]. International Journal of Social Economics, 2007 (3) 45 – 51.

[24] BARLOW J, DUNCAN S. Success and Failure in Housing Provision: European Systems Compared Pergamon. [J] Journal of European Social Policy, 1994: 170.

[25] OLSEN E O. Housing Programs for Low-Income Households. [M]. Means-Tested Transfer Programs in the United States. Chicago: Uiniversity of Chicago Press, 2003: 365 – 442.

[26] BRATT R G. Policy Review. [J] Housing Studies, 2003, 18 (4): 607 – 635.

[27] GRIGSBY W G, BOURASSA S C. Trying to understand low-income housing subsides: lessons from the United States [J]. Urban Studies, 2003, 40 (5 – 6): 973 – 992.

[28] CARTER S. Housing tenure choice and the dual income household [J]. Journal of Housing Economics, 2011, 20 (3): 159 – 170.

[29] ARRONDEL L, SAVIGNAC F. Housing and Portfolio Choices in France [M]. Housing Markets in Europe, 2005: 337 – 356.

[30] SIRGY M J, GRZEKOWIAK S, SU C. Explaining Housing Preference and Choice: The role of self-congruity and functional congruity [J]. Journal of Housing and the Built Environment, 2010, 20 (4): 329 – 347.

[31] CHEN J. Housing tenur, residential mobility and adolescents' education achievement: evidence from sweden [J]. The Annals of Regional Science, 2011, 50 (1): 275 – 294.

[32] Kabsung Kim, Jae Sik Jeon. Why do households rent while owning houses? Housing sub-tenure choice in South Korea [J]. Journal of Housing Economics, 2012, 36 (1): 101 – 107.

[33] SEKO M, SUMITA K. Japanese Housing Tenure Choice and Welfare Implications after the Revision of the Tenant Protection Law [J]. The Journal of Real Estate Finance and Economics, 2007, 35 (3): 357 – 383.

[34] DISNEY R, HENLEY A, STEARS G. Housing costs house price shocks and savings behavior among older households in Britain [J]. Regional Science and Urban Economics, 2002, 32 (5): 607 – 625.

[35] 高晓路. 北京市住宅价格的影响因素及适宜居住面积标准 [J]. 地理研究, 2010, 29 (03): 500 – 509.

[36] FOLLAIN J R, LIM G C, RENAUD B. Housing crowding in developing countries and willingness to pay for additional space: The case of Korea [J]. Journal of Development Economics, 1982, 11 (2): 249 – 272.

[37] RAVALLION M. The welfare cost of housing standards: Theory with application to Jakarta [J]. Journal of Urban Economics, 1989, 26 (2): 197 – 211.

[38] 林成. 从市场失灵到政府失灵：外部性理论及其政策的演进 [D]. 沈阳：辽宁大学. 2007.

[39] 杨兴慧. 房地产市场高房价高空置并存问题的政府规制研究：以青岛市为例 [D]. 青岛：青岛大学, 2011.

[40] 姚玲珍. 中国公共住房政策模式研究 [M] 上海：上海财经大学出版社, 2003.

[41] 张静. 国外住房保障制度对我国的启示 [J]. 城市开发, 2002 (2): 60 – 62.

[42] 郭玉坤. 中国城镇住房保障制度设计研究 [M]. 北京：中国农业出版社，2010.

[43] 温战辉. 浅析我国住房保障方式发展历程及其政策选择 [J]. 中国城市经济，2011 (3)：327-328.

[44] 胡丕勇. 基于住房券政策的保障性住房体系构想及情景模拟：以浙江省杭州市为例 [D]. 杭州：浙江大学，2011.

[45] 刘琳. 我国城镇住房保障制度研究 [M]. 北京：中国计划出版社，2011.

[46] 侯浙珉. 中国住房保障模式的创新与实践——经典案例分析 [J]. 当代经济. 2012 (24)：28-29.

[47] 曾辉，虞晓芬. 国外低收入家庭住房保障模式的演变及启示——以英国、美国、新加坡三国为例 [J]. 中国房地产. 2013 (2)：23-29.

[48] 郭玉坤，杨坤. 住房保障对象划分研究 [J]. 城市发展研究，2009，(09)：15-20.

[49] 汤腊梅. 基于住房支付能力的住房保障对象的界定 [J]. 城市发展研究，2010，(10)：41-45.

[50] 李进涛. 公平理论视角的城市居民住房承受能力研究 [D]. 武汉：华中科技大学，2009.

[51] 陈航. 现行城镇住房保障对象划分研究 [D]. 南京：南京农业大学，2010.

[52] 李俊杰. 住房保障收入线测定及调整机制研究 [D]. 南京：东南大学，2015：45-46.

[53] 郑思齐，孙伟增，徐杨菲. 中国城市住房保障覆盖范围的算法设计与应用 [J]. 系统工程理论与实践，2014，(11)：2791-2800.

[54] 孙娜. 吉林省保障性住房准入机制研究 [J]. 中国集体经济，2015 (24)：14-15.

[55] 卢媛，刘黎明. 北京市保障性住房准入标准线的统计测度研究——基于收入函数拟合方法 [J]. 调研世界，2013 (10)：43-45+56.

[56] 刘颖春，王冰，岳伟. 覆盖率对保障性住房准入与退出机制的影响 [J]. 吉林省经济管理干部学院学报，2015，29 (02)：7-9.

[57] 束金伟. 房地产泡沫的形成机理及其影响研究 [D]. 上海：东华大学，2013.

[58] 孙飞. 基于过滤模型的杭州市保障性住房供给研究 [D]. 杭州：浙江大学，2014.

[59] 崔裴，严乐乐. 住房租买选择机制缺失对中国房地产市场运行的影响 [J]. 华东师范大学学报（哲学社会科学版），2010 (01)：108-113.

[60] 崔裴，胡金星，周申龙. 房地产租赁市场与房地产租买选择机制——基于发达国家住房市场的实证分析 [J]. 华东师范大学学报（哲学社会科学版），2014 (01)：121-127.

[61] 薛立敏，曾喜鹏，谢钰伟. 台湾地区近年来迁移行为变化之影响因素分析——家户迁移决策与迁移地点选择之联合估计 [J]. 人口学刊，2007 (34)：69-107.

[62] 陈淑美，张金鹗，陈建良. 家户迁移与居住品质变化关系之研究：台北县市的实证分析 [J]. 住宅学报，2003 (7)：1-30.

[63] 陈淑美，张金鹗. 家户住宅区位与通勤选择之研究——1990年台北市单薪与双薪家户之比较 [J]. 台湾社会学刊，2000，24：89-125.

[64] 郑正，洪雯. 控制城市住宅建设面积标准 [J]. 城市规划，1999 (01)：33-37.

[65] 郑正，扈媛. 从住区的可持续发展看我国城市住宅面积标准和小汽车进入家庭 [J]. 城市规划汇刊，1998 (02)：43-44.

[66] 朱建达. 控制城市住宅建筑面积标准 [J]. 住宅科技，2000 (01)：12-16.

[67] KOSCHINSKY J. Spatial Heterogeneity in Spillover Effects of Assisted and Unassisted Rental Hous-

ing [J]. Journal of Urban Affairs. 2009, 31 (3): 319-347.

[68] 施梁. 由土地资源的约束看未来我国城镇居民住房面积水平定位 [J]. 华中建筑, 2002 (04): 12-14.

[69] 曹龙骐, 李永宁. 选择理论应用及其对市场理论的启迪 [J]. 学习与实践, 2008 (3): 49-54.

[70] 洪流. 城市保障性住房价格的研究：以南京市江南八区为例 [D]. 南京：南京师范大学, 2011.

[71] BITTER J. Christopher. Geography, Housing Prices, and Interregional Migration, 2008.

[72] DOBELNIECE S. Social Assistance: Comparative Analysis. Economic Science for Rural Development Conference Proceedings. 2017; (46): 54-61.

[73] FORTOWSKY E, LaCour-Little M, ROSENBLATT E, et al. Housing Tenure and Mortgage Choice [J]. The Journal of Real Estate Finance and Economics, 2011, 42 (2): 162-180.

[74] WOOLEE S, MYERS D. Local Housing-market Effects on Tenure Choice [J]. Journal of Housing and the Built Environment, 2003, 18 (2): 129-157.

[75] GOOODMANA C. Following a panel of stayers: Length of stay, tenure choice, housing demand [J]. Journal of Housing Economics, 1996, 12 (2): 106-133.

[76] JONES M. Human Capital [M]. Columbia University Press, New York. 1988.

[77] Ben-Shahar D. Tenure Choice in the Housing Market Psychological Versus Economic Factors [J]. Environment and Behavior, 2007, 39 (6): 841-858.

[78] MILLS E S. Housing tenure choice [J]. The Journal of Real Estate Finance and Economics, 1990, 3 (4): 323-331.

[79] BLACKLEY D. Why do homeownership rates vary among Metropolitan areas [J]. HousingFinance Review, 1988 (7): 109-132.

[80] BOEHM T P, et al. Intra-Urban Mobility, Migration and Tenure Choice [J]. The Review of Economics and Statistics, 1991, 73 (1): 59-68.

[81] BOEHM T P. Tenure choice and expected mobility: A synthesis [J]. Journal of Urban Economics, 1981, 10 (3): 375-389.

[82] CLARK WAV, DEURLOO M C. Tenure Changes in the Context of Micro-level Family and Macro-level Economic Shifts [J]. Urban Studies, 1994, 31 (1): 131-154.

[83] GREEN W A V. Entry-to home-ownership in Germany: some comparisons with the United States [J]. Urban Stud. 2001, 34: 7-19.

[84] LANE M C, KINSEY F M. Household characteristics in the U. S. Housing Market [J]. Environment and Planning A, 1980 (19): 1659-1670.

[85] DIAMOND D B. A Note on Inflation and Relative Tenure Prices [J]. Real Estate Economics, 1978, 6 (4): 438-450.

[86] ENGLE J. E, MINIARD P W. Consumer Behavior (7nded) [M]. Orlando Florida: Dryden Press, 1995.

[87] PAUL M. Urban Real Estate [M]. New York: New York Holt and Co, 1996.

[88] FALLIS G. Housing Tenure in a Model of Consumer Choice: A Simple Diagrammatic Analysis [J]. Areuea Journal, 1983, 11 (1): 30-44.

[89] 朱小姣. 对我国适足住房权的探究 [J]. 贵州警官职业学院报, 2010 (03): 91-95.

[90] 闫飞飞. 论适足住房权的国家义务 [J]. 郑州航空工业管理学院学报（社会科学版），2010（06）：86-88.

[91] 李娜. 自有与租赁住宅服务品质差异化研究 [D]. 杭州：浙江工业大学，2008.

[92] 傅三莎. 自有住宅与租赁住宅居住质量差异化研究：基于杭州的实证分析 [D]. 杭州：浙江工业大学，2009.

[93] 李培. 房屋租赁的替代效应与福利评价 [J]. 南方经济，2009（02）：3-12.

[94] 廖海波. 基于住房产权制度的居民偏好与心理分析 [J]. 四川理工学院学报（社会科学版），2011（04）：71-73.

[95] 赵奉军，邹琳华. 自有住房的影响与决定因素研究评述 [J]. 经济学态，2012（10）：137-143.

[96] 张金娟. 买房租房决策比较及模型探究 [J]. 建筑经济，2008（S1）：87-89.

[97] 刘慧贤. 城市住宅保有选择影响因素研究——基于杭州的实证分析 [D]. 杭州：浙江大学，2006.

[98] 王瑶. 我国城镇家庭住房租购选择的影响因素 [D]. 大连：东北财经大学，2013.

[99] 潘虹. 居民住宅权属选择影响因素研究 [D]. 杭州：浙江工业大学，2009.

[101] 任荣荣. 我国城镇住房租买结构特征 [J]. 中国投资，2014（05）：108-111.

[102] 朱丹. 我国城镇居民住房租买选择的经济学分析 [D]. 长春：吉林大学，2006.

[103] 邱剑锋. 城市非户籍人员住房选择行为研究 [D]. 杭州：浙江大学，2010.

[104] 葛怀志. 基于需求视角的公共住房撮合分配模型研究 [D]. 武汉：华中科技大学，2013.

[105] 鲁江善. 住房自有化适度水平下保障性住房政策研究——基于资源配置视角 [D]. 济南：山东财经大学，2013.

[106] 梁云芳，高铁梅. 中国房地产价格波动区域差异的实证分析 [J]. 经济研究，2007（08）：133-142.

[107] 王世联. 中国城镇住房保障制度思想变迁研究（1949—2005）[D]. 上海：复旦大学，2006.

[108] 姜凤茹，杨得兵. 加强经济适用房的住房保障功能 [J]. 河南商业高等专科学校学报，2004，17（6）：39-41.

[109] 聂仲秋，牛景文，倪用玺. 对廉租公寓建设的思考 [J]. 陕西行政学院学报，2007（1）：19-22.

[110] 张艳. 重塑政府廉租住房保障制度——兼论实物配租 [J]. 西南政法大学学报，2010，12（4）：24-33.

[111] 牛合香. 中国残疾人社会保障制度研究 [D]. 重庆：重庆大学，2012.

[112] 董藩，陈辉玲. 住房保障模式经济效应考查——基于住房过滤模型的思考 [J]. 河北大学学报（哲学社会科学版），2010（2）：1-7.

[113] 卢有杰. 全面分析城镇住房保障制度 [J]. 城乡建设，2004（4）：40-42.

[114] 方建国. 政府住房保障制度新政的经济学分析——重新认识"实物保障"和"货币补贴"问题 [J]. 中山大学学报（社会科学版），2008（6）：194-198.

[115] 雷雨虹，刘玲玲. 突出抓重点突破求发展 [J]. 新西部，2012（6）：75.

[116] 俞德鹏. 户籍制度改革的必要性、困境与出路 [J]. 江海学刊，1995（4）：47-51.

[117] 彭希哲，郭秀云. 权利回归与制度重构——对城市流动人口管理模式创新的思考 [J]. 人口研究，2007，31（4）：1-8.

[118] 张玮，王琼，缪艳萍，丁金宏. 大城市外来人口离"市民待遇"还有多远？——以上海市居住证制度为背景 [J]. 人口与发展，2008，14（4）：52-56+20.

[119] ROWNTREE B S. Poverty：a study of town life [J]. Charity Organisation Review，1902，11

(65): 260-266.

[120] GILLY M C, ENIS B M. RECYCLING THE FAMILY LIFE CYCLE: A PROPOSAL FOR RE-DEFINITION [J]. Advances in Consumer Research, 1982, 9 (1): 271.

[121] MURPHY P E, STAPLES W A. A Modernized Family Life Cycle [J]. Journal of Consumer Research, 1979, 6 (1): 12-22.

[122] WELLS W D, GUBAR G. Life Cycle Concept in Marketing Research [J]. Journal of Marketing Research, 1966, 3 (4): 355-363.

[123] MANKIW N G, WEIL D N. The Baby Boom, the Baby Bust, and the Housing Market [J]. Regional Science and Urban Economics. 1989, 19 (2): 235-258.

[124] ROSSI P H. Why Family Move: A Study in the Social Psychology of Urban Residential Mobility [M]. New York: The Free Press, 1955.

[125] LAWSON R. Patterns Of Tourist Expenditure And Types Of Vacation Across The Family Life Cycle [J]. Journal of Travel Research, 1991, 29 (4): 12-18.

[126] 李辉婕, 张腾. 市场失灵、政府失灵与住房保障 [J]. 生产力研究, 2009 (15): 18-20.

[127] 王笑严. 构建我国多层次住房权保障法律体系 [J]. 当代法学, 2012, 26 (03): 102-107.

[128] 王雪. 中国公民的住房权研究 [D]. 长春: 吉林大学, 2012.

[129] 涂缦缦. 住房权适足标准的界定——城镇保障性住房制度变迁的视角 [J]. 江西社会科学, 2015, 35 (4): 193-198.

[130] 刘欣. 城市住户的家庭生命周期与消费结构 [J]. 华中理工大学学报 (社会科学版), 1994 (1): 43-53.

[131] 郭庆松. 家庭生命周期与家庭消费行为 [J]. 消费经济, 1996 (2): 27-30.

[132] 王忠. 广东家庭户规模与家庭生命周期变化特点 [J]. 人口与经济, 2003 (2): 14-19.

[133] 陈斌开, 徐帆, 谭力. 人口结构转变与中国住房需求: 1999—2025——基于人口普查数据的微观实证研究 [J]. 金融研究, 2012 (01): 129-140.

[134] 杨霞, 徐邓耀. 城市发展中人口结构变化与住房需求的研究 [J]. 开发研究, 2011 (2): 84-87.

[135] 杨宇冠. 联合国人权公约机构与经典要义 [M]. 北京: 中国人民公安大学出版社, 2005.

[136] GALLENT N, MADEDDU M, MACE A. Internal housing space standards in Italy and England [J]. Progress in Planning, 2010, 74 (1): 1-52.

[137] 郭为公. 关于城市住房的居住基本标准 [J]. 世界建筑, 1994 (2): 24-27.

[138] 胡军. 日本住宅概论 [J]. 江苏建筑, 1997 (3): 6-10.

[139] 周典. 日本保障性住宅的规划设计 [J]. 建筑学报, 2009 (8): 22-26.

[140] 周建高. 日本公营住宅体制初探 [J]. 日本研究, 2013 (2): 14-20.

[141] 马庆林. 日本住宅建设计划及其借鉴意义 [J]. 国际城市规划, 2012, 27 (4): 95-101.

[142] 林文洁, 周燕珉. 日本公营住宅给中国廉租住房的启示——以日本新潟市市营住宅为例 [J]. 世界建筑, 2008 (2): 28-33.

[143] 王丹娜, 胡振宇. 新加坡组屋的规划建设及其启示 [J]. 住宅科技, 2010, 30 (05): 18-21.

[144] 许自力. 新加坡上世纪90年代住宅特点分析 [J]. 南方建筑, 2010 (01): 80-82.

[145] 张祚. 公共商品住房分配及空间分布问题理论与实践 [M]. 中国建筑工业出版社, 2012.

[146] 梁晓, 张幸仔. 新加坡住房保障体系 [J]. 中国税务, 2009 (1): 47-49.

[147] 崔玉影. 基于家庭生命周期的住房保障需求研究 [D]. 哈尔滨: 哈尔滨工业大学, 2013.

[148] 于洪彦, 刘艳彬. 中国家庭生命周期模型的构建及实证研究 [J]. 管理科学, 2007 (6): 45-53.

[149] 孙玉环. 家庭生命周期变动对住房市场需求的影响研究 [J]. 预测, 2009, 28 (3): 16-20.

[150] 丁聪, 刘应宗. 基于家庭生命周期的城乡住房需求比较研究 [J]. 求索, 2012 (6): 1-4.

[151] 孟霞. 当代中国社会人口结构与家庭结构变迁 [J]. 湖北社会科学, 2009 (05): 38-41.

[152] 张蕊. 保障性住房土地供应对商品性住房的影响机制——对北京市的实证研究 [D]. 北京: 中国人民大学. 2009.

[153] 宋博通, 陈剑强. 经济适用房推出比对商品房价格影响研究 [J]. 建筑经济, 2009 (08): 23-26.

[154] 王先柱, 赵奉军. 保障性住房对商品房价格的影响——基于1999—2007年面板数据的考察 [J]. 经济体制改革, 2009 (5): 143-147.

[155] 张跃松, 连宇. 基于挤出效应的住房保障规模对商品住房价格的影响 [J]. 工程管理学报, 2011, 25 (2): 206-209.

[156] 刘洁, 李翠翠. 中等收入家庭住房支付能力研究——以河北省为例 [J]. 现代交际. 2010 (11): 137-138.

[157] BARMEN E, WANG X H. Performance Measurement in U. S. Counties: Capacity for Reform [J]. Public Administration Review, 2000, 60 (5): 409-420.

[158] 曾国安, 胡晶晶, 阳玉. 我国构建腾退廉租住房管理与运作机制研究 [J]. 理论月刊, 2010, (5): 5-11.

[159] [瑞典] 吉姆. 凯梅尼. 从公共住房到社会市场-租赁住房政策的比较研究 [M]. 王韬, 译. 北京: 中国建筑工业出版社, 2010.

[160] Sau Kim Lum. Market fundamentals, pulic policy and private gain: house price dynamics in Singapore [J]. Journal of Property Research, 2002, 19 (2): 121-143.

[161] LOWRY I S. Filltering and Housing Standards: A Conceptual Analysis [J]. Land Economics, 1960, 36 (4): 362-370.

[162] BRAID R M. The short-run comparative statics of a rental housing market [J]. Journal of Urban Economics, 1981, (10) 3: 286-310.

[163] MCCARTHY P, BYRNE D, HARRISON S, et al. Housing type, housing location and mental health [J]. Social Psychiatry, 1985, 20 (3): 125-130.

[164] Seow-Eng-Ong, Tien-Foo Sing. Price Discovery between Private and Public Housing Markets [J]. UrbanStudies, 2002, 39 (1): 57-67.

[165] Tien-Foo Sing, I-Chun Tsai, Ming-Chi Chen. Price dynamics in public and private housing markets in Singapore [J]. Journal of Housing Economics, 2006 (15): 305-320.

[166] EDELSTEIN R H. Lum S K. House prices, wealth effects, and the Singapore macroeconomy [J]. Journal of Housing Economics, 2004, 13 (4): 342-367.

[167] MALPEZZI K V. Does the Low-Income Housing Tax Credit Increase the Supply of Housing [J]. Journal of Housing Economics, 2002 (4): 330-359.

[168] Chul-In Lee. Does provision of public rental housing crowding out private homing investment A panel

VAR approach [J]. Journal of Homing Economics, 2007, 16 (1): 1-20.

[169] 周文兴, 林新朗. 经济适用房投资额与商品房价格的动态关系 [J]. 技术经济, 2011, 30 (1): 85-88.

[170] 龙莹. 空间异质性与区域房地产价格波动的差异——基于地理加权回归的实证研究 [J]. 中央财经大学学报, 2010 (11): 80-85.

[171] 刘广平, 陈立文, 潘辉. 保障房对住房支付能力区域差异的影响研究——以经济适用房为例 [J]. 技术经济与管理研究, 2015 (03): 96-99.

[172] 董昕, 周卫华. 住房市场与农民工住房选择的区域差异 [J]. 经济地理, 2014, 34 (12): 140-146.

[173] 徐丹, 冯苏苇. 上海市廉租房准入标准对保障规模的影响分析 [J]. 2011 (S2): 178-181.

[174] 韩伟. 信息视域下的《住房保障法》准入退出机制的构建 [J]. 赤峰学院学报 (汉文哲学社会科学版) 2011 (6): 44-47.

[175] 李翔. 我国住房保障: 错位、缺位与复位 [J]. 中共四川省委省级机关党校学报, 2007 (4): 39-42.

[176] 刘书鹤, 刘广新. 我国住房保障存在的问题与对策 [J]. 中共福建省委党校学报, 2007 (8): 85-89.

[177] 尹珂. 城镇住房保障制度问题及对策研究 [D]. 重庆: 西南大学. 2007.

[178] 董藩. 完善住房保障模式必须遵循的原则 [J]. 城乡建设, 2008 (4): 56-57.

[179] 程娟. 我国住房保障制度的问题与对策研究 [J]. 劳动保障世界, 2013 (3): 6-8.

[180] COWEN T. The Theory of market failure: [M]. 1988.

[181] 刘会洪. 住房市场失衡: 市场失灵还是政府失责 [J]. 经济界, 2008 (05): 92-96.

[182] 孙志波, 吕萍. 保障性住房政策评估标准及体系研究 [J]. 兰州学刊, 2010 (4): 49-53.

[183] 龙奋杰, 董黎明. 经济适用房政策绩效评析 [J]. 城市问题, 2005 (4): 48-52.

[184] 高兴武. 公共政策评估: 体系与过程 [J]. 中国行政管理, 2008 (2): 58-62.

[185] 董翊明, 孙天钾, 陈前虎. 基于"4E"模型的经济适用房公共政策绩效评价与研究——以杭州为例 [J]. 城市发展研究, 2011, 18 (8): 109-115.

[186] 顾维萌. 我国保障性住房政策绩效审计评价研究 [D]. 杭州: 浙江工商大学, 2013.

[187] 吴翔华, 张静, 权艳. 公共租赁住房政策绩效评价研究 [J]. 建筑经济, 2014 (5): 81-84.

[188] CHAMBERS M, GARRIGA C, SCHLAGENHAUF D E. Housing policy and the progressivity of income taxation [J]. Journal of Monetary Economics, 2009, 56 (8): 1116-1134.

[189] ANDERSON M A. Implicit Inclusion Is Not Enough: Effectiveness of Gender Neutral Housing Policies on Inclusion of Transgender Students [D]. Ohio State Umiversity, 2011.

[190] FRANKLIN S, HICKIE J. Strategies for Housing Policy Action in an Aging America [J]. Public Policy & Aging Report, 2011, 21 (4): 22-25.

[191] POISTER T H. Public program analysis: applied reseach methods [M]. Balti2more: University Park Press, 1978: 9.

[192] [美] 威廉·N·邓恩. 公共政策分析导论 (第二版) [M]. 谢明, 等译. 北京: 中国人民大学出版社, 2002.

[193] 莱斯特·M. 萨拉蒙, 李婧, 孙迎春. 新政府治理与公共行为的工具: 对中国的启示 [J]. 中国行政管理, 2009 (11): 100-106.

[194] FENWICK J. Managing Local Government [M]. London: Chapman and Hall 1995: 23-30.

[195] MORMAN F. Public Sector Management [M]. Third Edition, Prentice Hall, 1997: 60.

[196] SEEM J E. Pattern recognition algorithm for determining days of the week with similar energy consumption profiles [J]. Energy and Buildings, 2005, 37 (2): 127-139.

[197] AGOLLAND A. System of Housing Supply and Housing Production in Europe [M]. Aldersho Ashgate Publishing, 1998.

[198] SINAI T, WALDFOGEL J. Do Low-Income Housing Subsidies Increase Housing Consumption [J]. Journal of Public Economics, 2005 (89): 2137-2164.

附　　录

居民住房租买选择调研问卷

尊敬的先生/女士：

您好！此次调查是想对您的住房现状、住房需求和您的住房租买选择意向进行了解，希望您协助回答以下问题。此次调查结果仅作为学术研究用途，感谢您的参与！**本次调研保护答卷人的隐私，请您放心填写，非常感谢您的协助！**

一、住房租买选择意愿

1. 您目前的居住的房屋是（　　　）。

   A. 租赁住房　　　　　　　　　　B. 自有住房

2. 在您所居住的城市，您更愿意（　　　）。

   A. 租房　　　　　　　　　　　　B. 买房

3. 在您所居住的城市，您可以承受的住房价格为（　　　）。（根据不同调研城市房价进行调整）

   A. 6000 元及以上/m²　　　　　　B. 5000~5999 元/m²

   C. 4000~4999 元/m²　　　　　　D. 3000~3999 元/m²

4. 您是否认同买房比租房能享受到更高的服务品质（房屋和小区的品质、周边公共设施和商业配套资源等）（　　　）。

   A. 根本不同意　　B. 不同意　　C. 一般　　D. 同意　　E. 非常同意

5. 您是否认同买房比租房能享受到更好的社会权利（孩子上学、就医等）（　　　）。

   A. 根本不同意　　B. 不同意　　C. 一般　　D. 同意

   E. 非常同意

6. 您是否认同买房会更容易带来稳定感（　　　）。

   A. 根本不同意　　B. 不同意　　C. 一般　　D. 同意　　E. 非常同意

7. 您是否认同买房会带来归属感（　　　）。

   A. 根本不同意　　B. 不同意　　C. 一般　　D. 同意　　E. 非常同意

8. 您认为影响您买房的因素有（最多选六项，依因素的重要性依次填写）（　　　）、（　　　）、（　　　）、（　　　）、（　　　）、（　　　）。

   A. 住房品质/格局　　　　　　　　B. 小区品质（包括环境物管治安等）

C. 小区所在区位自然环境及休闲设施状况

D. 小区周边商业配套资源状况（商场、超市、娱乐设施等）

E. 教育资源状况　　　　　　　　F. 公共交通设施状况

G. 房屋价格/居住成本　　　　　　H. 住房距离工作地点的距离

I. 房屋升值潜力　　G. 更具有归属感　　K. 更具有稳定感

9. 相比于自有住房，您认为租赁住房有哪些优点（最多选三项，依因素的重要性依次填写）（　）、（　）、（　）。

A. 可以更灵活地根据工作等变化改变居住地点，更自由

B. 不需要一次性支付高昂的购房费用

C. 没有贷款压力

D. 可以根据自身经济条件适时改善住房的居住条件（租赁服务品质更好的住房）

E. 其他＿＿＿＿＿＿＿＿＿＿＿＿＿＿＿＿

10. 对于您所在的城市，相比于自有住房，您觉得租赁住房有哪些缺点（最多选三项，依因素的重要性依次填写）（　）、（　）、（　）。

A. 房屋质量差

B. 屋内设施条件差

C. 小区品质差

D. 租金会不定时上涨

E. 因房租变化、房东等原因不能长租，要经常搬家（非自身原因）

F. 其他＿＿＿＿＿＿＿＿＿＿＿＿＿＿＿＿

11. 您认为影响您租房的因素有（最多选五项，依因素的重要性依次填写）（　）、（　）、（　）、（　）、（　）。

A. 住房品质/格局　　　　　　　　B. 小区品质（包括环境、物业、治安等）

C. 区位自然环境及休闲设施状况　　D. 商业配套资源状况

E. 教育资源状况　　　　　　　　F. 公共交通设施状况

G. 房租高低　　　　　　　　　　H. 住房距离工作地点的距离

I. 租金　　　　　　　　　　　　G. 能否可以常租

12. 如果改变下面哪个选项您会改变租房或买房的选择（　　）。

A. 不考虑自身经济状况

B. 租房和买房可以享受到和买房同等的社会权利

C. 租房和买房可以享受到同等的小区和房屋品质（如房屋质量、小区环境、物业管理、治安管理等）

D. 租房可以一次性缴纳长期（例如：几十年）的房租

E. 没有户籍制度的限制

F. 其他_____

13. 除上述问卷中提到的租房和买房的优缺点，您认为租房和买房还存在其他的优点和缺点：

_____
_____

14. 除上述问卷中提到的影响您租房或买房的因素，您认为还有哪些其他因素：

_____
_____

二、基本资料：

15. 您的性别是（　　）。

A. 男　　　　　　　　　　　　B. 女

16. 您的年龄是（　　）。

A. 20～30 岁　　B. 31～40 岁　　C. 41～50 岁　　D. 51～60 岁

E. 61 岁及以上

17. 您的婚姻状况是（　　）。

A. 未婚　　　　B. 已婚

18. 您有（　　）子女。

A. 0 个　　　　B. 1 个　　　　C. 2 个　　　　D. 3 个及以上

19. 您家庭的年收入为（　　）。

A. <5 万元　　　B. ≥5 万元且<10 万元　　　C. ≥10 万元且<15 万元

D. ≥15 万元且<20 万元　　　E. ≥20 万元

20. 您的工作是（　　）。

A. 临时工　　　　　　　　　　B. 个体商户/自由职业者

C. 民营/私营企业　　　　　　D. 事业单位

E. 国企/集体企业　　　　　　F. 党政机关　　　　G. 其他

21. 您的工作年限为（　　）。

A. 5 年及以下　　　　　　　　B. 6～10 年

C. 11～15 年　　　　　　　　 D. 16～20 年

E. 21～25 年　　　　　　　　 F. 25 年以上

22. 您的户籍是（　　）。

A. 外地农业户口　　　　　　　B. 外地非农业户口

C. 本地农业户口　　　　　　　D. 本地非农业户口

感谢您抽出宝贵的时间，谢谢您的合作！